ESSAIS SUR LE DÉVELOPPEMENT RÉGIONAL

ESSAIS SUR LE DÉVELOPPEMENT RÉGIONAL

Textes réunis par
Donald J. Savoie
et André Raynauld

1986

Les Presses
de l'Université de Montréal
C.P. 6128, succ. «A»,
Montréal (Québec), Canada   H3C 3J7

Cet ouvrage a été publié
grâce à la collaboration de
l'Institut canadien de recherche sur
le développement régional.

ISBN 2-7606-0735-6

Dépôt légal, 1er trimestre 1986
Bibliothèque nationale du Québec

Liste des collaborateurs

Irene Banks
.G. Barker
R. Beaudry
Thomas J. Courchene
Raymonde Fréchette
Fernand Martin
François Perroux
Mario Polèse
André Raynauld
Donald J. Savoie
Neil Swan
Marc G. Termote
Conseil économique du Canada

Introduction

Textes réunis par
Donald J. Savoie et
André Raynauld

**Essais sur le
développement
régional**

Suivant Grant Reuber, un économiste canadien réputé, «la plus grande difficulté que les Canadiens doivent surmonter aujourd'hui est d'en arriver à concilier les intérêts nationaux et régionaux d'une façon qui soit acceptable pour le plus grand nombre»[1]. Ces deux perspectives, nationale et régionale, ont chacune leurs adeptes. Il y a ceux pour qui l'intérêt national prime sur toute autre considération. Dans ce contexte, les régions doivent se spécialiser suivant leurs avantages comparés et les adaptations se faire grâce à la flexibilité des prix des produits et des facteurs de même qu'à la mobilité des capitaux, des entreprises et des travailleurs. Dans le camp opposé, on trouve ceux qui veulent faire prévaloir les intérêts des régions et qui s'appuient sur les objectifs et les politiques des gouvernements provinciaux qui, sans toujours aller à l'encontre des politiques dites nationales, auront un caractère distinct, autonome et davantage centré sur les conditions locales.

La reconnaissance des intérêts régionaux a été, jusqu'à maintenant, un phénomène essentiellement politique au sens étroit du terme. Ce sont les députés qui, en bons représentants de leurs circonscriptions, se sont préoccupés des impacts régionaux et locaux des politiques nationales. De même, les gouvernements des provinces ont toujours exercé de fortes pressions sur le gouvernement fédéral pour que celui-ci adopte les politiques dont les retombées leur seraient plus favorables. À vrai dire, toute l'histoire de ce pays est tissée de tensions permanentes entre les gouvernements provinciaux et le gouvernement fédéral quant à l'allocation des ressources.

Si l'équilibre régional a été au cœur des processus de décision politique, il est tout à fait paradoxal de constater qu'au sein de l'administration fédérale et parmi les techniciens, les intérêts des régions ont été perçus comme des jeux interdits, comme des préoccupations électoralistes ou encore comme du patronage. Et, de fait, l'administration fédérale est structurée suivant des orientations sectorielles ou fonctionnelles qui sont étrangères à des notions de développement régional sinon incompatibles avec elles. Une telle structure privilégie forcément les approches nationales. Dans un tel contexte, les projets qui s'inscrivent dans une perspective régionale apparaissent comme des obstacles à une allocation efficace des ressources et à la mise en œuvre des programmes sectoriels nationaux. C'est ainsi qu'on a pu dire que «promouvoir une perspective régionale» auprès de l'administration fédérale, «c'est comme se cogner la tête contre les murs»[2].

Auprès des milieux universitaires, le développement régional n'a jamais été parmi les courants majeurs de la pensée scientifique. La raison vient peut-être de ce qu'il s'agit d'un domaine multidisciplinaire mais marginal au sein de chaque discipline. Les politicologues s'y intéressent du point de vue des structures administratives et des processus de décision politique; certains sociologues se sont penchés sur les questions d'aménagement du territoire et des communautés en milieux urbains et ruraux. De leur côté, les économistes ont exploré depuis longtemps les notions d'espace et de localisation, mais ce n'est que récemment qu'ils se sont attaqués au problème central des conflits éventuels entre l'efficacité et les transferts interrégionaux des ressources.

Somme toute, les recherches scientifiques sont assez peu avancées et la «science régionale» en est encore à ses rudiments. Ceci laisse donc le champ libre aux opinions les plus fantaisistes. Comme l'a fait remarquer Harvey Lithwick, «les intérêts en cause peuvent donner lieu à des mythes et à des demi-vérités»[3]. Il est donc nécessaire et urgent d'encourager la recherche scientifique sur les questions régionales.

D'ailleurs, la pression des événements nous y pousse. Les débats constitutionnels des dernières années ont remis en cause l'ensemble des arrangements fondamentaux qui régissent le fonctionnement du pays, que ce soit sous l'angle de l'accès aux marchés des diverses provinces, de la mobilité des facteurs, du partage des pouvoirs ou des dépenses publiques et de la fiscalité. Les transferts interrégionaux des ressources, par réglementation ou fiscalité, sont, de toute évidence, énormes et croissants de sorte qu'il n'est simplement plus possible de les négliger[4].

Le recueil présenté ici vise à favoriser une telle réflexion sur le développement régional. La réunion dans un même volume de plusieurs articles, parfois difficiles à trouver, parfois même inédits, devrait faciliter la tâche aux lecteurs et les inciter à s'intéresser davantage à ces questions primordiales.

Le recueil est divisé en trois parties. La première énonce des considérations théoriques; la deuxième fournit des éléments additionnels d'analyse; enfin, la troisième porte sur diverses politiques économiques régionales proposées ou mises en œuvre.

Au chapitre I, Donald J. Savoie fait un tour d'horizon des principales théories économiques proposées pour expliquer l'origine des disparités régionales au Canada. Sont ainsi exposées, les théories sur le commerce interrégional, la structure urbaine, la base d'exportation, les pôles de croissance, l'inévitabilité des disparités régionales, etc. Ce faisant, l'auteur amène le lecteur à réfléchir sur la politique canadienne en matière de développement régional, laquelle est fondée sur des théories qui, malheureusement, ne permettent pas de faire toute la lumière sur des causes à la fois générales à toutes les régions et spécifiques à chacune d'entre elles.

Le chapitre II reproduit un article devenu classique dans la littérature théorique et qui est de François Perroux. L'originalité de cet article tient à l'introduction des notions nouvelles d'entreprises et d'industries motrices puis des pôles de croissance. Pour ce faire, Perroux a associé les concepts d'innovation de Schumpeter et d'économies externes de Scitowsky. Il en a déduit que la croissance était fondamentalement commandée par des entreprises innovatrices qui restructuraient leur champ d'opérations à travers des circuits de produits et de facteurs. Les entreprises qui réussissent forment des complexes d'industries et des pôles de dynamisme différenciés qui s'opposent radicalement aux notions reçues de concurrence statique où l'entrepreneur n'exerce aucune influence sur les prix du marché.

Le chapitre III consiste dans un article d'André Raynauld, qui se situe dans le prolongement direct du modèle précédent de Perroux. Pour fins de généralisation, Raynauld distingue les activités de croissance qui «s'inscrivent dans un schéma de continuité et dont les grandeurs se modifient à un rythme prévisible et régulier» et les activités de développement qui sont associées aux entreprises motrices de Perroux. La démarche additionnelle de Raynauld vise à trouver l'origine des activités de développement : où prennent-elles naissance? Ces activités viennent de l'innovation au sens large du terme. Ces innovations, à leur tour, sont commandées par un ensemble complexe de facteurs déterminants qu'on ne peut trouver réunis que dans de grands ensembles métropolitains eux-mêmes en expansion.

Au chapitre IV, Thomas Courchene se livre à une critique sévère du régime des transferts fédéraux. Il soutient que, non seulement, les transferts n'ont pas diminué les disparités régionales au Canada, mais qu'ils les ont accentuées; plusieurs provinces sont ainsi devenues plus «dépendantes» qu'auparavant; à son tour, le gouvernement fédéral est incité à intervenir encore davantage dans la mesure même de ses échecs antérieurs et ces interventions accrues augmentent les tensions interrégionales. Dans une deuxième partie, Courchene présente un ensemble de propositions de réforme dont les objectifs sont d'assurer un revenu minimum universel ; de faire prévaloir la mobilité la plus élevée possible des personnes, des facteurs et des biens ; enfin, de garantir l'autonomie des provinces.

Suite aux théories énoncées dans la première partie, la deuxième section du recueil soulève des éléments qui mènent à une appréciation concrète de diverses questions de développement régional.

Au chapitre V, Marc Termote et Raymonde Fréchette examinent le renversement des courants migratoires entre les provinces canadiennes, qui est survenu entre 1971 et 1976, afin de déterminer s'il s'agit d'un phénomène temporaire ou d'une tendance nouvelle. En procédant d'abord par analyse descriptive, les auteurs tentent d'établir une corrélation entre l'évolution des mouvements migratoires et celle de la conjoncture économique. Ils en concluent que chaque province connaît son propre schéma d'évolution sans qu'il y ait de relation évidente entre les migrations et l'économie. Puis, passant à une analyse économétrique, les auteurs constatent que, si l'activité migratoire est de moins en moins liée à des facteurs économiques, certains autres facteurs, tels la distance culturelle plutôt que physique, semblent jouer un rôle important dans les mouvements entre provinces. Observant que les facteurs économiques semblent être moins déterminants lorsque la conjoncture est défavorable, ils en arrivent à la conclusion que le renversement des courants migratoires serait de nature temporaire, bien qu'il s'inscrive dans une «restructuration de l'espace démo-économique du pays».

Les chapitres VI et VII portent sur un concept récent dans le domaine du développement économique : le secteur tertiaire «moteur». Dans le premier, Fernand Martin définit le rôle que joue ce secteur dans la croissance économique d'une région en attirant les usines et en favorisant l'innovation dans le domaine manufacturier, là où les conditions sont propices, c'est-à-dire dans les centres urbains, ni trop grands ni trop petits, dotés d'une main-d'œuvre spécialisée et d'une infrastructure convenable. C'est alors que le secteur tertiaire devient le «moteur» du secteur secondaire, assurant ainsi le développement économique d'un centre et, par voie de conséquence, d'une région.

Comme Martin, Mario Polèse soutient, dans le chapitre VII, qu'il est de moins en moins logique de penser que le tertiaire est à la remorque du secondaire alors qu'il contribue directement à la croissance économique d'une région grâce aux activités qu'il engendre, productrices d'emplois et de revenus. L'auteur offre un modèle conceptuel du secteur tertiaire moteur, fondé sur sa capacité :

i. à stimuler l'exportation de services,
ii. à engendrer des activités de services à la production et
iii. à favoriser l'investissement en augmentant la capacité future de production.

Bien qu'il soit difficile d'évaluer «la capacité de production» d'une activité tertiaire, à cause du caractère dynamique de cette notion, l'auteur termine, quand même, sur une note optimiste en soutenant que les recherches à cet égard ne font que commencer.

Au chapitre VIII, Fernand Martin, Neil Swan et leurs collaborateurs abordent la question de la diffusion des innovations dans un contexte régional. Ils examinent quatre modèles explicatifs fondés sur la distance, la hiérarchie urbaine, la structure des marchés et les caractéristiques des entreprises. Ils cherchent ensuite à établir les relations qui existent entre ces facteurs et le phénomène régional.

La dernière partie du recueil comporte quatre articles sur les politiques régionales. Il faut avouer ici que, les documents administratifs mis à part, les contributions en langue française aux analyses de politiques sont très rares. Le recueil compte donc deux articles sur les politiques de stabilisation régionale, un autre sur la réorganisation administrative fédérale récente, et un dernier qui trace les efforts des gouvernements en matière de développement régional.

Au chapitre IX, André Raynauld propose, pour la première fois, la création d'une caisse fédérale de stabilisation régionale. L'hypothèse à l'origine de cette recommandation est à l'effet que les disparités régionales ne sont pas nécessairement d'ordre structurel ou classique mais le résultat de politiques de demande globale insuffisamment différenciées suivant l'état de la conjoncture dans les différentes régions. Il serait donc possible d'exploiter la liberté d'action des gouvernements provinciaux en matière de politique fiscale en leur donnant accès à une source de liquidité ou de financement supplémentaire qui serait équivalente à l'accès à la Banque centrale dont jouit le gouvernement fédéral. Il peut être à propos d'indiquer ici que cette proposition a été endossée par le gouvernement du Québec, mais qu'elle a été bloquée par le ministère des Finances fédéral.

Après avoir rappelé que la politique budgétaire fédérale favorise indûment certaines provinces, en période d'expansion comme en période de restriction, les auteurs de l'article au chapitre X avancent que la réorganisation des politiques de stabilisation permettrait, effectivement, de combler les écarts entre les régions en stimulant la demande. Même si la régionalisation produit des résultats souvent inférieurs à ceux escomptés, notamment à cause des fuites possibles de production et de revenu, des mécanismes institutionnels de placement des chômeurs, de la compétitivité, etc., il serait possible d'obtenir des résultats «satisfaisants», pourvu que les politiques de régionalisation fussent coordonnées entre les deux paliers de gouvernement. Des mesures fiscales conjointes devraient donc être prises en vue d'accroître la demande dans les régions où le chômage est particulièrement élevé.

Au chapitre XI, Donald J. Savoie s'intéresse à la réorganisation de la structure administrative du gouvernement fédéral relative au développement régional et, en particulier, à la disparition du MEER. Il essaie de comprendre comment cette réorganisation peut favoriser le développement régional si elle n'assure pas «l'autonomie économique» des régions en difficulté. Or, même avec les mesures proposées, à savoir la création d'un organisme central chargé de veiller à ce que le Cabinet tienne compte des préoccupations des régions, d'un ministère d'État au développement économique et régional, d'un nouveau ministère de l'Expansion industrielle régionale et d'un «fonds régional», il y a tout lieu de croire que les régions défavorisées continueront de dépendre des paiements de transfert du gouvernement fédéral. En terminant, l'auteur s'interroge sur le démantèlement du MEER, qu'il qualifie de rétrograde, compte tenu du fait que c'était là le seul organisme qui pouvait sensibiliser le gouvernement fédéral aux besoins des régions moins bien nanties.

Au dernier chapitre, Donald J. Savoie décrit dans un premier temps l'évolution de la politique régionale au Canada. Il démontre comment les initiatives du gouvernement Trudeau, quoique suivies de politiques très favorables à l'équité régionale, ont été amoindries par la détérioration progressive des relations fédérales-provinciales ainsi que par l'allure régressive de l'économie canadienne. De dire l'auteur, tous ces facteurs auraient incité le gouvernement à réviser en profondeur sa politique de développement économique, allant jusqu'à remettre en question l'existence même du MEER.

L'auteur souligne enfin l'extrême complexité du domaine du développement régional, complexité d'autant plus accrue que les buts à atteindre ne sont pas toujours clairement définis et sont souvent contradictoires entre les différentes régions. Les deux questions fondamentales sont, d'après lui : «Quel est le but central de la politique de développement régional, et doit-on essayer d'influer sur l'équilibre régional autant intraprovincial qu'interprovincial?» Quoiqu'il en soit, il maintient qu'il faudra une collaboration très étroite entre le gouvernement fédéral et les provinces, «si l'on veut utiliser tous les leviers possibles pour promouvoir le développement régional et exploiter toutes les possibilités».

NOTES

1. Grant L. Reuber, *Canada's Political Economy*, Montréal, McGraw-Hill Ryerson, 1980, pp. 61-62.
2. Voir la présentation de Tom Kent dans *Canada, délibérations du Comité sénatorial permanent des finances nationales*, 1978.
3. N.-H. Lithwick, *Regional Economic Policy : The Canadian Experience*, Montréal, McGraw-Hill Ryerson, 1978, p. 11.
4. Pour une revue récente de la littérature sur les questions de l'union économique canadienne et des transferts intergouvernementaux, consulter, André Raynauld, «The Canadian Federation», *Revue canadienne d'économique*, XVII, n° 4, novembre 1984, pp. 635-653.

Chapitre I

Donald J. Savoie   **Les théories du développement régional**

Les spécialistes du développement régional s'entendent sur un point : il n'y a pas de théorie économique permettant d'expliquer les disparités régionales, ni d'unanimité quant à l'approche théorique qui conviendrait à l'étude de la question. Richard Lipsey faisant remarquer que «malgré l'intérêt que nous portons au développement et aux problèmes régionaux du Canada, nous n'avons pas vraiment de théorie fondamentale à cet égard. Nous ne savons pas ce qu'il faut faire ni à quelles conditions l'égalité régionale peut être obtenue ; cependant, nous définissons l'égalité et nous ignorons quel degré d'inégalité régionale est inévitable»[1].

Bien qu'il n'en existe aucune à l'heure actuelle, on a déjà tenté de mettre de l'avant une approche sinon une théorie pour l'étude des disparités régionales. Des efforts particuliers ont récemment été faits dans ce sens, notamment plusieurs études où le Conseil économique du Canada cherchait précisément à définir une approche théorique du problème[2]. Toutefois, le Conseil a mis fin à ses travaux importants dans ce domaine en 1977 en soulignant qu'il allait encore falloir beaucoup d'efforts avant de pouvoir aller au-delà des généralités et, par conséquent, d'élaborer une théorie[3].

Outre ces études, un certain nombre d'économistes ont également tenté d'appliquer des théories économiques connues à l'étude des disparités régionales. La théorie des produits de base (*staple theory*), largement reçue, soutient que c'est la présence de ressources naturelles qui explique le sort économique des régions du Canada[4]. Cette théorie souligne que les régions canadiennes les plus défavorisées ont toutes connu la prospérité à un moment ou un autre de leur histoire ; de fait, cette prospérité explique pourquoi les gens s'y sont établis en premier lieu. Le produit de base qui avait engendré cette prospérité commençait à perdre de l'importance à cause de l'état de son exploitation, des fluctuations de la demande mondiale ou encore de la concurrence de producteurs produisant à meilleur compte ailleurs. Il s'ensuivait une baisse de prospérité pour la région.

Cette théorie présente beaucoup d'intérêt, ne serait-ce que parce qu'elle semble très bien expliquer l'histoire économique du Canada. L'industrie forestière du Nouveau-Brunswick, par exemple, explique la période de prospérité qu'a connue cette province à l'aube du XXe siècle. Quand le secteur forestier a commencé à décliner, l'économie du Nouveau-Brunswick a suivi la même pente. Plus près de nous, le pouvoir économique de l'Alberta repose en grande partie sur les réserves de pétrole et de gaz de cette province. Bref, la découverte de ressources ayant un intérêt commercial attire des capitaux et des entreprises. Les revenus sont élevés et la demande de main-d'œuvre augmente.

Une fois que les ressources sont épuisées ou qu'elles ne peuvent plus être commercialisées, les capitaux émigrent. Les revenus diminuent et les travailleurs les plus mobiles quittent également la région. La migration de la main-d'œuvre devient alors un important mécanisme d'adaptation. Nous pouvons en conclure que l'absence de ressources naturelles susceptibles d'être commercialisées explique les disparités régionales. La migration des travailleurs est alors la solution au problème.

La théorie des produits de base a été remise en question sur plusieurs plans ces dernières années. Le Conseil économique du Canada, par exemple, a souligné que «l'absence de ressources en Suisse n'est pas un obstacle au succès économique et que leur présence en Argentine ne le garantit pas»[5].

L'étude du Conseil soutenait essentiellement que les disparités régionales étaient largement attribuables aux différences de productivité, de demande globale et de structure urbaine entre les régions[6]. Le Conseil s'est inspiré de plusieurs théories ou approches connues sur la question des disparités régionales pour ensuite définir son approche à lui.

Le Conseil s'est surtout employé à expliquer les différences de revenu et de niveau d'emploi. Il considère les mouvements démographiques principalement comme une conséquence de ces différences. Les différences de revenu sont elles-mêmes entretenues par le fait que «plus de ressources demeurent inutilisées dans des régions que dans d'autres parce que le taux de chômage y est supérieur à la moyenne et le taux d'activité inférieur ou encore parce que les ressources qui y sont employées sont moins productives»[7].

La notion de productivité est jugée essentielle pour l'étude des causes des disparités régionales et des solutions qui peuvent y être apportées. Comme au niveau international, la productivité au niveau régional est le résultat d'une combinaison de facteurs comme la qualité de la main-d'œuvre, le progrès technologique, les dépenses d'investissement, les frais de transport, etc. D'après le Conseil, lorsque les différences de niveau de productivité au Canada sont envisagées dans une perspective régionale, elles ne dépendent pas de la structure industrielle, mais plutôt du taux de productivité dans chaque industrie[8]. Les provinces où la productivité est élevée, notamment l'Ontario, l'Alberta et la Colombie britannique, sont justement celles qui ont enregistré les meilleures performances économiques. Les provinces moins productives sont aussi celles où la technologie est adoptée plus lentement, où le niveau d'éducation est plus bas et où les programmes de formation en gestion présentent des déficiences par rapport à ceux des autres régions. Il faut noter que cette théorie est contestée, même à l'intérieur du Conseil économique. Certains économistes ont une certaine difficulté à accepter que la structure industrielle n'influence pas la productivité. Ils soutiennent, par exemple, que la productivité au Québec est faible comparativement à celle de l'Ontario, parce que l'industrie du textile est concentrée au Québec tandis que l'industrie de l'automobile se trouve en grande partie en Ontario.

La structure urbaine est un autre facteur qui influe beaucoup sur les niveaux de revenu et de productivité. De fait, le Conseil préconise des politiques favorisant l'urbanisation comme moyen d'atténuer les disparités régionales.

D'autres auteurs ont également remis en question la théorie des produits de base. Après une étude minutieuse des industries forestière et minière, L. Copithorne concluait que compte tenu de l'expérience canadienne, on ne pouvait pas considérer les ressources naturelles comme seule cause des disparités régionales[9]. Il a également soutenu que la migration des travailleurs n'avait jamais réussi à éliminer les disparités régionales de salaires[10]. À l'instar du Conseil économique, M. Copithorne est d'avis que l'on doit se pencher sur les différences de niveau de productivité, de demande globale et de structure urbaine entre les régions pour expliquer les disparités régionales et leur trouver des solutions[11].

Dans leur étude intitulée «Une théorie des disparités interrégionales appliquée à Terre-Neuve», Swan et Kovacs estiment également qu'il est temps de concentrer tous nos efforts sur l'amélioration de la productivité dans les régions à faible niveau d'emploi, lequel, disent-ils, est le principal indice de disparité régionale[12]. Swan et Kovacs soulignent le fait que l'Est du Canada, c'est-à-dire le Québec et les quatre provinces de l'Atlantique, a traditionnellement souffert d'une faible performance économique.

Swan et Kovacs prétendent que la théorie de la base d'exportation soutient que le taux de chômage dépend de la croissance du niveau d'emploi, laquelle résulte de l'augmentation de la production réelle. D'après cette théorie, la taille du secteur d'exportation détermine par effet multiplicateur le volume de production réelle. On peut accroître la production (en d'autres termes, réduire le chômage) en augmentant les exportations (nouvelles ressources ou nouvelles entreprises) ou en réduisant les importations (substitution des importations). À défaut d'une augmentation de la production, la migration des travailleurs peut faire baisser le taux de chômage jusqu'à ce que l'économie atteigne un niveau d'activité compatible avec sa base d'exportation.

Les auteurs soutiennent que ces théories n'expliquent pas les taux de chômage qu'a connus l'Est du Canada et ils citent à cet effet les quatre traits fondamentaux suivants :

1. la coexistence de taux de chômage et de croissance économique relativement élevés dans l'Est du Canada depuis la Deuxième Guerre mondiale ;

2. l'absence de corrélation entre les taux de migration nette et les taux de chômage au Canada;

3. le fait que ces disparités existaient avant la libéralisation des programmes sociaux comme l'assurance-chômage, qui tendent à décourager l'émigration des travailleurs;

4. le fait que les différences observées dans les taux de chômage frictionnel, saisonnier et structurel ne suffisent pas à expliquer l'écart qui existe entre les taux de chômage des diverses régions.

Le modèle de Swan et Kovacs suppose d'abord que le taux de chômage est la somme du taux naturel de chômage (structurel, frictionnel, saisonnier, etc.) et d'une composante cyclique. Ensuite, les auteurs s'attachent surtout à expliquer la composante cyclique, le taux naturel étant par hypothèse constant. La production, au niveau de l'entreprise, est fonction de la main-d'œuvre et des apports de capital, lesquels dépendent eux-mêmes respectivement des salaires et des taux d'intérêt. Le niveau de développement technologique influe également sur le niveau de production. La production totale, le capital et la demande de main-d'œuvre sont ensuite définis comme la somme des variables correspondantes de chaque entreprise. Après avoir posé comme hypothèse que les salaires relatifs comme le quotient des salaires à l'intérieur de la région par rapport à ceux de l'extérieur, les auteurs se servent de leurs hypothèses pour formuler une équation dans laquelle le taux de chômage est fonction du niveau de développement technologique (ou de productivité), des taux d'intérêt et des salaires relatifs. Comme les taux d'intérêt sont censés être à peu près uniformes dans tout le pays, seuls les salaires et le niveau de productivité constituent des facteurs déterminants.

Encore une fois, Swan et Kovacs soutiennent que l'accroissement de la productivité pourrait résoudre le problème des disparités régionales. À propos de la migration des travailleurs, ils estiment que «l'émigration profite certainement aux travailleurs émigrants (mais... qu'elle) n'influe pas sur le taux de chômage ou le niveau des revenus réels de la région qu'ils quittent»[13].

La théorie du commerce, normalement utilisée pour expliquer les mouvements de capitaux et de marchandises entre les pays, a également été adoptée pour expliquer les mêmes types de mouvements entre les régions d'un même pays[14]. Cela suppose que chaque région est considérée comme un pays. D'après cette théorie, chaque région maximisera son potentiel économique en concentrant ses efforts sur ses atouts économiques. Si, par exemple, une région est riche en capitaux mais pauvre en main-d'œuvre, elle cherchera à favoriser le genre d'activité économique qui nécessite beaucoup de capitaux mais peu de main-d'œuvre. Cette théorie a d'ailleurs donné naissance à la notion d'avantage relatif d'une région.

La transformation du poisson illustre très bien cette notion. Les quatre provinces de l'Atlantique, le Québec et la Colombie britannique se spécialisent dans ce domaine pour la simple raison que c'est dans ces régions que se trouvent les ressources. On peut citer d'autres exemples d'avantages relatifs d'une région : le Québec, où les réserves d'énergie hydroélectrique pourraient permettre d'accroître les débouchés industriels de la région ; l'Ontario, avec sa base industrielle diversifiée et sa structure urbaine très développée, et ainsi de suite.

En somme, dans la perspective d'une théorie du commerce appliquée aux régions d'un pays, les diverses régions du Canada devraient se spécialiser dans des domaines où elles jouissent d'un avantage relatif. Une fois que chaque région se met à exploiter ses avantages économiques, les forces du marché entrent en jeu pour équilibrer le marché du travail.

Le modèle de l'avantage relatif se rapproche d'une certaine façon du modèle néo-classique[15]. Suivant ce dernier, les méthodes classiques d'analyse économique peuvent servir à l'étude des problèmes régionaux. D'après ce modèle, on devrait laisser les forces du marché établir l'équilibre nécessaire. Si une région connaît un taux de chômage particulièrement élevé, il suffit de laisser agir les forces du marché avec un minimum d'intervention gouvernementale.

D'après le modèle néo-classique, le chômage provient essentiellement d'un déséquilibre entre l'offre et la demande de main-d'œuvre. La solution consiste donc, comme cela se fait pour d'autres facteurs, à réduire l'excédent de main-d'œuvre en diminuant les salaires de sorte que le marché puisse tirer profit des coûts de production moins élevés. La reprise de l'activité économique crée de nouveaux emplois, lesquels sont toutefois moins rémunérés que dans d'autres régions du pays. Si la baisse des salaires dans une région donnée n'engendre pas de nouvelles activités économiques, la migration des travailleurs devient alors le mécanisme d'ajustement approprié.

Les tenants du modèle néo-classique s'interrogent également sur le bien-fondé des paiements de transfert fédéraux destinés aux régions caractérisées par un taux de croissance faible. Au lieu de favoriser une activité économique qui puisse s'autogénérer, les paiements de transfert, disent-ils, ont exactement l'effet contraire. Ils ne font qu'atténuer les ajustements économiques nécessaires. De fait, l'approche néo-classique soutient que nous avons toujours abordé la question du développement régional de la mauvaise façon. T. Courchene soutient que «le Canada voit les politiques régionales comme un moyen de combler des vides plutôt que comme des politiques visant à favoriser les ajustements. Nous constatons des cas de disparité ... et nous nous précipitons aussitôt pour éliminer ces disparités à coup d'injections de fonds plutôt que de laisser les ajustements se faire d'eux-mêmes[16]».

Cette conception a donné lieu à un nouveau débat sur le développement régional. On a beaucoup parlé ces dernier temps de la dépendance des régions à taux de croissance faible à l'égard des paiements de transfert fédéraux. On souligne de plus en plus qu'une forte dépendance économique d'une région par rapport aux paiements de transfert gouvernementaux rend cette région de plus en plus tributaire de ceux-ci pour maintenir un niveau de consommation et de services supérieur à celui qui correspondrait à la production économique de la région. C'est cette situation qui contribue finalement à étouffer les ajustements à long terme qui sont nécessaires au rétablissement de l'équilibre entre la production et la consommation. Nous étudierons au chapitre IV le degré de dépendance des régions à faible croissance vis-à-vis des paiements de transfert fédéraux.

La notion de dépendance dans le contexte du développement régional s'étend au-delà de ce que le modèle néo-classique appelle la dépendance à l'égard des paiements de transfert. Certains parlent d'une théorie de la dépendance qui attribue la situation de dépendance d'une région «au drainage systématique de ses capitaux et de ses ressources vers d'autres régions»[17]. R. Matthews affirme que «les théoriciens de la dépendance peuvent prétendre à juste titre que les régions de l'Est du Canada n'auraient pas besoin aujourd'hui de paiements de transfert si elles n'avaient pas auparavant été dépouillées de leur richesse»[18]. Bien que les tenants du modèle néo-classique et les théoriciens de la dépendance parlent les uns et les autres de dépendance, il est clair qu'ils n'ont pas le même point de vue. D'une part, l'approche néo-classique favorise l'intervention d'ajustements économiques «naturels» pour résoudre les disparités régionales. Ces ajustements comprendraient une diminution du salaire minimum dans les régions à faible croissance, un diminution progressive des paiements de transfert fédéraux et une migration des travailleurs ou de la main-d'œuvre excédentaire de sorte que la région puisse retrouver son équilibre naturel. Les théoriciens de la dépendance soutiennent le contraire. Ils affirment par exemple que la migration n'est que la prolongation du «drainage systématique des capitaux et des ressources d'une région vers d'autres régions»[19].

Ces auteurs soutiennent également que les gouvernements et les forces économiques internationales, notamment les sociétés multinationales, ont soumis les collectivités locales et les petits entrepreneurs à des forces sur lesquelles ces derniers n'on aucun contrôle. Plutôt que de créer un cadre propice à l'élaboration et à la réalisation de projets locaux, le système fait exactement le contraire. Les principales décisions économiques sont prises à Washington, à New York et à Détroit et les nouveaux plans économiques et projets éventuels sont élaborés dans la lointaine capitale nationale, dans les capitales provinciales ou, pire encore, dans les innombrables comités fédéraux-provinciaux de fonctionnaires souvent peu connus à l'extérieur des milieux gouvernementaux. Les fonctionnaires se chargent d'élaborer les programmes économiques régionaux et s'attendent que les collectivités locales acceptent les projets qu'ils leur proposent car, naturellement, ceux-ci sont conçus dans le meilleur intérêt économique de ces collectivités. On pourrait citer à cet égard l'exemple des programmes de repeuplement qui ont fait l'objet d'accords fédéraux-provinciaux dans les années 60 et qui visaient notamment le Nord du Nouveau-Brunswick, la péninsule gaspésienne et Terre-Neuve[20].

D'après les théoriciens de la dépendance, nous en sommes au point où les collectivités locales et les entrepreneurs se contentent d'attendre que le «système» fasse quelque chose pour eux. Quelqu'un à Ottawa, à Régina ou à Frédéricton s'occupera de créer de nouvelles industries ou de nouvelles activités économiques pour leurs municipalités. Même la construction d'une patinoire municipale ne relève plus des autorités locales. Ottawa ou le gouvernement provincial fournira les plans et assurera la majeure partie du financement. Cette attitude ou cette dépendance vis-à-vis du système ont sapé l'esprit d'initiative et souvent la validité des collectivités locales.

L'approche néo-classique des problèmes régionaux est aussi contestée sur d'autres fronts. Le modèle keynésien soutient que le marché ne peut résoudre seul les disparités régionales. En fait, d'après ce modèle, les disparités régionales sont en partie causées par le marché et il est nécessaire que le gouvernement intervienne. L'échec économique engendre d'autres échecs, et il sera impossible pour une région d'attirer de nouvelles industries tant qu'elle ne se sera pas dégagée de cette spirale[21]. C'est là que le gouvernement doit intervenir pour instituer des mesures visant à rompre le cercle vicieux des disparités régionales. Cette intervention peut prendre plusieurs formes. Elle peut permettre de soutenir la demande par des paiements de transfert et assurer un niveau de services publics adéquat au moyen d'un plan de péréquation fiscale destiné à aider des gouvernements provinciaux des régions défavorisées.

La théorie du développement, appliquée à l'analyse du développement régional, préconise diverses formes d'intervention gouvernementale. Ce modèle offre une perspective globale des disparités régionales et préconise une série de mesures visant à stimuler la croissance. Parmi ces mesures, il y a des programmes destinés à accélérer la formation du capital, des programmes d'aide pour mettre sur pied une infrastructure industrielle adéquate, des programmes visant à accroître le niveau d'éducation de la population active, à stimuler l'application de nouvelles technologies et, s'il y a lieu, à favoriser la modernisation du secteur agricole, à construire de nouvelles routes, des ports, des égouts, et ainsi de suite. Cette approche exige du gouvernement une intervention pluridimensionnelle. C'est sur cette théorie, la théorie du développement, que reposait la philosophie de l'ancien ministère fédéral de l'Expansion économique régionale (MEER). En somme, les problèmes de disparité régionale doivent être abordés sous divers angles, que ce soit par des moyens économiques ou sociaux. Comme les symptômes et les causes des inégalités économiques régionales sont divers, les moyens d'intervention doivent l'être aussi[22].

La philosophie du MEER s'inspirait également, surtout les premières années, de la notion de pôles de croissance. Cette notion, compatible avec la théorie du développement, a été répandue par l'économiste français F. Perroux. Celui-ci soutient que l'activité économique tend à se concentrer autour de certains points névralgiques[23]. Des efforts doivent donc être faits en vue de renforcer ces centres névralgiques dans les régions à faible croissance. Ces efforts peuvent prendre la forme de subventions visant à inciter les entreprises à s'établir dans ces régions, par des programmes de travaux de viabilité pour les développements industriels et domiciliaires, et ainsi de suite[24]. Nous reviendrons sur cette notion lorsque nous analyserons les efforts du MEER pour favoriser le développement régional.

Il existe encore une autre méthode d'analyse des problèmes régionaux : la théorie de la science régionale. Celle-ci est surtout orientée vers l'analyse économique de localisation des activités économiques. La notion de pôles de croissance fait partie intégrante de la théorie de la science régionale. Cette théorie cherche essentiellement à expliquer le choix des endroits où sont établies les industries. Elle permet d'élaborer des modèles complexes où l'on tient compte des coûts de la main-d'œuvre et du transport, de la taille de l'établissement et ainsi de suite afin de déterminer l'endroit le plus propice à certaines activités économiques. La théorie fait également ressortir l'importance de la composition de la structure industrielle et des exportations d'une région[25].

Une analyse sociologique récente des disparités régionales a jeté un éclairage marxiste ou néo-marxiste sur le problème. D'après l'approche néo-marxiste, les disparités régionales sont inévitables dans une société capitaliste. Une économie capitaliste favorisera une accumulation inégale de capital non seulement entre les classes, mais aussi entre les régions. En raison de leur pouvoir économique supérieur, les régions développées exploiteront les régions sous-développées. Celles-ci représentent d'importantes sources de capitaux, de main-d'œuvre et de matières premières pour les régions développées. Elles constituent également des débouchés appréciables pour leurs produits[26].

Selon la théorie néo-marxiste, les disparités régionales sont une caractéristique du fonctionnement d'une économie capitaliste. D'abord, les régions à croissance économique faible offrent un bassin de travailleurs que les régions développées peuvent employer puis renvoyer au gré de la conjoncture économique. Les régions à croissance économique faible sont aussi dépouillées de leurs capitaux en vertu des politiques et des procédés du système bancaire capitaliste pour financer de nouveaux projets industriels dans les régions développées. Les régions à croissance économique faible perdent une importante proportion de leurs ressources humaines durant les périodes de croissance économique et les retrouvent durant les périodes de récession, ce qui a pour effet d'accroître les coûts sociaux de ces régions. Cette situation et le système bancaire capitaliste sont tels que les régions à croissance économique faible demeurent nécessairement dans un état de sous-développement.

La notion de région et de régionalisme

Dans son analyse de la dépendance régionale, Ralph Matthews déplore l'insuffisance des efforts au Canada pour définir les notions de région et de régionalisme et analyser les forces socio-économiques qui ont façonné les identités régionales[27]. Nous partageons son opinion.

Même si nous oublions pour un moment la façon dont sont définies les régions, nous reconnaissons que les expressions *différences régionales* et *disparités régionales* sont confuses pour certains et inutiles pour d'autres. Certains sont d'avis que l'on devrait faire beaucoup plus d'efforts pour définir des concepts fondamentaux comme *régionalisme*, *différences régionales*, et ainsi de suite.

On a dit, par exemple, que les régions jouaient un rôle de plus en plus important dans les activités économiques et sociales des Canadiens par rapport au pays ou aux collectivités locales. D'après R. Matthews, les régions ont, dans beaucoup de cas, «probablement succédé aux communautés locales comme entité démographique territoriale qui suscite chez ses membres un sentiment d'appartenance et que ceux-ci considèrent tout simplement comme leur patrie»[28].

D'autre part, des personnes qui étudient l'administration publique estiment que la «région» peut ne pas être un concept qui convienne à l'analyse de politiques. Elles soutiennent que nous devrions porter notre attention sur la prospérité des gens plutôt que sur celle de la région. Un transfert d'activité économique d'une région à une autre n'a d'importance que dans la mesure où il a des conséquences pour les personnes. La région ne doit certainement pas être au centre de nos préoccupations. Il conviendrait donc de chercher à maximiser les possibilités et le bien-être économique en fonction des personnes et non en fonction des régions[29].

Cette conception présente sans doute de l'intérêt du point de vue du modèle économique néo-classique. On peut toutefois faire valoir des arguments plus solides en faveur d'une action gouvernementale orientée vers la prospérité des régions. Dans une fédération, on peut difficilement s'attendre que tous les gouvernements régionaux ou provinciaux souscrivent entièrement à l'idée de «prospérité des gens» plutôt qu'à celle de «prospérité de la région». Il se peut très bien, par exemple, que le gouvernement de la Nouvelle-

Écosse s'intéresse particulièrement à la prospérité des gens ou au bien-être de tous ceux qui habitent son territoire. Dans une perspective nationale, toutefois, cette attitude peut facilement être perçue comme apte à accorder de l'importance à la prospérité de la région. Le développement provincial ou les efforts des gouvernements provinciaux pour mettre sur pied des programmes destinés à stimuler la croissance sur leur territoire sont devenus des faits inéluctables pour ceux qui définissent les politiques canadiennes.

À cela s'ajoute l'argument très répandu selon lequel la population du Canada n'est pas parfaitement mobile. Étant donné la composition démographique du Canada, plusieurs trouvent difficile, sur le plan culturel, de s'établir dans une autre région du pays pour trouver de nouveaux débouchés. Les Canadiens français, par exemple, peuvent devoir sacrifier leur langue et leur culture ou, du moins, celles de leurs enfants s'ils quittent le Québec ou l'une des quelques autres régions francophones du Nouveau-Brunswick et de l'Ontario.

Ainsi, bien qu'ils s'interrogent sur la valeur théorique des programmes de développement économique à orientation régionale, la plupart des opposants à ces programmes ont fini par accepter leur mise en œuvre. Reconnaissant cela, T. Courchene disait : «Je ne m'illusionne pas ; les gouvernements ne vont pas se croiser les bras et laisser les ajustements se faire librement sur le marché. Il vont intervenir»[30].

Conclusion

Le présent chapitre a confirmé les observations de Richard Lipsey. Nous n'avons aucune théorie de base du développement régional qui soit largement acceptée. Il semble que chaque fois que l'on met de l'avant une nouvelle théorie du développement régional, il s'en trouve une autre qui non seulement jette un nouvel éclairage sur la question, mais aussi est en parfaite contradiction avec elle.

Le fait que nous ayons des théories ou des modèles contradictoires pour expliquer le développement régional ne doit surprendre personne. Les économistes et les spécialistes de l'administration publique ont la réputation de défendre souvent des théories contradictoires à l'égard d'un problème particulier. Ce qu'il y a de différent toutefois à propos du sujet qui nous occupe, c'est que les spécialistes du domaine reconnaissent qu'une grande incertitude plane toujours sur la question. D'une manière qui ne lui est pas du tout caractéristique, le Conseil économique du Canada résume la situation en ces termes : «Les médecins ont toujours tenté de guérir la syphilis avec du mercure et des émétiques. Nous savons maintenant que le mercure est efficace mais

24

non les émétiques et, de plus, que la pénicilline est le meilleur remède. Nous soupçonnons que la maladie de la disparité régionale est actuellement traitée au moyen des deux premiers types de remèdes mais il nous est impossible de les distinguer. Peut-être qu'un jour on découvrira une pénicilline économique[31].» Ni le Conseil économique ni personne d'autre n'a encore découvert de pénicilline économique.

Dans le présent chapitre, nous n'avons pas seulement tenté de montrer que les économistes étaient en désaccord sur la question des disparités régionales; nous avons voulu donner un aperçu des différentes approches du développement régional. De l'aveu de tous, nous pouvons conclure qu'il règne une grande confusion sur le sujet. C'est pourtant dans cette confusion qu'a été définie et révisée la politique canadienne du développement régional au cours des trois ou quatre dernières décennies.

NOTES

1. Cité dans André Raynauld (édit.), *Séminaire sur le développement régional au Canada : transcription des actes*, Montréal, Le Centre de recherche en développement économique de l'Université de Montréal, 24 octobre 1980, p. 105.
2. L'ouvrage le plus connu est *Vivre ensemble : une étude des disparités régionales*, Ottawa, ministre des Approvisionnements et Services, 1977.
3. *Ibid.*, pp. 215-216.
4. Voir H.A. Innis, *The Fur Trade in Canada : An Introduction to Canadian Economic History*, Toronto, University of Toronto Press, 1956. Voir aussi A.D. Scott, «Policy for Declining Regions : Theoretical Approach», dans N. H. Lithwick, *Regional Economic Policy : The Canadian Experience*, Toronto, McGraw-Hill Ryerson Limited, 1978, pp. 46-67.
5. *Vivre ensemble*, p. 24-25.
6. *Ibid.*, chap. 5.
7. *Ibid.*
8. *Ibid.*, pp. 96-98.
9. L. Copithorne, *Natural Resources and Regional Disparities*. Une étude menée pour le Conseil économique du Canada, Ottawa, ministre des Approvisionnements et Services, 1979, pp. 5-8.
10. *Ibid.*
11. *Ibid.*, voir les chap. 1, 2, 7, 8 et 9.
12. Neil M. Swan et Paul J.E. Kovacs, *Empirical Testing on Newfoundland Data or a Theory of Regional Disparities — A Study Prepared for the Economic Council of Canada*, Ottawa, ministre des Approvisionnements et Services, 1981.
13. *Ibid.*, p. 42.
14. Voir Scott, «Policy for Declining Regions : A Theoretical Approach».
15. Voir Thomas J. Courchene, «Avenues of Adjustment : The Transfer System and Regional Disparities», dans *Canadian Confederation at the Crosswords : The Search for a Federal-Provincial Balance*, Vancouver, The Fraser Institute, 1978, pp. 145-184.
16. Thomas J. Courchene, «A Market Perspective on Regional Disparities», *Analyse de politiques*, vol. 7, n° 4, automne 1981, p. 515.
17. Ralph Matthews, *The Creation of Regional Dependency*, Toronto, University of Toronto Press, 1983, p. 75.

18. *Ibid.*
19. *Ibid.*, Matthews suggère également que «selon la théorie de la dépendance, les travailleurs migrants sont les victimes d'un système économique fondé sur l'exploitation» (p. 76).
20. Voir Ottawa, ministère de l'Expansion économique régionale, *Rapport annuel*, 1969-1970.
21. Voir *Vivre ensemble*, chap. 3.
22. Le ministre Donald Jamieson mettait l'accent sur ce point dans une importante allocution où il décrivait la nouvelle politique générale du ministère de l'Expansion économique régionale. Voir Canada, ministère de l'Expansion économique régionale, Notes en vue d'une déclaration générale du ministre Donald Jamieson devant le Comité permanent sur le développement régional au sujet d'une nouvelle politique, avril 1973, p. 11, (polycopié).
23. F. Perroux, *l'Économie du XXᵉ siècle*, Paris, Presses universitaires de Paris, 1969, p. 179.
24. Voir J.R. Bouderville (édit.), *l'Espace et les pôles de croissance*, Paris, Presses universitaires de France, 1968. Aussi *Problems of Regional Planning*, Edinburgh, Edinburgh University Press, 1966, p. 11.
25. Walter Isard, *Introduction to Regional Science*, Englewood Cliffs, Prentice-Hall, Inc., 1975, p. 2.
26. Voir entre autres Ernest Mandel, *Late Capitalism*, London, New Left Books, 1975. André Frank, *Latin America : Underdevelopment or Revolution*, New York, Modern Reader Paperback, 1970. Thomas Acheson, «The Maritimes and Empire Canada», dans *Canada and the Burden of Unity*, David J. Bercuson, Toronto, MacMillan Co. of Canada, 1977, pp. 87-104.
27. Ralph Matthews, pp. 12-13.
28. *Ibid.*, p. 15.
29. Voir par exemple Thomas J. Courchene, «A Market Perspective on Regional Disparities», *Analyse de politiques*, vol. 7, n° 4, automne 1981, pp. 506-517.
30. *Ibid.*, p. 513.
31. *Vivre ensemble*, pp. 215-216.

Chapitre II

François Perroux **Note sur la notion de
«pôle de croissance»**[1]

G. Cassel[2] a présenté le modèle d'une économie en croissance régulière et sans changements dans les proportions entre les flux. La population croît; la production globale croît dans la même proportion que la population : le rapport entre le flux des biens de production et le flux des biens de consommation est constant; la propension à la consommation et à l'épargne, les coefficients de production, le temps de travail demeurent les mêmes; le capital réel augmente d'une façon exactement proportionnelle à la production et à la consommation; le revenu réel par tête d'habitant demeure constant; l'indice du niveau général des prix et les prix relatifs ne changent pas... Bref «l'économie en une période est la réplique exacte de l'économie en une période antécédente; les quantités sont seulement multipliées par un certain coefficient»[3].

J. Schumpeter a construit tout de même son circuit élargi où, par différence avec le circuit stationnaire, population, production, capital augmentent de période en période, exactement dans les mêmes proportions; où les produits, les services, la monnaie décrivent les mêmes parcours, où les flux augmentent sans changements de structures, ni fluctuations[4].

Nous le savons, l'équilibre statique et le circuit stationnaire sont des appareils logiques propres à mettre en évidence les changements et à classer les types de changements. De même, la croissance sans changement des proportions ni des fluctuations (qui préfigure les modalités contemporaines de croissance équilibrée) est un outil pour comprendre et classer les changements de structures, les fluctuations, les progrès (éventuellement régrès) qui sont concomitants à toute croissance observable.

Pas une croissance observable d'une économie n'est exprimée par le modèle qui vient d'être caractérisé.

L'un des aspects des changements de structures consiste en l'apparition et la disparition d'industries, en la proportion variable des diverses industries dans le flux du produit industriel global au cours des périodes successives, en des taux de croissance différents pour les différentes industries, au cours d'une période et de périodes successives.

Un autre aspect manifeste des changements dans les structures d'une économie nationale est la diffusion de la croissance d'une industrie (ou d'un groupe d'industries). L'apparition d'une industrie nouvelle, la croissance d'une industrie existante, se diffusent, par les prix, par les flux, par les anticipations. Au cours de plus longues périodes, les produits d'une industrie ou d'un groupe d'industries profondément transformés et parfois à peine reconnaissables par comparaison à leurs ébauches initiales, permettent de nouvelles inventions qui donnent naissance à de nouvelles industries.

Le fait, grossier mais solide, est celui-ci : la croissance n'apparaît pas partout à la fois; elle se manifeste en des points ou pôles de croissance, avec des intensités variables; elle se répand par divers canaux et avec des effets terminaux variables pour l'ensemble de l'économie.

Scruter cette modalité de la croissance, c'est rendre explicite et scientifiquement maniable une vue présentée déjà dans plusieurs élaborations théoriques[5], imposée par l'observation des pays à croissance retardée[6], apparente dans la politique des États modernes[7].

Nous considérerons : 1° l'industrie motrice et la croissance; 2° le complexe d'industries et la croissance; 3° la croissance des pôles de croissance et la croissance des économies nationales.

Industrie motrice
et croissance

Dans les croissances observables, l'attention est attirée par certaines industries.

Plus tôt que d'autres, elles se développent sous des formes qui sont celles de la grande industrie moderne : séparation des facteurs de la production les uns des autres, concentration des capitaux sous un même pouvoir, décomposition technique des tâches et mécanisation.

Elles ont, durant des périodes déterminées, des taux d'accroissement de leur propre produit plus élevés que le taux moyen d'accroissement du produit industriel et du produit de l'économie nationale.

Leur taux d'accroissement, d'abord accéléré pendant une suite de périodes, atteint une limite, passée laquelle il subit un décroissement relatif[8]. Au-delà des raisons accidentelles, il y a des raisons générales de ce rythme. Les progrès techniques du lancement sont d'ordinaire suivis, pour un temps, par de moindres progrès. La demande du produit devient moins élastique. La spéculation, si elle a été allumée par le lancement, s'éteint ou baisse, et se déplace.

L'observation des industries qui offrent ces caractères pose deux questions :

a) Est-il possible de construire analytiquement l'action exercée par une industrie motrice sur une autre industrie?

b) Comment s'exerce l'action de l'industrie motrice sur le produit global de l'économie.

a) Dans l'équilibre général de concurrence complète, la maximisation du produit global à l'optimum résulte de la maximisation du produit de chaque firme individuelle. Le profit de chaque firme individuelle est une fonction de son débit et de ses achats de services (inputs).

Dans ces conditions, chaque firme maximise son propre profit par des décisions propres, compte tenu du prix qui est le seul indicateur par lequel ses décisions sont reliées à celles des autres firmes ; les firmes sont interdépendantes par le seul prix.

Toute différente[9] est la situation où le profit d'une firme est fonction de son débit, de ses achats de services, du débit d'une autre firme, des achats de services d'une autre firme. Dans cette seconde situation, les deux firmes ne sont plus reliées entre elles par le seul prix ; elles le sont aussi par le débit et par les achats de services, c'est-à-dire, puisque ces éléments dépendent de la technique et de ses changements, par la technique pratiquée par les firmes et par leurs changements.

C'est l'une des définitions récentes des *économies externes* (external economies).

Si nous assimilons l'industrie à une firme, ce qui est dit des interrelations entre firmes peut être dit des interrelations entre industries ; si nous éliminons le concept d'industrie et ne retenons qu'un ensemble de firmes, l'application des économies externes est immédiate.

Des profits, au lieu d'être formés par les décisions de chaque firme touchant son débit et ses achats de services, sont *induits* par le débit et les achats de services d'une autre firme. Dans la mesure où le profit est moteur de l'expansion et de la croissance capitalistes, l'action motrice ne découle plus de la recherche et de l'acquisition du profit par chaque firme individuelle, reliée aux autres par le seul prix, mais de la recherche et de l'acquisition du profit par des firmes individuelles dont chacune éprouve les conséquences du niveau du débit, du niveau des achats de services et de la technique pratiquée par les autres. Ainsi sont introduites des liaisons non parétiennes.

Ce changement engendre deux conséquences importantes pour l'intelligence de la croissance : 1° Il montre comment peut se faire l'expansion (courte) et la croissance (longue) de grands ensembles de firmes[10]. 2° Il met aussi en évidence la différence entre l'investissement dont le volume et la nature sont décidés selon la rentabilité obtenue par la seule firme qui investit et l'investissement dont le volume et la nature sont ou seraient décidés compte tenu des profits et autres avantages induits[11].

b) Comment s'exerce l'action de l'industrie motrice sur le *produit global* de l'économie ?

La naissance d'une industrie nouvelle est toujours le fruit d'une anticipation. Un agent ou des agents se représentent une situation neuve ; ils la jugent possible ; ils assument les risques de sa réalisation. Le projet dépend de l'ampleur de leur horizon économique[12], se précise en un plan ou plus exactement en des plans alternatifs et susceptibles de corrections au cours de périodes successives. Dans la mesure où ces plans sont ou deviennent compatibles avec les plans des autres agents[13], dans un même ensemble, l'anticipation devient créatrice.

Si tous les facteurs employés étaient oisifs et si la création n'impose de pertes à aucun autre secteur, le produit de l'industrie vient en augmentation nette du produit global de l'économie au cours d'une phase antécédente.

Si tous les facteurs employés sont fournis par voie de «remplacement» dans un processus de croissance (les capitaux amortis étant remplacés par des capitaux plus productifs, les forces de travail qui se retirent cédant la place à des forces de travail qualitativement supérieures, aucune perte n'étant par ailleurs imposée aux secteurs étrangers à ceux où s'opère le remplacement), le produit global éprouve encore une augmentation nette.

Si une fraction des facteurs employés est arrachée aux circuits antécédents avec des pertes de productivité dans certains de leurs secteurs, l'augmentation nette du produit global est la somme algébrique des gains et des pertes en productivité.

Une fois l'industrie nouvelle présente à l'économie, son action sur le produit global, de période en période, peut, aussi bien, être analytiquement suivie en distinguant : 1° sa participation propre au produit global (la dimension de son produit dans le produit global) ; 2° le supplément de produit que, de période en période, elle *induit* dans son environnement. Comme une industrie nouvelle n'apparaît généralement pas seule, comme les croissances des industries nouvelles sont chevauchantes, l'augmentation du produit global est fonction : *a*) des niveaux des produits additionnels propres des industries nouvelles prises ensemble et *b*) des niveaux des produits additionnels induits des industries nouvelles prises ensemble[14].

Encore ces liaisons *ex post* par le débit, par les achats de services et par la technique ne suffisent-elles pas à rendre compte des faits historiquement observés. L'apparition d'une ou de plusieurs industries change, dit-on couramment, l'«atmosphère» d'une époque, crée un «climat» favorable à la croissance et au progrès. Voilà des métaphores, des mots ; ils signalent, toutefois, des enchaînements significatifs qui peuvent être soumis à l'analyse. La *nouveauté* introduit des variables différentes et (ou) supplémentaires dans l'horizon économique et les projets des agents et groupes d'agents dynamiques : elle a un effet déstabilisant. La nouveauté *réussie* par certains agents a valeur d'exemple pour d'autres et suscite des imitations, elles-mêmes créatrices. Enfin, la nouveauté réussie, en suscitant un *surcroît d'inégalités* entre des agents qui sont conscients les uns et les autres de leurs activités et des résultats de ces activités, intensifie leur volonté de gain *relatif* et leur volonté de puissance *relative*.

Comme chaque équilibre économique dynamique est lié à un équilibre social dynamique, une accumulation d'ébranlements dans le premier se répercute sur le second. Les nouveautés dans le fonctionnement de l'économie appellent des nouveautés dans la structure de l'économie ; plus précisément des changements dans les caractères techniques et économiques des *fonctions* suscitent des changements dans les caractères juridiques et politiques des *institutions*. Comme ces influences ne s'exercent par uniquement, ni même principalement *ex post, il n'y a pas dans ces liaisons de séquences à sens unique, constantes et nécessaires*. Au cours d'une période, en présence d'une constellation de nouveautés, tous les agents capables d'anticipations créatrices sont stimulés et entraînés. Soit à propos d'une série déterminée d'opérations, pendant une période relativement courte : c'est la «fièvre des canaux», la «fièvre des chemins de fer», la «fièvre de l'or». Soit à propos d'un grand nombre d'opérations nouvelles (même si la diffusion de leur effet dans l'ensemble est lente ou très lente) : ce sont (pour employer les expressions courantes et qu'on sait maintenant très imparfaites) les «révolutions industrielles» ou les «révolutions agricoles».

L'analyse, on l'aura observé, bien qu'elle accueille l'intuition centrale ou s'opposent l'innovation et la routine, est très différente de celle que J. Schumpeter nous a offerte. Ce dernier concentre unilatéralement l'attention sur le rôle des entrepreneurs privés, singulièrement des grands entrepreneurs privés ; mais les pouvoirs publics et leurs initiatives ne peuvent être oubliés, non plus que les petites innovations d'adaptation. J. Schumpeter raisonne sur un équilibre stationnaire stable dont l'analogue observable serait fourni par la contraction cyclique dans un pays de capitalisme développé ou par la stagnation des économies antérieures au capitalisme ; mais l'analyse retenue ici admet fondamentalement qu'il n'y a *pas de situation réelle* qu'exprime l'équilibre stationnaire stable et que ce dernier n'est rien d'autre qu'un outil pour repérer et classer les changements et les instabilités. Enfin, J. Schumpeter élabore sa théorie pour un régime de concurrence complète (ou approximative) ; l'analyse présente intègre les formes nombreuses de la concurrence monopolistique au sens le plus large de ce mot (monopoles, oligopoles et combinaisons de monopoles et d'oligopoles).

Elle est donc ouverte à la notion de complexe d'industries.

Complexe d'industries et croissance

En disant «complexe d'industries», nous ne visons pas simplement la présence de plusieurs industries mises en communication les unes avec les autres par des liaisons parétiennes ou non parétiennes; nous désirons introduire dans l'analyse trois éléments : 1° l'industrie clef; 2° le régime non concurrentiel du complexe; 3° le fait de l'agglomération territoriale.

1. Voici une industrie qui a la propriété, quand elle accroît son débit (et ses achats de services producteurs), d'augmenter le débit (et les achats de services) d'une autre ou de plusieurs autres industries. Appelons, pour le moment (selon *cette* acception déterminée), la première industrie motrice, la seconde (ou les secondes) industrie mue[15].

L'industrie motrice peut augmenter son débit pour utiliser à plein et au mieux ses capitaux fixes, c'est-à-dire pour travailler sur des points de plus en plus bas de ses courbes de coûts. Quand elle a atteint son débit optimum, si elle n'est pas un monopoleur qui maintient son prix, elle peut procéder à de nouveaux abaissements de prix qui induisent de nouvelles augmentations de débit chez les industries mues. Elle a intérêt à le faire précisément si elle a connaissance des conséquences que vont provoquer l'augmentation de son débit et l'abaissement de son prix. L'augmentation du débit des industries motrices peut donc résulter d'une anticipation des effets engendrés sur les industries mues, ou, s'il y avait hésitation ou lenteur de la part des chefs des industries motrices, d'un encouragement de l'État sous forme de subvention par exemple.

La propriété examinée existe à des degrés variables d'industrie motrice à industrie motrice : appelons industrie clef celle qui induit dans la totalité d'un ensemble, par exemple d'une économie nationale, un accroissement du débit global beaucoup plus grand que l'accroissement de son propre débit.

C'est dire qu'on ne peut pas dresser une fois pour toutes une liste d'industries clefs selon leurs caractères extérieurs et techniques. Les industries qui fabriquent des complémentaires multiples : matière première, énergie, transports, ont bien une vocation à devenir industries clefs, mais pour qu'elles prennent ce caractère, d'autres conditions doivent être réunies.

La notion d'industrie clef, essentiellement relative, est un outil d'analyse qui, dans chaque cas concret, appelle la définition précise de l'ensemble mû, de la période considérée, du couplage entre l'industrie motrice et l'ensemble mû. Le décisif est que, dans toute structure d'une économie articulée[16], il existe des industries qui constituent des *points privilégiés d'application des forces ou dynamismes de la croissance*. Quand ces forces provoqueront une augmentation du débit d'une industrie clef, elles provoqueront une expansion et une croissance puissantes d'un ensemble plus large.

2. Souvent, le régime du complexe d'industries est, par lui-même, «déstabilisant», parce qu'il est une combinaison de formes oligopoliques.

Nous connaissons de nombreux types de régimes d'industries qui, même quand leur équilibre statique peut être théoriquement construit, apparaissent fort peu vraisemblablement stables si on les considère en dynamique et sous des conditions point trop étrangères à la réalité.

Le monopole partiel peut très vraisemblablement imposer une entente aux petites firmes satellites ou y prendre des participations, en employant ses réserves accumulées. Le duopoleur qui a grande capacité et bas coût peut agir de même à l'égard du duopoleur à faible capacité et à coût élevé. Dans l'entente tacite, les positions respectives des parties ne sont pas déterminées une fois pour toutes, non plus que dans le groupe constitué autour d'un *leader*. La lutte oligopolistique, les conflits d'élimination, les conflits en vue de la subordination d'une partie à l'autre, l'entente sont des conséquences possibles, et, en effet fréquemment observées, de ces situations. L'action «déstabilisante» de chacun de ces régimes pris isolément est un entraînement de croissance quand, sur une longue période, la firme dominante élève la productivité de l'industrie et réalise une accumulation de capital efficient supérieur à celle qui aurait été le fait d'une industrie soumise à un régime plus concurrentiel.

Encore ces régimes d'industries ne révèlent-ils pas, eux seuls, l'instabilité d'un complexe d'industries dont chacune est en régime oligopolique et qui sont fournisseurs et clients les unes des autres[17]. Qu'on se représente les rapports entre une industrie productrice d'une matière première en régime de monopole partiel, d'une industrie qui fabrique l'acier en régime de monopole partiel, la seconde absorbant habituellement la plus grande partie du produit de la première. Qu'on relie ces industries à des industries de transports bénéficiant d'un monopole et à un État qui, par ses achats ainsi que par ses interventions, exerce une action sur les industries précédentes. On obtient une riche collection d'indéterminations et d'instabilités dynamiques des prix et des quantités. Même si une politique régularisatrice est poursuivie par les grandes firmes, les groupes et les pouvoirs publics, la modification de la conjoncture et des rapports de force suscite des changements. Le conflit ou la coopération des plans des grandes unités et de leurs groupes coordonnés et arbitrés par l'État agissent sur les prix, les débits, les achats de services.

C'est la résultante de ces forces qui provoque l'expansion et la croissance des ensembles mus.

3. L'agglomération territoriale ajoute ses conséquences spécifiques à la nature de l'activité (industrie clefs) et au régime non concurrentiel du complexe[18].

Dans un pôle industriel complexe qui est géographiquement aggloméré et en croissance, on enregistre des effets d'intensification des activités économiques dus à la proximité et aux contacts humains. L'agglomération industrielle-urbaine suscite des types de consommateurs à consommations diversifiées et progressives par comparaison à celles des milieux agricoles ruraux. Des besoins collectifs (logements, transports, services publics) émergent et s'enchaînent. Des rentes d'emplacement viennent s'ajouter aux profits d'affaires. Dans l'ordre de la production, des types de producteurs : entrepreneurs, travailleurs qualifiés, cadres industriels se forment, s'entre-influencent, créent leurs traditions et éventuellement participent d'un esprit collectif.

À ces effets d'intensification s'ajoutent des effets de disparités interrégionales. Le pôle industriel complexe, géographiquement aggloméré, modifie son environnement géographique immédiat et, s'il est puissant, l'entière structure de l'économie nationale où il est situé. Centre d'accumulation et d'agglomération de moyens humains et de capitaux fixes et fixés, il appelle à la vie d'autres centres d'accumulation et d'agglomération de moyens humains et de capitaux fixes et fixés. Quand deux de ces centres sont mis en communication par des voies de transports matériels et intellectuels, des changements étendus s'accusent dans les horizons économiques et les plans des producteurs et des consommateurs.

La croissance du marché dans l'espace, quand elle vient de la mise en communication des pôles industriels, et plus généralement de pôles d'activités, territorialement agglomérés, est tout le contraire d'une croissance également répartie; elle s'opère par concentrations de moyens en des points de croissance dans l'espace d'où irradient ensuite des faisceaux d'échanges. Les changements dans la technique, les vicissitudes politiques, les orientations des courants de trafic mondial entre pôles majeurs favorisent ou défavorisent les pôles territorialement agglomérés. Les concentrations d'hommes et de capitaux fixes et fixés, les rigidités des installations et des structures qui avaient accompagné le développement du pôle font sentir aussi toutes leurs conséquences quand commence son déclin; le pôle était un foyer de prospérité et de croissance, il devient un centre de stagnation.

Les historiens et les géographes, même s'ils n'emploient pas les expressions d'«industries motrices» et de «pôles de croissance» sont familiarisés avec ces réalités. Adopter la sorte d'analyse que nous proposons, c'est donc, semble-t-il, refuser quelques étroitesses injustifiées que la théorie coutumière nous impose en privilégiant les phénomènes du marché et du prix.

L'analyse nouvelle étant adoptée, l'histoire des économies nationales et la théorie de leur développement doivent être reprises à la base : on se bornera à marquer les suites les plus générales du changement d'optique.

Croissance des pôles et croissance des économies nationales

L'économie nationale en croissance ne nous apparaît plus uniquement comme un territoire politiquement organisé sur lequel vit une population, ni comme un approvisionnement de facteurs de la production dont la mobilité est nulle aux frontières.

Elle s'offre à nous comme une combinaison d'ensembles relativement actifs (industries motrices, pôles d'industries et d'activités géographiquement agglomérées) et d'ensembles relativement passifs (industries mues, régions dépendantes des pôles géographiquement agglomérés). Les premiers induisent sur les seconds des phénomènes de croissance.

Les changements désormais imposés pour apprécier les *dimensions* ou la *puissance économique* comparatives des nations, sont évidents. Mais deux conséquences fondamentales pour l'analyse de la croissance économique doivent être signalées.

1. Il y a aujourd'hui (et il y eut jadis sous d'autres formes) un conflit entre les espaces économiques de grandes unités économiques (firmes, industries, pôles) et les espaces politiquement organisés des États nationaux. Les premiers ne coïncident pas avec les seconds; leur croissance est dépendante d'importations, d'exportations, de centres d'approvisionnement, de marchés, extérieurs au territoire national. Or, les grandes unités économiques sont les instruments de la prospérité et les armes de la puissance de l'État national. Il en résulte une combinaison fréquente de pouvoirs privés et de pouvoirs publics dans la gestion de ces grandes unités, une lutte entre ces grandes unités capitalistes et «nationales», à l'échelle du monde, des formes d'impérialismes ensemble privés et politiques, exercés par les nations économiquement «réelles» et «actives» à l'égard des nations économiquement «apparentes» et relativement «passives»[19]. La dialectique marxiste qui met en évidence le conflit des forces de production et des formes institutionnelles, accapare une partie de l'attention que nous devrions dédier à une autre dialectique active dans le monde moderne et qui se définit par le conflit des espaces de croissance engendrés par des pôles de croissance et des espaces territoriaux politiquement organisés[20].

2. Tant que les politiques nationales et nationalistes persistent dans un monde où elles sont dépassées par la technique et par le déploiement de la vie économique, des gaspillages sont entretenus, qui constituent, *même en l'absence de conflits violents,* des freins à la croissance. Chaque État s'efforce d'exploiter, pour le bénéfice exclusif ou principal de ses nationaux, les pôles dont il a la disposition sur son territoire ou qu'il a conquis à l'extérieur. Il emploie une partie des moyens limités dont il dispose en hommes, capitaux réels, capitaux monétaires, pour exclure ses partenaires des avantages qu'il prétend tirer de la détention exclusive de pôles de croissance(3). D'où des combats d'oligopoles quasi publics qui mettent en péril la prospérité et la paix. L'élimination ou la réduction de ces pratiques n'est pas le moindre des aspects nombreux d'une politique de croissance *harmonisée* à l'échelle mondiale.

NOTES

1. Cet article est reproduit avec la permission de l'éditeur des Presses universitaires de France, *Économie appliquée*, n°s 1-2, janvier-juin 1955.
2. *Theoretische Sozialökonomie*, 4ᵉ édit., Leipzig, 1927; 1ʳᵉ édit., 1918.
3. J. Tinbergen et J. J. Polak, *The Dynamics of Business cycles. A Study in Economic Fluctuations*, Chicago, 1950, p. 126, cité par W. Kraus, *Multiplikator, Akzelerator, Wachstumsraten und Konjunkturzyklen*, Weltwirtschaftliches Archiv, 1954, Bd. 73, p. 84.
4. F. Perroux, «La pensée économique de Joseph Schumpeter» (Introduction à la traduction française de *Theorie der wirtschaftlichen Entwicklung*, Dalloz, 1935); «Les trois analyses de l'évolution et la recherche d'une dynamique totale chez J. Schumpeter», *Économie Appliquée*, avril-juin 1951.
5. J. Schumpeter explique par l'innovation, c'est-à-dire par la création d'industries nouvelles (au sens large) le cycle Juglar ainsi que le grand cycle Kondratieff. J. Maurice Clark met en évidence le rôle des *strategic factors* dans le cycle court et il n'y a évidemment aucune raison de n'en pas suivre l'influence dans des périodes qui englobent plusieurs cycles. Tout au rebours : il est important de distinguer les changements de structures (de proportions et de liaisons) observables dans le cycle court (à deux phases ou à quatre phases) et les changements de structures observables à longueur de siècle.
6. La méthode préconisée convient aux pays dits sous-développés. Dans nombre de ces pays, des industries capitalistes (centres d'exploitations pétrolières aujourd'hui) sont implantées dans des économies dont de vastes parties demeurent au stade de l'économie naturelle ou artisanale. L'ensemble de l'économie n'est pas encore articulé par des réseaux de prix, de flux, d'anticipations. Il le devient par la création de plusieurs pôles de croissance, reliés par les voies et moyens de transport, qui composent peu à peu l'infrastructure de l'économie de marché. L'isolement géographique et économique des pôles de croissance, dans ces cas, met en bonne lumière les obstacles à la propagation des expansions et des contractions cycliques qui atteignent les industries capitalistes «importées»; cet isolement fait voir aussi les changements de systèmes (type d'organisation) et de structures qui permettent, peu à peu, de dire — sans antiphrase — les mouvements d'une «économie nationale».
7. La méthode ouvre accès aux politiques de croissance pratiquées tant par la Russie soviétique que par le monde libre; ces politiques seraient rebelles aux analyses de l'équilibre général ou aux modèles abstraits de combinaisons des flux globaux. Nous visons la création des pôles industriels dans l'Oural, en Asie russe, ainsi que la politique des «complexes industriels» préconisée, et même déjà engagée en Afrique. Un des schémas caractéristiques de l'opération est celui-ci : un centre d'extraction de matière première est couplé à un centre de production d'énergie et, par des voies de communication, à des centres de transport ou de transformation. Ce qui, dans le passé, a été souvent obtenu par fondations successives, par des projets ou des plans cherchant en tâtonnant leur coordination, est tenté par la formation d'un pôle complexe. (L'amateur de métaphores boiteuses dirait peut-être : les pièces séparées du moteur, au lieu de chercher la loi de leur ajustement, sont montées ensemble.) C'est bien, en tout cas, d'un *moteur* qu'il s'agit. Le pôle complexe appelle de nouvelles créations, ébranle des régions et change la structure de l'environnement qu'il anime.
8. Cf. les séries étudiées par Simon Kuznets, *Secular Movements of Production and Prices*, Boston, 1930; «Retardation of Industrial Growth», chap. IX, dans *Economic Change*, New York, 1953; *Toward a Theory of Economic Growth*, Contribution pour le second Centenaire de l'Université, Columbia, 1954.
9. Tibor Scitowsky, «Two Concepts of External Economies», *The Journal of Political Economy*, avril 1954, p. 143 et suiv.

10. La croissance d'une industrie A (Tibor Scirowsky, *Two Concepts of External Economies*, article cité, p. 149) peut induire des profits :
    — dans une industrie B qui achète les facteurs produits par l'industrie A ;
    — dans une industrie C dont le produit est complémentaire du produit de l'industrie A ;
    — dans une industrie D dont le produit est un substitut des facteurs utilisés par l'industrie A ;
    — dans une industrie E dont le produit est consommé par des individus dont les revenus sont augmentés par la croissance de l'industie A.

11. L'optimum d'investissement selon la théorie générale de l'équilibre des petites unités en régime de concurrence complète n'est réalisable que si chaque unité peut faire des investissements additionnels parfaitement divisibles. Sous cette condition seulement l'investisseur peut porter à égalité le rendement marginal et le coût marginal de l'investissement additionnel, et, les conditions de divisibilité étant réalisées pour toutes les autres variables sur lesquelles il doit prendre une décision, peut égaliser son coût marginal au prix. On sait assez qu'aujourd'hui la condition de parfaite divisibilité n'est pas remplie. Qu'il s'agisse de l'investisseur privé (haut fourneau additionnel) ou de l'investisseur public (un canal, une ligne de chemins de fer, un pont). Dans tous ces cas, s'il appliquait la théorie générale de l'équilibre, l'investisseur devrait s'abstenir ou agir économiquement de façon irrationnelle. On constate qu'il ne s'abstient pas et que sa décision, irrationnelle d'un point de vue de rentabilité individuelle, peut être très rationnelle sous le rapport de la productivité collective. Il en est ainsi chaque fois que les produits induits dans un ensemble viennent s'ajouter à ses profits ou compenser ses propres pertes. (On dirait, en généralisant : chaque fois que des avantages induits dans un ensemble s'ajoutent à des avantages dans un secteur particulier ou y compensent des pertes.)
    Dans les croissances observables, les investisseurs agissent, en effet, comme si la théorie de l'équilibre général des micros-unités était étroite et partielle, et leur attitude est souvent justifiée économiquement à l'égard de l'ensemble et dans une vue dynamique de la succession des événements. Tibor Scitowsky, même référence qu'à la page précédente.

12. Nombre de variables, longueur d'anticipation.

13. Producteurs et consommateurs.

14. Les effets de la condensation de créations ou de transformations d'industrie durant une période deviennent intelligibles.

15. Nous retenons ici les seules actions qui viennent d'être définies.

16. Où sont développés les réseaux de flux, de prix, d'anticipations.

17. Cf. François Perroux, *I.S.E.A.*, *Cahiers*, Série D, n° 8. *Matériaux pour une analyse de la croissance économique*, Livre I, chap. II. Les phénomènes de la croissance observés dans un pôle industriel : La Ruhr.

18. Sur tous ces points de nombreux exemples concernant la Ruhr dans le *Cahier I.S.E.A.*, Série D, n° 8 précité.

19. Cf. Maurice Bye, «La grande unité interterritoriale et ses plans». À paraître dans les *Cahiers de l'I.S.E.A.*, Série F, Fasc. 2, 1955.

20. Ou de nœuds stratégiques de trafic.

Chapitre III

André Raynauld

Un modèle de développement polarisé : Application au cas de Montréal[1]

Une connaissance approfondie de la réalité est une condition indispensable à une bonne définition des mesures de politique économique qu'on désire mettre en œuvre. En matière de développement régional, cette connaissance doit porter à la fois sur les deux termes de l'expression, soit d'une part sur la nature du processus de génération de l'activité économique, d'autre part sur la dynamique interne des espaces considérés.

Activités de croissance et activités de développement

Pour les fins de cette analyse, il convient de distinguer les activités de croissance et les activités de développement. Les premières sont des activités induites qui s'inscrivent dans un schéma de continuité et dont les grandeurs se modifient à un rythme prévisible et régulier. Ces activités se poursuivent dans des conditions connues de marché, de technologie et de coûts de production. Les activités de développement par contre consistent dans des innovations qui transforment les conditions des opérations ; elles sont des activités créatrices qui modifient les structures de coûts et de rendement, et provoquent une rupture, une discontinuité plus ou moins profonde[2].

Cette distinction entre les activités de croissance et les activités de développement nous paraît essentielle à l'intelligence des phénomènes qui se produisent et à l'élaboration des politiques économiques. En effet, les activités de croissance sont toujours nécessaires ; elles correspondent à la consommation dans le modèle keynésien de demande globale. Mais si on ne prend garde, on peut y compromettre dangereusement l'avenir, car ce sont les activités de développement, comme l'investissement net dans le produit national, qui commandent aux dieux inexorables du progrès. Les activités de croissance sont à la remorque des innovateurs ; elles assurent la conservation et le maintien des choses établies ; les activités de développement, beaucoup plus réduites, quand elles sont exprimées en indices statistiques, brisent pourtant les monopoles de la tradition et des droits acquis. Un État peut gager son avenir sur les activités de croissance s'il s'en tient aux impératifs immédiats d'emploi et de production ; il peut aussi le gager sur les activités de développement. À l'un ou l'autre de ces deux objectifs correspondent des politiques bien caractérisées que nous exposerons plus loin.

L'approche sectorielle

Les activités de croissance évoluent suivant des règles connues ; elles s'expliquent et se projettent dans l'avenir par référence à l'industrie, à l'entreprise et à l'établissement suivant des conditions de demande et de coût plus ou moins favorables. Placées dans un contexte régional, ces activités peuvent s'analyser assez convenablement à la lumière de la théorie de la localisation. En tout état de cause, celle-ci constitue toujours une démarche indispensable à une analyse plus fouillée. Comme les conditions économiques d'une région ne sont pas applicables également à toutes les branches d'activité, il faut d'abord percer le voile de la région et examiner les activités sur une base sectorielle. Sauf pour les très grandes agglomérations, la région n'est guère plus que l'addition des activités qui s'y déroulent, du moins en surface. La raison en est que les processus cumulatifs, les phénomènes d'agglomération et la capacité d'innover y sont négligeables.

Les complémentarités

Quand on entend incorporer ces derniers phénomènes dans la perception qu'on se donne de la réalité, il faut aller beaucoup plus loin. Une approche micro-économique et statique comme celle-là ne suffit pas. En d'autres termes, la situation est incomplètement définie.

Les activités (et les régions) de croissance comportent des complémentarités essentielles qu'une analyse selon le produit, l'entreprise ou le secteur ne saisit qu'imparfaitement. C'est pour reconnaître l'existence de ces complémentarités qu'on a introduit les concepts de complexe industriel, de pôle de croissance ou plus généralement de croissance «balancée». Un projet d'investissement limité à une seule activité s'avère improductif alors que couplé à une activité complémentaire, il passe le seuil de rentabilité requis. On peut interpréter la politique nationale canadienne de la fin du siècle dernier comme ayant cherché à exploiter des complémentarités. Cette politique comportait en effet trois volets indissociables : la construction d'un chemin de fer trans-canadien, une politique de peuplement des provinces de l'Ouest, pour procurer au chemin de fer des clients et des marchandises à transporter, une politique de protection douanière, pour favoriser la production manufacturière et appuyer l'effort de peuplement.

Les exemples donnés dans la littérature sont très nombreux. Qu'il suffise de mentionner les cas devenus classiques : le premier est celui d'Allyn Young relatif au métro de Londres et qui a été observé en 1928[3]. Il s'agit d'un cas d'internalisation d'économies externes à l'entreprise. Puis Rosenstein-Rodan, en 1943, a fait état de complémentarités dans la demande[4]. Dix ans plus tard, Nurkse a tiré une généralisation dont l'essentiel tient à cette phrase : «*Most industries catering for mass production are complementary in the sense that they provide a market for, and thus support, each other*»[5]. Les complémentarités technologiques qui réduisent les coûts de production ont reçu de leur côté une forme à peu près achevée dans le complexe pétrochimique de W. Isard[6].

Le principe des complémentarités dans la production et la demande est universellement reconnu aujourd'hui. Pourtant, il ne semble pas qu'on en ait mesuré toute la portée. D'abord, les liaisons sont plus nombreuses et plus agissantes qu'on l'admet généralement et elles se multiplient dans toutes les directions à mesure qu'une économie progresse. Si on pouvait mesurer l'interdépendance dans toutes ses dimensions, on trouverait sans doute qu'elle est fortement coreliée au niveau de développement. En d'autres mots, plus une économie avance, plus les activités économiques sont dépendantes les unes des autres. Aujourd'hui, les réseaux vont bien au-delà des échanges traditionnels entre clients et fournisseurs ; ils s'établissent sous une infinité de formes : prêts de travailleurs hautement spécialisés entre établissements concurrents, services financiers d'une très grande variété, services légaux, experts en fiscalité, en mécanisme de financement, services d'information très étendue, de communications instantanées, services professionnels et scientifiques, services personnels impliquant l'école, l'hôtellerie, le logement, l'enseignement des langues, les services religieux ; les réseaux dont nous parlons transmettent surtout les idées, la technologie, les techniques de gestion.

Ensuite on peut déduire que si ces liaisons interindustries et interfirmes sont aussi importantes dans la vie économique, elles doivent certainement jouer un rôle majeur dans les localisations et dans les décisions d'investir. Or, ces considérations nous paraissent à peu près absentes dans les politiques de développement industriel et de développement régional. Il est admis qu'une politique qui ignorerait le mode de fonctionnement d'une économie ou les facteurs qui sont à l'origine des décisions des agents serait au mieux inefficace, au pire dangereuse. Par rapport au modèle de fonctionnement que nous élaborons ici, le développement industriel et régional actuel semble malheureusement conçu comme une suite d'opérations indépendantes et marginales, fondées sur des notions très restreintes de coût.

C'est pourquoi les politiques d'intervention (ou d'incitation) n'ont exercé d'influence le plus souvent que sur de petites unités de décision, pour des projets sans envergure et parfois sans avenir. À chaque programme gouvernemental d'ailleurs, correspond une hypothèse analytique sur la nature du problème à résoudre. Que les pouvoirs publics décident de favoriser les financements à long terme et on déduira à juste titre que si le développement n'était pas plus rapide auparavant, c'est à cause de ressources financières insuffisantes. Mais si le développement exige au contraire d'introduire des entreprises dans des circuits de production et d'information, on pourra fournir des prêts à long terme à longueur d'année sans jamais réussir à quitter la piste d'envol.

Les règles des implantations

Dans notre perspective, les implantations obéissent à des règles extrêmement complexes qui sont sans rapport avec le modèle de l'entrepreneur marginal[7] et indépendant qui se présente dans une industrie régie par une concurrence parfaite, industrie qui, elle-même n'entretient aucune relation avec aucune autre. Comme cette notion par opposition le laisse voir, les règles d'implantation se définissent à deux niveaux principaux : celui de l'industrie et celui de l'environnement (dans son sens le plus restreint, l'environnement désigne ici les liaisons et les échanges interindustriels). Au premier niveau figurent les stratégies de marché des entreprises dominantes (ou macro-unités) que François Perroux a exposées dans *l'Économie du XXe siècle* (PUF, 1969). Les implantations majeures sur un territoire spécifique (et pas un autre) répondent avant tout à des impératifs de survie et de suprématie à moyen terme des entreprises concernées. Les petites et moyennes entreprises suivent le sillage des grandes, soit en association avec elles, soit en opposition sur des fronts délicatement et rigoureusement définis. Ces stratégies de marché dépendent globalement des percées technologiques qui se produisent et des conditions économiques générales qui favorisent ou non des déplacements géographiques d'une région à une autre ou souvent d'un pays à un autre. Les liaisons qui existent entre les firmes sont d'une importance majeure, qu'elles se manifestent par les hommes qui sont réunis sur les conseils d'administration (où se font les arbitrages nécessaires), par les politiques communes ou les guerres de prix, par les associations secondaires dans les activités parallèles (*v.g.* les combinaisons d'entreprises qu'on trouve dans les centres d'achats), par les contrats qui les lient pour la distribution, pour la compatibilité des équipements, et ainsi de suite. Du point de vue d'un territoire donné, la nature et l'avenir des implantations dépendent dans une large mesure de la structure de l'industrie et des stratégies générales des entreprises impliquées; d'où la règle suivante : «ne jamais s'attacher à une unité isolée mais la traiter dans son groupe et dans son milieu environnant»[8]. Les conditions immédiates de coût et de demande sont secondaires à notre avis, sauf pour les implantations sans conséquence.

Autant dire ici, pour illustrer ce qui précède, que la plus extrême faiblesse de la zone métropolitaine de Québec à nos yeux, consiste en ce qu'elle est hors-jeu, hors-circuit dans les stratégies des meneurs. Le meilleur indice que nous avons pu trouver à cet égard, est le suivant : sur 593 établissements de l'industrie de fabrication dans la région administrative de Québec, 537 ont leur siège dans la région et 18 seulement ont leur siège à l'extérieur du Québec[9]. La région de Québec n'est pas intégrée au reste de la province et notamment, à Montréal ; elle n'est pas intégrée à l'économie nord-américaine non plus.

Au deuxième niveau, celui de l'environnement, les règles des implantations sont définies en grande partie dans le prolongement des stratégies de marché, c'est-à-dire par les occasions qui existent de résoudre aisément l'ensemble des problèmes qui se posent à une entreprise. À cette fin l'entreprise établira des rapports souvent permanents, avec les institutions financières, les bureaux d'étude, les universités, les agences de publicité, les télécommunications, les bureaux de recrutement des cadres, les laboratoires de recherche, les services professionnels, les centres de calcul par ordinateur, et ainsi de suite. Ces liaisons interindustrielles s'ajoutent, il va sans dire, à la liste traditionnelle des liaisons d'intégration verticale connues depuis longtemps, et qui demeurent tout aussi importantes que naguère.

Cette analyse entraîne des conséquences quant aux méthodologies de recherche les plus appropriées et quant à l'orientation des politiques économiques. Les recherches devraient tendre à isoler et à identifier les contraintes de liaison qui commandent dans une aussi large mesure les décisions d'investir sur un territoire donné. Ces études conduiraient à définir une série de circuits de facteur, de produit et d'information. À leur tour, les circuits serviraient de fondement à la définition de politiques appropriées à chaque région ou sous-région, l'objectif étant de placer le territoire sur un circuit donné ou encore de choisir les territoires à développer suivant les possibilités qui existent de les intégrer dans des circuits[10].

Dans notre vocabulaire, les activités de croissance sont essentiellement des activités induites ou dérivées. Pour les expliquer ou les stimuler, nous avons recours au concept de circuit (à plus ou moins haute tension), mais jusqu'à maintenant le circuit est une donnée exogène au modèle : il passe à un certain endroit ou il ne passe pas. L'activité économique naît ou meurt si elle se trouve, ou non, sur ce Chemin du Roy.

Les conditions de l'innovation

Il faut désormais s'attaquer à la genèse des circuits d'activité. Où puisent-ils leur origine, qui commande leur formation et dessine les routes qu'ils empruntent? Notre réponse à ces questions a déjà été donnée. Ce sont les innovations ou, telles que nous les avons définies, les activités de développement.

Pour nous, cette affirmation est un postulat. Nous posons au départ que les maîtres et les nantis de l'avenir sont ceux qui seront capables d'originalité et d'invention; ce sont ceux qui pourront agir sur leur environnement pour le transformer à leur avantage, qu'il s'agisse d'individus, de groupes, de pays ou d'ensembles de pays.

La capacité d'innover n'est pas un concept opérationnel comme la propension à l'épargne. Il ne l'est pas encore. Mais on a commencé depuis quelques années à analyser cette réalité. On en est au point où on discerne un certain nombre de conditions susceptibles de faire naître et de favoriser l'innovation. Il convient de s'y arrêter.

Nous avons eu la bonne fortune de trouver une étude qui fait le point des connaissances sur ce sujet et il nous suffira ici d'en tirer l'essentiel. Il s'agit d'un papier de John Friedmann intitulé *«A General Theory of Polarized Development»* [11].

Suivant cet auteur, on peut ramener à six les conditions favorables à l'innovation sur un espace donné :

L'importance et le nombre des problèmes que les approches traditionnelles ne parviennent pas à résoudre. Citons par exemple, la pauvreté, la pollution ou la criminalité. Ces problèmes non résolus constituent en quelque sorte la demande effective pour l'innovation.

À partir de l'observation suivante laquelle *«innovations coincide in large measure with the points of highest interaction potential in a communications field»* [12], l'innovation est davantage susceptible de prendre racine là où des mentalités étrangères et divergentes viennent en contact, s'affrontent et s'associent. L'essentiel de ce processus, est l'échange et l'assimilation d'information nouvelle de qualité (à l'origine de riches circuits d'information).

L'aptitude du système social existant à assimiler l'innovation sans s'auto-détruire. À cet égard, J. Friedmann estime que la structure sociale idéale est celle qui se caractérise par la multiciplicité des centres de décision, la mobilité verticale, la participation populaire, auxquelles caractéristiques on ajoute des mécanismes efficaces pour la solution des conflits et une bonne dose de leadership (qu'on trouve d'habitude dans des sociétés plus hiérarchisées).

Les attitudes mentales individuelles face à l'innovation. Certaines sociétés ou certaines populations produisent et attirent les personnalités innovatrices, d'autres sociétés n'en produisent pas. Les immigrants et les groupes sociaux «déviationnistes» ou opprimés forment souvent le réservoir principal des entrepreneurs. Encore faut-il que les sociétés plus fermées acceptent de recevoir des immigrants.

La disponibilité des ressources humaines et financières très diversifiées permettant de réaliser toutes les étapes de l'innovation, de l'idée originelle à la mise en marché et à la diffusion à travers l'ensemble du système.

L'approbation sociale et le succès financier des innovateurs. Les gains doivent correspondre aux risques encourus. Mais cela ne suffit pas. Le pouvoir inhérent à l'innovation doit pouvoir être légitimé et institutionnalisé. La recherche de la légitimité entraînant des conflits avec les pouvoirs établis et les élites traditionnelles, c'est de la solution à ces conflits et par conséquent de la souplesse du système que dépend en définitive le rythme de l'innovation et du changement.

L'innovation et les grands ensembles urbains

Un examen un tant soit peu attentif de ces conditions force à reconnaître que seuls les grands ensembles urbains sont susceptibles d'offrir un cadre propice aux activités de développement. Suivant la notion originelle qu'on trouve chez Schumpeter, l'innovation provenait du progrès technique et des découvertes de ressources naturelles. Nous pensons que pour l'essentiel l'ère des découvertes géologiques est passée et que quand de nouvelles ressources sont mises en exploitation il s'agit maintenant d'activités de croissance qui ne mettent plus en cause les structures et qui constituent des réponses, soit aux changements de coût et de demande, soit aux changements dus au progrès technique. Le régime d'exploitation des ressources naturelles contribue également à en faire des activités de croissance. Le plus souvent, cette exploitation s'effectue dans des régions excentriques et les rapports avec le milieu sont réduits au strict minimum.

Innovation et progrès technique sont donc devenus des synonymes et par suite la relation qu'on peut établir entre l'innovation et le phénomène urbain est plus étroite que jamais.

En effet, nous pourrions reprendre une à une les conditions de l'innovation mentionnées plus haut et faire ressortir la supériorité remarquable des grandes agglomérations sur les petites à cet égard. Nous insisterons sur quatre aspects principaux. Le premier consiste dans la gravité des problèmes posés et dans l'urgence de solutions originales. Les grands problèmes sociaux contemporains se posent en milieu urbain : solitude et désarroi des personnes, pauvreté, pollution, loisir, criminalité, chômage, habitat. Par contre, c'est aussi dans les grandes agglomérations que naissent les idées nouvelles par suite de la forte concentration des ressources intellectuelles, par suite de la diversité des opinions, des valeurs, des courants de pensée, par suite enfin de la mobilité des individus qui y viennent de tous les coins de l'univers. Le troisième élément que nous voulons mentionner est la diffusion des pouvoirs qui fait des grandes agglomérations, des sociétés plus ouvertes, plus décentralisées dans lesquelles les individus, moins protégés, moins encadrés, risquent peut-être de se perdre, mais deviennent aussi capables de réalisations originales et décisives.

Le quatrième aspect est le plus important. L'ensemble urbain est un champ d'information (*communications field*) et le siège par excellence d'économies externes à l'entreprise. Qu'il suffise de se reporter aux exemples que nous avons donnés précédemment[13] des complémentarités qui existent dans l'activité économique. Par suite des indivisibilités et partant des économies de dimension, un bon nombre d'activités ne peuvent prendre place que dans les grands ensembles; elles sont suffisamment connues pour avoir un nom : activités «quaternaires» ou «tertiaires supérieures». Il est admis aujourd'hui que la présence de ces activités dans le milieu environnant est plus déterminante pour la localisation des entreprises que les coûts de transport ou même les salaires, deux variables clefs des modèles traditionnels. Ce sont ces effets positifs d'agglomération qui expliquent l'urbanisation elle-même, phénomène universel dont l'ampleur ne cesse d'étonner.

Les économies externes semblent augmenter en intensité suivant un schéma non linéaire avec la taille des ensembles urbains. Qu'il existe un seuil de dimension correspondant à chaque activité est évident. C'est l'aire de marché traditionnelle. Cette aire de marché est évidemment plus petite pour l'épicerie que pour le photographe de célébrités. Mais à chaque seuil plus élevé de population, les nouvelles activités qui s'ajoutent semblent avoir une capacité plus grande de générer des économies externes. Ces économies externes à leur tour, exercent, soit un pouvoir d'attraction auprès de la population extérieure, soit un pouvoir *d'autonomie* interne croissante.

L'association entre la taille des agglomérations et la structure des activités est bien connue. En ce qui concerne les villes du Québec, Fernand Martin a déjà fourni les indications pertinentes à cet égard[14]. Nous n'y reviendrons donc pas. La liaison entre l'innovation et la taille des agglomérations, par contre, a fait l'objet d'études moins nombreuses et beaucoup plus récentes.

Que les innovations se produisent surtout dans les ensembles urbains, on en trouve deux catégories de confirmation empirique. La première est basée sur la fréquence et la localisation des brevets d'invention. William R. Thompson par exemple a trouvé un coefficient de corrélation de 0,964 entre le nombre de brevets octroyés dans chaque État américain (au début des années 50), et le nombre d'habitants dans la métropole de chacun[15]. Allan R. Pred, de son côté, présente des statistiques sur le nombre de brevets octroyés par 10 000 habitants dans 16 grandes villes américaines, pour 1860, 1880 et 1900. Il conclut : *«Patents were disproportionately concentrated in swiftly emerging metropolises. The first eleven cities (in the table) accounted for 31,99 per cent of the country's patents in 1900 while containing only 12,68 per cent of the population for that year... The locational configuration of inventive and innovative activities is some function of both the size and rate of growth of cities»*[16].

Le deuxième type de test de cette théorie consiste à observer qu'il existe un processus cumulatif dans les inventions elles-mêmes et que ce processus ne peut débuter ailleurs que dans les grandes agglomérations. Cette caractéristique fondamentale des inventions est très bien établie. Contrairement à ce qu'on pourrait penser, le génie créateur ne se manifeste pas seul ; il ne se manifeste pas n'importe où.

«Inventions rarely evolve in a vacuum but instead are interrelated events deriving from a cumulative technological synthesis»[17]. Les inventions se suivent *«in orderly sequences»* ; à la suite d'une invention initiale (celle-ci, peut-être, est de nature plus aléatoire que les autres), tout un train d'innovations secondaires ou complémentaires apparaissent (Schumpeter a parlé d'innovations induites pour expliquer ce phénomène). La raison principale tient en ce qu'une innovation brise par définition un certain équilibre et pour qu'un nouvel équilibre se construise, il faut innover dans d'autres directions. Quand les villes ont commencé à s'étendre, le transport urbain à traction animale est devenu anachronique et on a inventé le tramway et le métro. L'automobile à son tour a transformé l'habitat urbain et a imposé en quelque sorte une nouvelle conception des routes (l'autoroute à cet égard est une innovation majeure), sinon une nouvelle conception de vivre. On désigne ces phénomènes de *technological desequilibrium* et de *technological convergence*.

La complémentarité des innovations est particulièrement frappante quand on suit l'évolution de certaines industries manufacturières au cours d'une période de temps assez longue. Les exemples les plus connus sont sans doute les industries textiles et les industries métalliques au XVIIIᵉ et au XIXᵉ siècles. Comme à cette époque les innovations ont été plus nombreuses dans la fabrication, il est normal qu'elles se soient concentrées dans les villes où l'activité manufacturière était la plus intense, parce que c'est là que les problèmes se posaient. Compte tenu du fait que les innovations se manifestent ainsi en chapelet, dans certains secteurs d'activité, on peut déduire qu'à chaque époque, certaines agglomérations urbaines de même taille sont plus favorables que d'autres à l'innovation. Au XIXᵉ siècle, les villes à forte concentration industrielle (comme Pittsburg aux É.U.) étaient plus innovatrices que les autres. Il se peut qu'aujourd'hui ce soient les villes à forte concentration en ressources financières ou en ressources scientifiques qui innovent le plus.

Il semble donc exact de penser qu'il existe une forte association entre l'innovation et l'ensemble urbain.

Les rapports entre le pôle de développement et sa zone d'influence

Aux activités de développement nous faisons correspondre la notion de pôle de développement pour désigner l'ensemble urbain qui constitue le foyer des activités innovatrices et autonomes dont nous avons parlé.

Ces pôles de développement entretiennent des rapports caractéristiques avec ce que nous appellerons leurs zones périphériques d'influence. Dans ces zones, on trouve par définition des activités de croissance, *i.e.* des activités induites par le pôle de développement. Un pôle et une zone forment un espace (ou une région) polarisé, soit un ensemble de circuits d'information, d'échange et de migration.

Entre un pôle et sa zone d'influence (l'hinterland), il s'établit des relations de domination ou de dépendance qui suscitent des tensions. De la façon que ces tensions évoluent dépend le statut de l'espace polarisé relativement aux espaces polarisés environnants. En théorie, les espaces polarisés n'ont pas une frontière géographique continue et unique; la zone s'étend aussi loin que les transactions. En pratique cependant, les zones d'influence entourent les pôles de développement parce que la distance est un des éléments majeurs dans les échanges.

La domination d'un pôle sur sa zone tient évidemment à une capacité durable d'innover et aux institutions nouvelles qui reflètent et diffusent l'innovation à travers la zone périphérique (on peut songer ici à la télévision qui a été introduite en certains points de développement et étendue ensuite progressivement jusqu'aux territoires les plus reculés). Elle tient aussi aux élites nouvelles qui détiennent le pouvoir dans les pôles de développement et qui s'imposent par leurs initiatives aux élites traditionnelles des zones. Le pôle jouit d'une force d'attraction qui draine les ressources humaines, financières et administratives de la zone périphérique et nourrit ainsi son propre dynamisme, au moins dans les débuts du processus de polarisation. Enfin l'innovation étant contagieuse, les risques et les coûts des transformations allant en diminuant, le pôle affermit ses assises et consolide ses actions de puissance.

À cette domination du pôle de développement correspond la dépendance de la zone périphérique. Celle-ci résiste aux pressions du centre et la bataille s'engage pour de bon. Les circonstances entourant le déroulement de ce conflit n'ont pas toutes été identifiées ni appréciées de façon à en connaître l'issue à l'avance, mais chose certaine, cette issue peut être heureuse pour les deux camps comme elle peut évidemment tourner aussi au désastre. La règle générale qui s'applique, bien qu'assez peu explicite à ce stade, est la suivante : les tensions entre un pôle et une zone sont créatrices aussi longtemps qu'elles ne détruisent pas l'un ou l'autre des deux camps, mais plus elles sont fortes en deçà, mieux c'est.

Le pôle a besoin d'une zone pour mériter son nom. La zone est son marché, son réservoir de ressources, son domaine de souveraineté et de juridiction. Comme il vient automatiquement en conflit avec elle, il doit être assez puissant et innovateur pour que la zone en tire avantage. Le développement doit donc se propager (*spread effects*) suffisamment pour que la zone survive au changement et prospère à son tour. Le développement doit susciter la croissance, d'où la nécessité d'un pôle fort couplé à des circuits de propagation également significatifs.

De leur côté les zones périphériques doivent parvenir à faire sentir leur influence sur le pôle de développement. Il s'ensuit une confrontation, une interaction qui est propre à accélérer la découverte de solutions progressives. Pendant ce temps, les institutions et les valeurs se transforment dans la zone entraînée et l'idéal consiste pour le pôle à partager le pouvoir avec les élites de la zone quand, et seulement quand, ces élites sont gagnées elles-mêmes à l'innovation et au progrès. Si la zone refuse l'intégration, elle reste au contraire figée dans ses structures passées ou présentes suivant un *pattern* de «conservation» et de résistance. Si cette résistance réussit, la zone détruit le pôle de développement en ce sens qu'elle bloque le processus d'innovation. Une dernière possibilité est que la zone initiale soit suffisamment étendue et dynamique pour donner naissance à un second, puis à un troisième pôle de développement faisant concurrence au premier. C'est d'ailleurs dans cette concurrence éventuelle que se trouve la limite à une expansion indéfinie des pôles originels[18].

Les rapports entre les espaces polarisés

Les espaces polarisés entretiennent aussi des rapports entre eux qui donnent naissance à des systèmes d'espaces, à une organisation, à une hiérarchie des espaces. Ces rapports peuvent être groupés en trois catégories : des rapports de domination, de subordination et de concurrence. Un espace économique comme Montréal est dans un rapport de subordination avec celui de New York; il est dans un rapport de concurrence avec l'espace de Toronto; enfin il est dans un rapport de domination avec les espaces économiques des provinces maritimes. Le dynamisme et le progrès d'un espace polarisé sont une fonction de son ouverture sur l'extérieur, tant pour les stimulations plus ou moins fortes qu'il reçoit des espaces dominants que pour l'action de puissance qu'il peut exercer à son tour sur ses voisins. L'essentiel de la situation canadienne tient à la concurrence à laquelle se livrent les espaces de Toronto et de Montréal. Cette concurrence est saine et positive parce qu'elle stimule l'innovation et parce que la réciprocité est encore possible.

Dans la perspective de longue période qui est la nôtre, nous décrivons le processus d'expansion d'un territoire donné de la façon suivante. Dans une première étape, le territoire est un satellite d'un pôle de développement plus ou moins éloigné. Suivant que les effets de propagation du pôle sont forts ou faibles, suivant que la capacité de réaction du territoire est forte ou faible, le territoire prendra une expansion rapide ou lente (il n'est pas exclu que le territoire donné ne connaisse jamais d'expansion, mais ce cas ne présente évidemment aucun intérêt). La durée de la première étape est une fonction du rythme d'expansion du territoire satellisé. Dans une deuxième étape, le territoire devient à son tour un pôle de développement, *i.e.* capable de concurrence et d'autonomie dans les décisions. Ces deux étapes ne sont pas des instruments de prévision. Elles servent à faire ressortir :
— qu'aucun territoire ne peut devenir un pôle de développement sans avoir été précédemment satellisé.
— le processus de satellisation ne doit avoir aucune connotation péjorative puisque c'est le seul moyen qui existe de renforcer le pouvoir de concurrence d'un territoire et de lui faire atteindre un jour le statut de pôle de développement.

De bons exemples de ces étapes : la ville de New York qui s'est libérée de l'emprise de Londres; Chicago, plus tard, qui s'est libérée de l'emprise de New York; Toronto qui s'est libérée de Montréal.

Du point de vue du Québec, l'avenir est principalement déterminé par l'amélioration ou la détérioration de la position concurrentielle de Montréal relativement à l'espace économique de Toronto et aux autres espaces polarisés dans le monde.

NOTES

1. Texte inédit, rédigé en 1970.
2. Cette distinction est bien connue. Pour référence, citons A.S. Youngson, *Possibilities of Economic Progress*, Cambridge University Press, 1959, et A.O. Hirschman, *The Strategy of Economic Development*, York University Press, 1958.
3. Allyn Young, *Increasing Returns and Economic Progress*, The Economic Journal, 1928, p. 527-542.
4. P.N. Rosenstein-Rodan, *Industrialization of Eastern and Southeastern Europe*, The Economic Journal, 1943, p. 202-211.
5. R. Nurkse, *Problems of Capital Formation in Under-Developed Countries*, Blackwell, Oxford, 1953.
6. Walter Isard, E. Schooler & T. Vietorisz, *Industrial Complex Analysis and Regional Development*, M.I.T. Press, 1959.
7. *i.e.* dont la taille est suffisamment petite pour n'exercer aucune influence sur la production, le prix ou les concurrents dans l'industrie.
8. François Perroux, *«Indépendance» de l'économie nationale et interdépendance des nations*, Aubier Montaigne, 1969, p. 251.
9. Bureau de l'Industrie et du Commerce de Québec métropolitain Inc. : «Étude des terrains industriels de la région de Québec», vol. I, décembre 1967, p. 129.
10. Voir William Alonzo, *Industrial Location and Regional Policy in Economic Development*, Institute of Urban and Regional Development, University of California, Berkeley, Working Paper, n° 74, février 1968 : «The poor regions are poor because they are imperfectly integrated into the national space economy», p. 1. Voir aussi L.H. Klaassen, *Méthodes de sélection des industries pour les régions en stagnation*, OCDE, 1967. Dans cet ouvrage, une méthode de sélection est proposée qui est fondée sur les relations et les distances entre l'industrie concernée, ses clients et ses fournisseurs. Mais ni la structure de l'industrie (relations interfirmes), ni les relations plus ou moins pondérables basées sur les services ne sont retenues.
11. Texte d'une communication présentée au «Symposium on Growth Centers», de l'Université du Texas en novembre 1969. Non publié.
12. *ibid.*.
13. p. 5.
14. Fernand Martin, Analyse de la structure urbaine de la province de Québec dans les activités économiques tertiaires, OPDQ, avril 69, Miméo.
15. William R. Thompson, Locational differences in Inventive Effort and their Determinants, in N.B.E.R., *The Rate and Direction of Inventive Activity : Economic and Social Factors*, Princeton University Press, 1962.
16. Allan R. Pred, The Spacial Dynamics of U.S. Urban Industrial Growth, 1800-1914; Interpretative and Theoritical Essays, The M.I.T. Press, 1966, p. 111 et 112.
17. *op. cit.*, p. 91.
18. Sur l'interaction entre la zone et le pôle, voir W.T. Easterbrook, *The Entrepreneurial Function in Relation to Technological and Economic Change*, in Bert Hoselitz and Wilbert Moore (édit.), Industrialization and Society, UNESCO, 1968, pp. 57-63.

Chapitre IV

Thomas J.
Courchene

Le redressement régional, le système de transfert et le fédéralisme canadien[1]

I
Critique de la situation actuelle

I. Introduction et généralités

Le présent document vise à explorer le lien causal entre les disparités régionales et le système de transfert. Plus précisément, cette analyse veut démontrer que les mesures d'encouragement du système actuel de transfert, de gouvernement à gouvernement et de gouvernement à particulier, ne contribue aucunement à supprimer les différences économiques régionales au pays. Au contraire, nous tenterons de prouver que le mode actuel de transfert favorise une certaine rigidité et accroît peut-être les disparités provinciales et régionales. Bref, la situation actuelle est inacceptable et il est temps de repenser et de restructurer l'interaction économique entre les Canadiens et leurs niveaux respectifs de gouvernement, ainsi qu'entre les divers paliers de gouvernement.

Ce n'est pas tant l'existence que la persistance des disparités régionales qui prouve essentiellement que le processus de redressement économique au Canada n'atteint pas les objectifs visés. Nous entamons donc notre étude par une brève analyse des diverses facettes du redressement régional et économique. Pour souligner le rôle des transferts interrégionaux, nous avons insisté principalement, mais non exclusivement, sur le processus de redressement macro-économique. Dans ce contexte, on soutient que la présence de réseaux de plus en plus importants de transferts atténue à la fois la nécessité pour les régions «défavorisées» d'apporter les redressements requis pour demeurer économiquement viables, ainsi que leur désir de le faire. Par conséquent, leur situation économique relative s'est détériorée par rapport aux régions «prospères» à tel point que plusieurs des provinces risquent de se retrouver dans un état de «dépendance» vis-à-vis du gouvernement fédéral. Cette con-

53

clusion s'appuie sur des données récentes qui indiquent une hausse marquée de l'ingérence gouvernementale dans les affaires économiques de plusieurs provinces.

Toutefois, ce n'est pas uniquement le *niveau* de tous les transferts qui empêche le redressement économique régional. Les *encouragements* prévus par le système actuel de transfert sont tels que de nombreuses provinces sont incitées à adopter des lois qui iront presque certainement à l'encontre de leur viabilité économique. Nous offrirons plusieurs exemples à ce sujet, notamment le fait que le salaire minimum d'une province à l'autre ne tient pas compte, sinon très peu, du salaire moyen. De plus, la législation préjudiciable à la suppression des disparités régionales n'est pas la prérogative des gouvernements provinciaux : la politique d'Ottawa contient elle aussi des erreurs. Des exemples seront également présentés à l'appui de cette thèse.

À partir de là, une grande partie de l'analyse qui suivra sera rétrospective, c'est-à-dire qu'elle s'attachera au concept traditionnel des disparités régionales au Canada. Toutefois, il est essentiel d'examiner les changements régionaux très importants qui se produisent actuellement. Avec le quadruplement du prix de l'énergie, les revenus de plusieurs provinces de l'Ouest, et en particulier de l'Alberta, ont gonflé rapidement, ce qui a suscité et continuera de susciter un déplacement très perceptible, vers l'Ouest, du centre de gravité économique du Canada. Pour la première fois dans notre histoire, la suprématie économique de l'Ontario est ébranlée et ceci entraînera inévitablement de nouvelles tensions régionales pour les Canadiens. Ce thème sera également développé dans le présent document.

Il est toujours plus facile d'être critique que d'être constructif. Néanmoins, les dernières parties du document tentent, en avançant un certain nombre de «propositions», de définir quelques règles de base qui devraient être appliquées à une restructuration du système de transfert afin de promouvoir la viabilité économique des provinces ou des régions. Sous-jacente à ces propositions, on retrouve notre hypothèse selon laquelle le Canada en est arrivé, sur le plan de son évolution économique et politique à une croisée des chemins. Une certaine décentralisation du pouvoir économique d'Ottawa au profit des provinces est inévitable ; ce processus a d'ailleurs été amorcé récemment. Par conséquent, nos propositions visent à augmenter les possibilités économiques à la fois des particuliers et des provinces au sein de notre fédération. De toute évidence, il y aura un conflit entre les deux objectifs établis et l'analyse cherchera à l'identifier et à le résoudre. Le document conclut sur une note positive en faisant allusion à la récente renégociation des programmes à frais partagés, qui est un bon exemple du genre de mesure d'encouragement qui permettrait de restructurer ce qui doit l'être, si nous voulons jamais atteindre une stabilité économique réelle au niveau régional.

II. Facettes micro-économiques du processus de redressement

a) *Souplesse des prix et des salaires*

La manière la plus simple de redresser l'économie est d'assouplir les salaires et les prix. Cette souplesse tendra simultanément à une meilleure allocation des ressources et au plein emploi. Des hausses dans la demande de biens particuliers, engendrées par exemple par les goûts changeants des consommateurs, se traduiront par une hausse des prix relatifs de ces biens. Afin de satisfaire à ces demandes accrues, les ressources doivent être transférées à partir des sources de production existantes. Il s'agit donc de majorer les paiements versés aux manufacturiers qui produisent ces biens lorsque la demande est élevée, ce qui permettra d'obtenir d'autres secteurs les capitaux et la main-d'œuvre nécessaire. En plus d'assurer que les prix et salaires *relatifs* des divers secteurs ou industries reflètent les courbes de la demande finale du consommateur, la souplesse des salaires et des prix fera en sorte que les niveaux *absolus* des prix et des salaires correspondent à la pleine exploitation des ressources. S'il devait y avoir une offre excédentaire de main-d'œuvre compte tenu des échelles de salaires actuelles, celles-ci baisseraient jusqu'à ce que l'offre et la demande en main-d'œuvre coïncident. Une situation similaire se produirait sur le marché des biens : une offre excédentaire de biens entraînerait une baisse des prix afin que l'offre et la demande soient équilibrées.

Les conditions de souplesse parfaite des salaires et des prix se retrouvent principalement dans les poussiéreux traités d'économie. Néanmoins, plus les imperfections sont grandes dans le redressement des prix et des salaires, plus il sera difficile d'atteindre une affectation optimale des ressources. Certaines de ces imperfections sont inhérentes à la réalité : l'information et la connaissance ne sont pas des biens gratuits et, par conséquent, il est plus difficile d'obtenir des prix et des salaires souples. D'autres, toutefois, sont imputables aux activités des personnes en cause : éléments de monopole (comme les sociétés dotées d'un important pouvoir de marché, les associations professionnelles qui contrôlent les normes d'admission et de droit d'entrée, les syndicats ouvriers), qui cherchent à empêcher que la souplesse des salaires et des prix ne se réalise pleinement.

b) *La mobilité*

Les déplacements interrégionaux de main-d'œuvre et de capitaux fournissent un autre moyen de redressement économique, centré plus directement sur la suppression des différences interrégionales de rendement des facteurs de production. Supposons que les salaires réels soient plus élevés dans la région A que dans la région B. Disons plutôt que la productivité de la main-d'œuvre dans la région A est plus élevée que dans la région B. La main-d'œuvre tendra à se déplacer de la région B vers la région A pour obtenir de meilleurs salaires, et les capitaux suivront le chemin inverse pour profiter des différences de salaire. Il en résultera finalement une tendance compensatrice ou, si l'on veut, de diminution des disparités économiques régionales.

Il est important de souligner que les différentes possibilités de redressement sont interdépendantes. Par exemple, la mobilité sera fonction de la flexibilité des salaires et des prix. Supposons en effet qu'il existe des empêchements majeurs à la flexibilité des salaires dans les régions défavorisées, parce que, par exemple, les salaires minimums sont élevés et appliqués à la lettre. Cela entraînera un chômage considérable dans les régions pauvres que beaucoup de résidents, surtout les chômeurs, voudront quitter. Par ailleurs, le fait que les salaires minimums soient élevés n'encouragera pas les rentrées de capitaux. En d'autres termes, dans un monde où une région «pauvre» est caractérisée par une diminution de la rigidité des salaires, la mobilité qui en découlera sera probablement dominée par un exode inhabituel des travailleurs. Si cependant cette région a une diminution marquée de la rigidité des salaires, de plus grandes rentrées de capitaux l'emporteront sur le facteur de mobilité. Dans tous les cas, on peut montrer que le processus de rajustement comprend à la fois exode de la main-d'œuvre et rentrées de capitaux. Il s'agit naturellement d'observations théoriques et abstraites qui ne tiennent pas compte de facteurs concrets tels que les répercussions des programmes d'assurance-chômage, lesquels seront analysés en détail dans d'autres parties de ce document.

III. Rajustement macro-économique au niveau régional

a) Dispositif d'ajustement de l'étalon-or

Avec une certaine marge d'erreur, on peut considérer que la flexibilité des salaires et le facteur de mobilité constituent des mécanismes de micro-ajustement. Cependant, il existe aussi des mécanismes de macro-rajustement. On peut citer à cet égard l'exemple le plus connu, «le dispositif d'ajustement de l'étalon-or». Pratiquement tous les manuels d'introduction à l'économie consacrent une section à la présentation des caractéristiques de ce processus. Il est utile de s'attarder sur le fonctionnement de ce mécanisme, car comme nous l'expliquerons dans ce qui suit, il constitue un cadre particulièrement utile pour examiner les répercussions macro-économiques du redressement entre les régions.

Supposons que l'or soit le seul moyen de paiement à l'intérieur des pays et entre eux. On peut supposer de la même façon qu'il existe du papier-monnaie dont les quantités, pour chaque pays, sont rigidement liées à des réserves d'or. Il n'est pas nécessaire que tous les pays aient la même proportion entre leur quantité de papier-monnaie et leurs réserves d'or, mais seulement que ce rapport soit fixe et constant. Deux autres facteurs critiques doivent aussi exister; d'abord, les salaires et les prix sont tous deux flexibles dans les deux sens, puis, le rapport théorique entre les constantes et les fluctuations des niveaux des prix et des salaires est proportionnel aux changemens des réserves d'argent. La combinaison de tous ces facteurs assure qu'à long terme, la balance des paiements de tous les pays sera en équilibre et le plein emploi assuré dans chacun d'eux et qu'en outre, à part les coûts de transport, les prix seront égaux d'un pays à l'autre. Pour expliquer ce mécanisme et prouver qu'il s'applique de façon générale, il est utile de citer un important manuel d'introduction à l'économie :

> Lorsqu'un pays importe trop et commence à perdre de l'or, sa perte d'or diminue le niveau de ses prix et de ses coûts, ce qui diminue donc ses importations de biens étrangers qui sont devenus relativement coûteux, tout en augmentant les exportations des biens qu'il produit sur place et qui sont devenus relativement bon marché.
>
> L'autre pays, qui bénéficiait de ce que l'on appelle une «balance commerciale favorable», où il exportait plus de biens qu'il n'en importait en recevant simplement de l'or improductif, a maintenant (grâce à la théorie des surplus) un redressement du niveau du prix et du coût de ses biens. Cela explique aussi qu'il y a une diminution du volume de ses exportations coûteuses et que maintenant, ses citoyens importent de plus grandes quantités et à bon marché, dans le pays numéro un[2].

De cette façon, l'équilibre de la balance des paiements sera rétabli et, à part les coûts du transport, les prix seront les mêmes d'un pays à l'autre.

Le dispositif d'ajustement de l'étalon-or peut se maintenir aussi longtemps que les pays obéissent aux «règles du jeu». Cela signifie que si un pays perd de l'or, il doit baisser son offre de monnaie et donc diminuer son revenu nominal proportionnellement à la perte d'or. Si sa banque centrale se livre à des activités déséquilibrantes en augmentant l'offre de monnaie nationale du montant des sorties de capitaux, elle «stérilise» les sorties d'or et ne suit donc pas «les règles du jeu». Stériliser une sortie d'or ne fait que perpétuer le déséquilibre, et entraîne une plus grande «hémorragie». En d'autres termes, essayer de stériliser les sorties équivaut à enrayer le dispositif automatique d'ajustement.

Comme nous l'avons déjà dit, ce processus d'ajustement s'applique à une diversité de contextes économiques, beaucoup plus nombreux que ceux où l'or est le moyen de paiement adopté. Par exemple, le système de taux de change fixe adopté à Bretton Woods n'est pas très différent de l'étalon-or pour ce qui est du fonctionnement de ce dispositif d'ajustement. En outre, il peut s'appliquer au mouvement international des capitaux ainsi qu'à celui des biens. Les économistes contemporains auraient tendance à qualifier ce processus de mécanisme d'ajustement des richesses. Les pays qui font face à un déficit global de leur balance des paiements peuvent être considérés comme ayant des créances extérieures supérieures à celles qui leur sont dues par des pays étrangers. C'est pourquoi ils doivent puiser dans leurs économies pour couvrir ce déficit. En d'autres termes, un déficit des paiements représente une diminution de la richesse nationale, tout comme pour le particulier qui doit puiser à même ses économies, c'est-à-dire diminuer ses richesses si son débit courant est supérieur à son crédit. Avec une diminution du niveau de richesse, les dépenses, dont les importations, diminueront et la balance des paiements sera finalement en équilibre. Cependant, dans la mesure où le gouvernement stérilise ou compense ces déséquilibres de paiements en créant de la monnaie, la richesse «totale» d'un pays peut être maintenue — la diminution de la richesse *personnelle* des citoyens est remplacée par une augmentation de la richesse *créée par le gouvernement* sous forme d'encaisses monétaires. Payer un déficit en créant de la monnaie risque à plus long terme d'engendrer des problèmes de paiements beaucoup plus sérieux, car on n'a pas corrigé le déséquilibre sous-jacent.

b) Application au rajustement interrégional

Considérons le scénario suivant. On suppose que le Canada représente le «monde». Dans ce monde, nous avons, soit cinq «pays» (les cinq «régions»), soit dix «pays» (les dix provinces), selon les perspectives que l'on souhaite adopter. Les pays sont liés entre eux par un système *de taux de change fixe*. En fait, puisque tous les «pays» utilisent la même monnaie (c'est-à-dire le dollar canadien), le taux de change entre eux n'est pas seulement fixe mais au pair — puisqu'un dollar de la Nouvelle-Écosse s'échange contre un dollar de la Saskatchewan. En somme, nous avons là un des éléments essentiels pour le fonctionnement de l'étalon-or ou de son équivalent, «l'étalon dollar canadien».

Ajoutons maintenant un autre volet à ce scénario en supposant que l'un des pays (appelons-le les «Maritimes»), subisse un déficit de la balance de ses comptes courants avec le reste du monde, c'est-à-dire le reste du Canada[3]. Il faut qu'il y ait des rentrées de dollars aux Maritimes pour compenser le déséquilibre du compte courant. Les résidents des Maritimes, ou leur gouvernement, peuvent financer ce déficit en vendant des actifs financiers ou mobiliers au reste du monde. Dans une certaine mesure, ces deux facteurs interviennent : les gouvernements, les sociétés et les habitants des Maritimes augmentent vraisemblablement l'ensemble de leur dette à l'égard du reste du Canada. On a l'augmentation de la dette publique, les fluctuations de la valeur des obligations des sociétés, les transferts de fonds par l'entremise des banques à charte et l'augmentation de l'investissement direct étranger. Les habitants des Maritimes épuisent aussi leurs économies. Toutefois, ces sources de capitaux seront probablement insuffisantes pour compenser l'étendue des déficits des comptes courants indiqués au tableau 1, qui représentent entre 23 et 48 % de la production provinciale pour les provinces de l'Atlantique.

Il ne reste qu'une seule autre source majeure de capitaux, les paiements de transfert qu'effectue le gouvernement fédéral. Il est assez difficile de ne pas conclure que ces paiements contribuent principalement à réduire la dette, et de ce fait à entraver le mécanisme d'ajustement de l'étalon-or. Par le transfert des recettes fiscales, le gouvernement fédéral joue essentiellement le rôle d'une banque centrale vis-à-vis des Maritimes. Or, tandis qu'une banque centrale nationale ne peut exercer une influence stérilisante, dans un régime de taux de change fixe, que dans la mesure où elle dispose de devises étrangères, il ne semble pas y avoir, théoriquement, de limites à la capacité du gouvernement du Canada de «renflouer» le pouvoir d'achat d'une de ses régions ou provinces. Résultat : les provinces maritimes ne cessent de puiser à cette fabuleuse source intarissable qui leur permet d'échapper aux rigueurs du mécanisme d'ajustement de l'étalon-or. Il est important de noter que les répercussions de ces transferts ne se limitent pas au déficit. Puisqu'ils sont effectués, par nature, entre les provinces, ils entravent le processus du rajustement, tant pour les déficits que pour les excédents, et tendent à perpétuer les déséquilibres du compte courant.

Il est intéressant de traduire l'incidence de ces transferts de capitaux en fonction de la conception moderne de ce processus qui voudrait mieux répartir les richesses. S'il y a déficit général de la balance des paiements, les citoyens épuisent leurs économies et leurs richesses. Sans les transferts fédéraux, la réduction des richesses entraînerait une baisse de la consommation (notamment des importations) afin de restaurer l'équilibre de la balance des paiements. L'existence des transferts permet aux régions ou aux provinces de maintenir leur consommation à des niveaux plus élevés qu'il ne serait possible en l'absence de ces transferts. En effet, pour l'une des provinces de l'Atlantique, la consommation est supérieure à la production. La *richesse privée* est réduite et remplacée par «la manne du gouvernement fédéral». Le flux annuel des paiements de transfert peut être considéré comme le rendement annuel d'une *rente* que les Maritimes obtiennent d'Ottawa. Autrement dit, la valeur capitalisée de la rente fait partie de la «richesse» de la région et lui permet des niveaux de consommation supérieurs. Cet exemple visait la région atlantique, mais l'analyse vaut évidemment sur un plan plus général.

c) *Interaction entre la souplesse des salaires, la mobilité sociale et le système de transfert*

Une fois de plus, il est important d'insister sur l'interdépendance des divers facteurs qui brouillent le mécanisme du rajustement régional. Dans ce contexte, il importe de noter que les salaires régionaux ne correspondent pas tellement aux conditions de la demande locale. Cette rigidité des salaires peut être attribuable en partie à «la politique des salaires des gouvernements et des importantes sociétés nationales ainsi qu'aux demandes de parité salariale des syndicats»[4]. Le premier cas se présente plus fréquemment parce que le gouvernement fédéral n'a qu'une seule politique salariale pour tout le pays. Les employés des Postes reçoivent les mêmes taux de salaire et les mêmes pensions de retraite dans le milieu rural de Terre-Neuve que dans le milieu urbain de l'Ontario, c'est-à-dire, indépendamment des salaires versés à la main-d'œuvre dans la localité. Il y a aussi une normalisation des salaires dans les fonctions publiques provinciales, soit par rapport aux salaires des employés fédéraux de la région, soit par rapport aux taux de traitement des employés des gouvernements provinciaux voisins, ce qui ajoute à la rigidité régionale des structures salariales. Dans ces conditions, les secteurs public et privé sont des proies faciles pour les syndicats qui revendiquent la parité salariale et la suppression des différences salariales entre les provinces.

Autre facteur important contribuant à la rigidité des salaires : l'existence d'une loi sur le salaire minimum et notamment le fait que, bien souvent, les provinces pauvres ont un salaire minimum supérieur à celui des provinces riches. Par exemple, il y a un an ou deux, seule Terre-Neuve avait un salaire minimum inférieur à celui de l'Ontario. Nous donnerons plus loin des détails sur le rôle d'un salaire minimum élevé dans les provinces à faible revenu. Pour le moment, en reconnaître simplement l'existence suffira.

Le résultat net en est que les salaires régionaux sont beaucoup plus rigides qu'ils ne le seraient autrement, vu les insuffisances de la demande. Par conséquent, les taux de chômage sont d'autant plus élevés, et il y a incitation à l'émigration :

> Si les salaires ne correspondent pas aux conditions régionales, la situation de l'emploi dans des régions à fort taux de chômage peut non seulement ne pas s'améliorer, mais aussi se détériorer. Dans ces conditions, bien des travailleurs de régions à faible revenu ont à choisir non pas entre un faible revenu et l'émigration, mais entre le chômage et l'émigration. Autrement dit, étant donné la rigidité des salaires relatifs des régions, seule la mobilité de la main-d'œuvre peut contribuer à une réduction des taux de chômage lorsque les politiques économiques sont conçues en vue d'une application nationale[5].

Mais dans le monde réel, on est bien loin du degré d'émigration que comporterait l'inflexibilité des salaires, car le système des transferts entrave ce processus. Du point de vue du particulier, l'existence de prestations d'assurance-chômage réduit l'attrait de la mobilité. Pour le chômeur, le gain dû à l'émigration, ne correspond pas au niveau de revenu qu'il toucherait dans une nouvelle région, mais plutôt à ce dernier revenu moins les prestations d'assurance-chômage. Ainsi, l'assurance-chômage empêche la mobilité. Du point de vue de la province, la perte de revenus entraînée par l'augmentation des chômeurs est en partie compensée par l'augmentation du volume des paiements de péréquation. En résumé, ces mécanismes s'alimentent les uns les autres. Si les salaires sont rigides, une insuffisance de la demande entraînera encore plus de chômage que cela n'aurait été le cas autrement, mais assurera par contre l'injection de capitaux fédéraux additionnels. Grâce à cet apport de capitaux fédéraux, une province ou une région donnée n'a pas à s'inquiéter du rajustement de ses salaires et de sa mobilité sociale. C'est un cercle vicieux, qu'il faut absolument briser.

Avant de passer à l'analyse, il est important de remarquer qu'il existe d'importants mouvements migratoires d'une province à l'autre. La plupart des mouvements nets se sont inscrits dans la direction prévue par une analyse sur le déséquilibre interrégional. Fait assez intéressant toutefois, il s'est produit dans la région de l'Atlantique où la population subissait des pertes nettes, un renversement considérable, surtout entre 1971 et 1976, alors que les données indiquent qu'il s'agit désormais d'une région d'immigration nette. Les raisons de ce revirement ne sont pas très claires. Cela peut être en partie dû aux répercussions des programmes de création d'emploi du MEER dans les régions défavorisées ou, plus récemment, au fait que la hausse de plus en plus grande des taux de chômage dans le cœur industriel du pays a rendu l'immigration en Ontario moins rentable. Selon nous, toutefois, il ne faut pas oublier parmi ces facteurs le nouveau programme d'assurance-chômage lancé en 1971. Non seulement le taux des prestations a-t-il augmenté de façon substantielle et le nombre de semaines de la période d'admissibilité a-t-il été réduit de façon considérable, mais les prestataires résidant dans les régions où le taux de chômage est élevé sont autorisés à toucher des prestations pendant une période plus longue, — pouvant aller jusqu'à 18 semaines de plus pour les travailleurs qui ont accumulé le nombre minimal de semaines de la période de référence. En outre, pour être admissible aux prestations d'assurance-chômage, un travailleur doit travailler moins de semaines dans les régions où le chômage est élevé que, disons, en Alberta. Cela influe de deux façons sur les migrations : a) les nouvelles dispositions réduisent la mobilité des travailleurs à partir de régions où le taux de chômage est élevé et b) il y a un encouragement à «la migration à rebours», c'est-à-dire que les travailleurs qui perdent leur emploi dans un secteur industriel sont encouragés à retourner dans une région où le taux de chômage est élevé afin d'y présenter leur demande de prestations et de profiter ainsi des dispositions de la nouvelle loi concernant les régions[6].

Pour résumer quelques-uns de ces points, il est opportun de noter que dans une récente étude empirique axée sur la période comprise entre 1952 et 1967, les transferts fédéraux globaux versés à une région tout comme les transferts d'assurance-chômage freinent les migrations interprovinciales[7]. Bien plus, par dollar de transferts, les prestations d'assurance-chômage tendent à freiner les migrations interprovinciales beaucoup plus que ne le font les transferts globaux du gouvernement. Comme les transferts de la Commission d'assurance-chômage ont augmenté considérablement après la révision de 1971, il semble probable qu'ils aient contribué de façon significative aux changements récents qu'ont connu les mouvements migratoires interprovinciaux.

IV. Les stimulants intégrés au système de transfert

Au problème suscité par la simple existence de transferts interrégionaux assez importants, vient se greffer un problème connexe et plus sérieux peut-être : la structure implicitement incitative des transferts. Celle-ci est telle qu'elle a suscité des réactions gouvernementales qui ont vraisemblablement aggravé une situation déjà lamentable. Nous nous proposons donc dans la présente partie d'en donner divers exemples, tant au niveau fédéral que provincial, à commencer par le premier.

a) L'assurance-chômage au secours des pêcheurs

Au cours de l'analyse précédente, nous avons souligné certains aspects des répercussions du programme d'assurance-chômage. Les dispositions spéciales de ce programme concernant les régions (période de prestations plus longues et périodes d'admissibilité plus courtes dans les régions où le chômage est élevé) ont contribué à freiner l'émigration des chômeurs vers les régions à forte activité économique du pays. En outre, il est maintenant bien établi que les nouvelles dispositions de la Loi sur l'assurance-chômage promulguées en 1971 ont entraîné une hausse considérable du taux de chômage au Canada[8]. Il y a toutefois un autre aspect du programme qui va probablement à l'encontre de l'expansion régionale, surtout dans la région de l'Atlantique : nous voulons parler de la décision fédérale, prise à la fin des années

50, d'habiliter les pêcheurs indépendants à toucher des prestations d'assurance-chômage pendant la saison morte. Il s'agissait et il s'agit toujours selon nous d'une politique mal éclairée. Prenons le cas de Terre-Neuve. Cette décision a non seulement contribué à augmenter le taux mesuré du chômage dans cette province, mais elle a également entravé la rationalisation de l'industrie de la pêche. Le programme a aidé à maintenir le concept du pêcheur indépendant «un bateau, un homme» (c'est-à-dire exigeant une main-d'œuvre intensive), alors que partout ailleurs la pêche devenait de plus en plus une industrie à haute intensité de capital. En somme, les pêcheurs aujourd'hui sont plus nombreux, mais leurs activités sont moins importantes que ne le dicterait l'économie de l'industrie. À supposer qu'Ottawa ait, en même temps, accordé ce privilège aux exploitants agricoles indépendants de la Saskatchewan (et il semble que ces derniers méritaient tout autant ces prestations que les pêcheurs), il n'y a pas l'ombre d'un doute que cela aurait modifié considérablement la géographie économique de la Saskatchewan. Plutôt que d'avoir constamment le taux de chômage le plus bas du pays, en raison surtout du fait que les résidents de la Saskatchewan sont des migrateurs très sensibles aux changements de l'activité économique, la province aurait à l'heure actuelle un taux de chômage beaucoup plus élevé. Qui plus est, la population de la Saskatchewan serait maintenant beaucoup plus importante, les exploitations agricoles plus petites et moins efficaces et, vraisemblablement, le milieu stimulant de cette province des Prairies aurait été modifié au point de rendre beaucoup moins viable sa structure économique.

Le pouvoir d'une macro-politique inadéquate visant à influer sur les attitudes sociales et économiques ainsi que sur le comportement est tel que la Saskatchewan doit remercier le ciel que ses fermiers n'aient pas été traités de la même manière que les pêcheurs. Terre-Neuve n'a pas eu cette chance. C'est peut-être que l'industrie de la pêche mérite un traitement tout à fait spécial. Cela étant, il n'aurait pas dû être difficile de mettre au point un plan de subventions bien conçu qui aurait incité à la fois au travail et à une rationalisation de l'industrie. Le programme d'assurance-chômage n'a atteint ni l'un ni l'autre de ces objectifs ; au contraire, il a laissé l'industrie de la pêche dans un état tel qu'elle ne possède pas à l'heure actuelle l'équipement lui permettant de profiter de la nouvelle limite de 200 milles et, fait encore moins surprenant, qu'elle cherche à obtenir de nouvelles subventions du gouvernement fédéral.

b) *La loi sur le salaire minimum*

Nombre de provinces sont sur le point de statuer sur un salaire minimum qui, en apparence, semble être plus élevé que ce que peut justifier leur situation économique propre. L'exemple le plus évident est celui du Québec, qui offre un salaire minimum de plus de 3$ l'heure, soit actuellement le salaire minimum le plus élevé du continent, à plus forte raison du Canada. Mais le Québec n'est pas le seul à faire bande à part. Dans *Vivre ensemble*, une étude sur les disparités régionales effectuée par le Conseil économique du Canada, ce dernier signale que «dans les trois provinces où le taux de chômage a toujours été supérieur à la moyenne — le Nouveau-Brunswick, la Nouvelle-Écosse et le Québec — le salaire minimum dépassait en fait ceux de l'Ontario et de l'Alberta, provinces où le chômage a en général toujours été faible»[9].

Mais pourquoi en est-il ainsi? En partie parce que, d'une part, le programme d'assurance-chômage permet des prestations très généreuses et que, d'autre part, ce programme incite peu le chômeur à trouver du travail. Les prestataires de l'assurance-chômage sont en effet peu enclins à accepter un emploi à moins que celui-ci ne leur procure un salaire beaucoup plus élevé que leurs prestations d'assurance-chômage parce que, passé une certaine somme, leurs prestations sont réduites d'un montant égal au salaire perçu. Si l'on adoptait des mesures incitant au travail, comme un impôt négatif sur le revenu, cette situation ne pourrait durer : les gens auraient toujours avantage à travailler, et les diverses provinces se verraient forcées d'empêcher la hausse du salaire minimum afin que leurs citoyens améliorent leur sort en se cherchant un emploi.

Cependant, il existe une autre raison pour laquelle les provinces économiquement faibles peuvent adopter un salaire minimum élevé : *ce ne sont pas elles qui assument la totalité des coûts d'une telle décision.* L'existence des paiements de transfert fédéraux comme les paiements de péréquation et les prestations d'assurance-chômage ainsi que la participation du gouvernement fédéral à 50% des programmes de bien-être social font qu'Ottawa supporte une partie très importante des coûts du chômage découlant de l'adoption d'un salaire minimum élevé. En d'autres termes, il existe de bonnes raisons qui poussent les provinces à porter leur salaire minimum à un niveau plus élevé qu'il ne le serait si l'on disposait d'un système rationalisé de paiements de transfert.

Une fois de plus, il nous paraît utile d'insister sur les effets indirects de ce système. Par exemple, en partie à cause de sa politique du salaire minimum, le Québec connaît un taux de chômage anormalement élevé. Ensuite, cette province a exercé (avec succès) de plus fortes pressions pour obtenir un ensemble de tarifs et de contingentements susceptibles d'appuyer son industrie du textile et du vêtement. De façon générale, le Canada en est rendu au stade où les sommes consacrées à aplanir les disparités régionales et les politiques déployées pour soutenir les industries en déclin compromettent notre compétitivité sur le plan international. S'il doit en être ainsi, toutes les provinces vont en souffrir. La solution n'est cependant pas que le Québec, toujours en prenant l'exemple du textile, doive se voir immédiatement refuser tout appui : ce serait avoir une conception bien limitée de la question. Il est vrai qu'une partie beaucoup trop grande de l'industrie du Québec est concentrée dans des secteurs non compétitifs ; mais ce n'est pas totalement la faute de la province. C'est dû en partie au fait que le système fédéral des paiements de transfert n'a jamais offert suffisamment de stimulants pour que le Québec effectue la transition nécessaire pour se reconvertir dans des secteurs plus compétitifs. Cela découle aussi des politiques régionales canadiennes et de toute évidence, le Québec n'est pas seul en cause.

Le Conseil économique du Canada s'est dit d'avis que le salaire minimum dans plusieurs provinces était trop élevé. Pour pallier la situation, le Conseil a fait une suggestion précise :

> Nous recommandons que, dans le cadre d'une stratégie visant à réaliser le plein emploi, les ministres du Travail des provinces où le chômage est élevé s'efforcent d'en arriver graduellement à une situation où le salaire minimum dans ces provinces ne serait pas plus élevé que dans les provinces où le taux de chômage est inférieur à la moyenne[10].

Même si nous sommes tout à fait d'accord avec l'analyse économique dont s'inspire cette recommandation, nous ne croyons pas qu'elle réponde véritablement à la situation. L'adoption du salaire minimum est une prérogative des provinces. Ce n'est pas en exerçant sur elles des pressions au moyen de recommandations qu'on va les inciter à adopter une politique plus réaliste. Il faut plutôt mettre en place un ensemble de stimulants à l'aide desquels les provinces vont pouvoir assumer la totalité des conséquences économiques de leurs actes. Si, après cela, elles désirent toujours maintenir un salaire minimum élevé, à elles d'en décider. Mais elles devront en subir les conséquences : soit une hémorragie de leurs recettes fiscales, soit un accroissement de la migration vers d'autres provinces, ou fort probablement les deux à la fois.

c) Le «Nova Scotia Job Corps»

Au printemps 1977, le gouvernement de la Nouvelle-Écosse a lancé un nouveau programme intitulé «Nova Scotia Job Corps», dont le but était d'embaucher 1 000 personnes pour une période de douze semaines. La durée du programme n'était fort probablement pas accidentelle : en vertu de la Loi sur l'assurance-chômage, telle qu'elle était appliquée au milieu de 1977, si ces personnes travaillaient pendant 12 semaines, elles avaient droit aux prestations d'assurance-chômage pendant les 40 autres semaines de l'année à condition de résider dans une région de chômage élevé. La Nouvelle-Écosse est considérée comme une telle région. Bien que ce programme ait été administré durant l'été, il était très clair, d'après la publicité qu'en ont fait les journaux, que les étudiants n'étaient pas les seuls à bénéficier du programme, mais qu'au contraire on encourageait les autres travailleurs à en faire autant. La seule condition imposée était qu'il fallait être en chômage. D'un point de vue strictement «commercial», il s'agit sans doute d'un investissement fort lucratif. La Nouvelle-Écosse verse à ces employés le salaire minimum pendant 12 semaines et pendant les 40 semaines qui suivent, le gouvernement fédéral leur octroie les 2/3 du salaire minimum. Le gouvernement de la Nouvelle-Écosse récupère non seulement l'impôt sur le revenu qu'il prélève sur les prestations d'assurance-chômage, mais également d'autres taxes perçues sur l'ensemble des dépenses des prestataires. En outre, les effets «multiplicateurs» des contributions fédérales stimulent les activités économiques dans la province et donnent lieu à d'autres rentrées fiscales. Enfin, si les employés recevaient antérieurement l'assistance sociale, le coût net pour la province est encore réduit.

De toute évidence, ce programme était destiné à «profiter» au maximum du programme d'assurance-chômage. On retrouve cette opinion dans un éditorial important du *Chronicle-Herald* :

> La période de trois mois pendant laquelle le programme stimulera l'emploi n'est pas assez longue, mais elle coïncide avec les vacances scolaires et répond ainsi aux besoins des étudiants. En outre, elle est suffisamment longue pour permettre à un chef de famille d'avoir droit aux prestations d'assurance-chômage[11].

Là encore, les mesures incitatrices prévues dans le système de transfert actuel favorisent les politiques de ce genre. Certaines provinces se retrouvent dans une situation si précaire qu'elles sont littéralement forcées d'y avoir recours. En outre, cette pratique est probablement plus répandue qu'on ne le croit généralement. Nous croyons même que certaines universités adaptent les contrats qu'elles offrent à des professeurs qu'elles n'engagent pas à plein temps de façon à leur permettre de retirer des prestations d'assurance-chômage pendant les quatre mois des vacances d'été. Cette pratique ne permet pas nécessairement aux professeurs d'accroître leurs revenus, mais chose certaine, l'université en profite très nettement, et ce, aux dépens du contribuable canadien. Pour les établissements ou les gouvernements provinciaux concernés, cette pratique est assez rentable, mais elle n'améliore certainement pas la situation économique du Canada.

V. Les provinces pauvres «pupilles de la nation»

L'analyse précédente laisse entendre que la situation économique des provinces pauvres s'est peut-être relativement détériorée avec le temps, en ce sens qu'elles se retrouvent dans une situation où elles doivent de plus en plus compter sur les transferts fédéraux pour assurer leur bien-être. En termes plus directs, l'ensemble des politiques touchant diverses régions du Canada est tel que, dans une grande mesure, le gouvernement canadien a transformé plusieurs économies provinciales en ce que l'analyste financier Don McGillivray appelle «des dépendances du gouvernement»[12]. Le tableau 1 confirme jusqu'à un certain point cette hypothèse. La première colonne du tableau présente des données relatives au produit intérieur brut des dix provinces en 1974. La deuxième colonne fournit des détails sur l'ensemble des dépenses gouvernementales dans ces diverses provinces. Ce total représente l'ensemble des dépenses fédérales, provinciales et municipales en biens et services ainsi que le total des transferts de tous les niveaux de gouvernement aux particuliers. Les transferts intergouvernementaux, c'est-à-dire fédéraux-provinciaux et provinciaux-municipaux, sont exclus. La troisième colonne établit le rapport entre le total des dépenses gouvernementales et le produit intérieur brut des diverses provinces. Ces rapports varient de 105 % pour l'Île-du-Prince-Édouard à 27 % pour l'Alberta. De façon plus générale, le rapport entre les dépenses gouvernementales et le produit intérieur brut de toutes les provinces atlantiques dépasse 60 %. Le Québec occupe une position intermédiaire avec un rapport tout juste supérieur à 40 % tandis que pour les autres provinces, ce rapport est encore inférieur.

La quatrième colonne du tableau reproduit pour 1970 les pourcentages de la troisième colonne. Le Québec a enregistré une augmentation de 7 points de pourcentage au cours de la période 1970-1974. Pour chacune des provinces atlantiques, les augmentations sont beaucoup plus importantes : 15 points pour le Nouveau-Brunswick, 12 pour la Nouvelle-Écosse, 19 pour Terre-Neuve, et, battant tous les records, 37 pour l'Île-du-Prince-Édouard[13].

Ces chiffres ne sont pas seulement extrêmement révélateurs, mais en rétrospective, ils ne sont pas non plus très surprenants. Depuis des décennies, le processus naturel de rajustement entre régions et entre provinces n'a cessé d'être entravé, ce qui les met immanquablement dans la position de ce qu'on pourrait appeler, faute d'un meilleur terme, «pupilles de la nation». De façon plus générale, nous trouvons que ces chiffres condamnent éloquemment les mesures économiques contenues expressément ou tacitement dans l'ensemble de politiques que l'on coiffe du titre général de «système de transfert».

VI. Renflouer ou rajuster

À ce stade-ci, il serait peut-être bon de récapituler. Si l'on fait l'analyse de la question, on s'aperçoit que le Canada s'est engagé dans des politiques régionales qui petit à petit ont pris la forme d'opérations de «renflouage»,

TABLEAU 1 — Influence du gouvernement sur les économies provinciales

	Produit intérieur brut Millions de $ (1) (1974)	Total des dépenses gouvernementales Millions de $ (2) (1974)	Dépenses gouvernementales en pourcentage du PIB (3) (1974)	Dépenses gouvernementales en pourcentage du PIB (4) (1970)	Importations (−) ou exportations (+) nettes en pourcentage du PIB (5) (1969)	Importations (−) ou exportations (+) nettes en pourcentage du PIB (6) (1973)
Terre-Neuve	1 831,6	1 305,0	71	52	−31	−47
Île-du-Prince-Édouard	302,2	321,0	105	68	−39	−48
Nouvelle-Écosse	3 460,0	2 424,0	70	58	−31	−32
Nouveau-Brunswick	2 649,6	1 630,0	66	51	−27	−23
Québec	34 927,4	14 754,0	42	35	+7	−1
Ontario	59 576,0	20 167,0	34	33	+7	+7
Manitoba	6 115,1	2 347,0	38	39	−9	−3
Saskatchewan	6 093,8	2 090,0	34	43	−10	+14
Alberta	15 055,6	4 049,0	27	33	−5	+7
Colombie britannique Yukon et Territoires du Nord-Ouest	17 151,5	5 977,0	35	32	−3	+1
Canada	147 162,8	55 064,0	37,4	39,5	N/A	N/A

Source: Ces données sont tirées des Comptes économiques provinciaux (Ottawa, Statistique Canada), 1977. Les chiffres de la première colonne sont tirés du Tableau 1. La deuxième colonne équivaut à la ligne 73 (Tableau 3) moins la ligne 66 (Tableau 3) plus les lignes 6 et 15 du Tableau 2. La troisième colonne constitue le rapport entre les deux premières. La quatrième colonne reproduit les chiffres de la troisième pour 1970. Essentiellement, ils équivalent à la ligne 73 (Tableau 3) moins la ligne 66 (Tableau 3) plus les lignes 6 et 15 du Tableau 2. Les cinquième et sixième colonnes donnent les chiffres pour 1969 et 1973. Les données pour 1974 étaient disponibles, mais les effets des hausses du prix du pétrole entraînent des augmentations assez considérables des exportations nettes de l'Alberta et des importations nettes du Nouveau-Brunswick, par exemple. On a jugé préférable de se servir de données qui ne tiennent pas compte de cette hausse du prix de l'énergie. Les trois premières colonnes reproduisent les chiffres cités par Don McGillivray, «Provincial Accounts : What they really show», *Financial Times*, 13 juin 1977, p. 6.

alors qu'il aurait mieux valu promouvoir «des solutions de rajustement». Il en est résulté pour les régions pauvres du pays une surabondance de main-d'œuvre qu'elles ne pouvaient pas absorber, tandis que la tendance de ces politiques reste telle qu'elle encourage encore davantage l'immigration vers ces zones de chômage élevé[14]. Nous sommes convaincus qu'il conviendrait d'adopter pour l'avenir une politique qui respecte mieux le jeu des lois du marché. C'est ce dont traitera le paragraphe suivant.

a) Objectifs contradictoires : la production nationale contre l'industrialisation des provinces

Il y a quelque danger à trop insister, comme nous l'avons fait, sur les effets secondaires regrettables des diverses politiques fédérales-provinciales, parce qu'on semble alors suggérer qu'il existe un système de transfert «idéal» exempt de telles «bavures». Cette solution idéale, hélas, n'existe pas. Dans tout système de transfert, que ce soit entre Ottawa et les provinces ou entre les gouvernements et les particuliers, il y aura toujours des effets secondaires incontrôlables. De façon générale, si le transfert a pour but de modifier la répartition du revenu, il devrait alors, autant que faire se peut, tendre à changer directement cette répartition. Essayer de résoudre un problème de répartition en utilisant un mécanisme d'allocation des ressources n'a pas de sens. Non seulement ces ressources seront-elles mal réparties, mais on ne garantit pas que de tels transferts puissent influer dans le sens voulu sur la répartition du revenu. Si l'on veut procéder par le biais d'un paiement de transfert à une redistribution des ressources, il faudra agir de façon adéquate sur le prix des facteurs. Cette démarche peut être précisée davantage : si son but est de relever l'emploi dans une région donnée, la politique la plus efficace sera une politique de soutien de l'emploi et non de soutien du capital par exemple. Cette dernière favoriserait sans doute la naissance de nouvelles industries dans la région, mais par dollar transféré, n'élèverait pas autant le niveau de l'emploi qu'une politique de subventionnement de l'emploi. En effet, les sociétés ont tout intérêt à substituer les investissements à la main-d'œuvre, puisque c'est aux premiers que s'appliquent les subventions.

Même si l'on s'en tient à ces principes, certaines retombées ne pourront être évitées. Il serait par exemple plus efficace d'avoir recours à un système d'impôt négatif sur le revenu plutôt qu'au système actuel d'assurance-chômage et d'aide sociale, si l'on veut assurer à chaque Canadien un revenu minimum. Il en est ainsi parce que l'impôt négatif sur le revenu agirait de façon beaucoup moins démobilisatrice sur la population active que les politiques fédérales actuellement adoptées dans ce domaine. En d'autres termes, une solution au problème de la répartition du revenu qui consisterait à instaurer un impôt négatif sur le revenu aurait des effets secondaires bien moins désastreux pour l'allocation des ressources. Il n'en reste pas moins qu'il y aura toujours des bavures. Par comparaison avec une situation où il n'y aurait aucun programme de soutien du revenu, un système d'impôt négatif sur le revenu incite aux loisirs et désincite au travail.

Le problème n'est donc pas de vouloir éliminer tous les inconvénients d'un système. Il s'agit plutôt de s'assurer que ces inconvénients, qui existeront toujours, soient réduits au minimum.

Il n'est pas moins important de remarquer qu'en raison de la nature même de leurs objectifs, certains de ces transferts auront toujours des répercussions négatives. Les plus connues peut-être portent sur le juste milieu à trouver entre une maximisation de la production nationale et une politique de réduction des disparités régionales de revenu. Des dispositifs tels que le MEER ont été spécialement conçus pour intervenir dans la répartition des ressources afin d'encourager les entreprises à s'implanter dans certaines régions plutôt que dans d'autres. À court terme, au moins, cette nécessité de subventionner des sociétés pour qu'elles se déplacent revient à sacrifier la production nationale pour atténuer les disparités régionales. Le Conseil économique du Canada, dans son rapport sur la question, n'a pas hésité à déclarer :

> Les politiques visant à implanter des entreprises ou des industries dans des endroits où elles ne s'établiraient pas d'elles-mêmes, ou à les empêcher de s'installer là où elles iraient normalement, peuvent être coûteuses si elles entraînent la perte d'avantages comparatifs ou d'économies d'échelle : deux petites usines sidérurgiques dans deux provinces seront peut-être moins efficaces qu'une seule grande usine dans une province.

> Évidemment, toute tentative en vue d'amener les entreprises ou les industries à s'implanter dans une région défavorisée aura des résultats bénéfiques si elle crée des emplois pour des personnes qui, autrement, seraient sans travail. D'ailleurs, si les pouvoirs publics subventionnent des projets de développement qui auraient été rentables si l'industrie privée les avait entrepris, cela pourrait avoir des effets favorables sur la localisation de l'industrie du point de vue de l'efficacité. Par contre, il nous semble que des politiques fédérales ou provinciales destinées à promouvoir l'industrialisation dans des régions où elle n'aurait pas lieu normalement peuvent parfois avoir des répercussions négatives sur la production nationale. Ces mesures peuvent fort bien favoriser l'équité régionale en réduisant les disparités de revenu, en uniformisant les taux de croissance de l'emploi entre les provinces et en diminuant la dispersion des taux de chômage, mais elles comportent parfois un coût, et il faudrait reconnaître explicitement l'existence d'un tel conflit entre l'efficacité à l'échelle nationale et l'équité entre les régions[15].

Dans ce cas, même le système de transfert ou de subvention le plus efficace sera considéré comme nuisible par ceux qui n'acceptent pas le but de cette politique.

L'essentiel, mais peut-être pas toute l'analyse des problèmes inhérents aux divers programmes fédéraux et provinciaux, implique que les transferts sont effectués de manière inefficace et insuffisante et *non pas* que nous nous opposons aux objectifs politiques sous-jacents.

b) Les provinces «tire-au-flanc»

On pourrait penser, en examinant les nombreuses difficultés que semble provoquer la structure actuelle des versements fédéral-provinciaux — et c'est un point de vue que nous tenons à dénoncer — que les provinces, et surtout les provinces pauvres, cherchent à soutirer allègrement le maximum de transferts du gouvernement fédéral. Ces versements, qu'ils soient effectués directement aux provinces ou à leurs habitants, ne constituent certainement pas, aux yeux de celles-ci, des «biens gratuits». Les frais du système actuel ont poussé ces provinces, comme nous l'avons souligné plus haut, à convertir certains secteurs de leur économie en «dépendances gouvernementales», en comptant de plus en plus sur ces transferts pour assurer leur bien-être économique. Il serait néanmoins absurde d'affirmer que les provinces ont fait ce choix sciemment. Aucun premier ministre d'une province atlantique ne pourrait examiner les données figurant au tableau I sans éprouver les plus vives inquiétudes. Il serait tout aussi injuste d'affirmer que le gouvernement fédéral a décidé, en toute connaissance de cause, de provoquer le statu quo actuel en ce qui concerne la viabilité économique de certaines provinces.

Selon nous, les provinces se rendent de plus en plus compte qu'il faudrait abandonner le système actuel. Par exemple, le gouvernement du Québec a récemment mis en doute la valeur réelle pour la province de cet apport croissant de subventions fédérales. Ces subventions lui ont donné une fausse sensation de sécurité en dissimulant les aménagements que le Québec devait apporter à son économie pour survivre. Le retard à appliquer les correctifs a rendu le redressement économique du Québec encore plus difficile. Celui-ci s'est doté entre-temps d'une structure industrielle caractérisée par l'inefficacité et dont la survie dépend de mesures telles que les contingentements à l'importation sur les produits textiles, etc.

Au lieu de continuer à suivre la même politique, il semblerait préférable de reconnaître que le système global des transferts nécessite une refonte complète et que les Canadiens devraient accepter d'assumer à court terme les frais de restructuration du système d'encouragements afin de mettre sur pied une structure économique plus rentable à l'avenir. Avant de s'attarder sur certains éléments que pourrait comporter un système de transferts restructuré, il est important de signaler que le Canada s'engage dans une ère où les disparités régionales ou, du moins, les tensions régionales, vont s'accroître. En effet, le centre de gravité économique se déplace rapidement vers l'Ouest. Voyons donc maintenant certaines conséquences de l'expansion économique de l'Ouest.

VII. L'énergie et les «nouvelles» disparités régionales

Les redevances sur l'énergie et les autres impôts connexes permettront aux provinces productrices d'énergie (essentiellement l'Ouest) d'encaisser environ 5 milliards de dollars pour l'exercice budgétaire 1978-1979. Ce montant augmentera d'ailleurs au fur et à mesure que le Canada se rapprochera des prix énergétiques mondiaux. Si l'on tient compte des prix actuellement en vigueur dans le monde, les redevances de l'Alberta s'élèveraient à environ 3 à 4 milliards de dollars. Et ceci n'inclut pas les exportations éventuelles de gaz naturel provenant des énormes gisements découverts récemment. Ceci signifie que cette province pourrait supprimer toutes ses autres sources d'impôt et bénéficier néanmoins de recettes fiscales plus élevées par habitant que, disons, l'Ontario. La montée économique de l'Alberta est, en plus, favorisée par le fait que cette province dépose une partie importante de ses redevances sur l'énergie dans son Heritage Fund qui vise à accroître le développement de l'Alberta. Dans quelques années, la valeur de ce fonds dépassera les dix milliards de dollars, ce qui lui permettra de devenir l'un des fonds d'investissements les plus importants au Canada. Que fera l'Alberta avec cet argent? Sera-t-il utilisé pour amener des industries à s'implanter dans la province? Même si le Heritage Fund répartit ses dépenses en fonction des taux de rendement du marché, cette province peut encore choisir de devenir un paradis fiscal afin d'y attirer l'industrie. Ce processus a d'ailleurs déjà commencé : l'Alberta ne prélève aucune taxe de vente et son impôt sur le revenu est largement inférieur à celui des autres provinces.

Mais on ne doit pas se limiter à l'Alberta. La Saskatchewan prévoit par exemple un développement analogue pour ses gisements d'uranium dans un avenir rapproché.

Somme toute, l'énergie provoquera bientôt un réaménagement important de l'économie canadienne. Comment les pouvoirs publics réagiront-ils à ce défi? Ottawa peut continuer à vouloir supprimer les écarts et tenter de compenser l'impact régional de ce développement en versant d'importantes sommes d'argent aux autres provinces, mais cette politique ne fera, à long terme, que rendre ce réaménagement éventuel encore plus difficile. Les Canadiens doivent tout simplement se rendre compte qu'à la suite des modifications dans le prix mondial de l'énergie, il doit y avoir un transfert permanent du revenu des consommateurs aux régions productrices d'énergie. Si les ressources nécessaires, tant en capital qu'en main-d'œuvre, ne sont pas transférées aux nouvelles zones de développement grâce à des ajustements internes (ce qui signifie une augmentation des salaires dans l'Ouest du pays par rapport au centre et à l'Est), elles le seront par l'intermédiaire du secteur extérieur. L'augmentation dans le taux de change produira l'écart nécessaire dans les profits de l'activité économique entre les provinces productrices d'énergie et le reste du pays. En fait, la question d'un niveau convenable du taux de change va s'avérer plus importante encore à l'avenir. La forte demande internationale pour les ressources canadiennes et la tendance qui en résulte pour la valeur du dollar canadien, soumettra notre secteur manufacturier secondaire à une pression concurrentielle notable.

a) L'Ontario en tant que province pauvre

À la suite de la renégociation des accords fiscaux entre Ottawa et les provinces l'année dernière, la moitié, au lieu du tiers antérieurement[16], des redevances en matière d'énergie, sont admissibles à la péréquation. Au cours de l'année financière actuelle, environ 1 milliard de dollars sera versé aux provinces pauvres par suite des redevances en matière d'énergie. Or, on ne se rend pas compte que ce montant de 1 milliard de dollars doit venir des recettes d'Ottawa; il ne vient pas des coffres des provinces recevant des redevances. Cela implique à son tour qu'environ 40 % du milliard de dollars proviendront des résidents de l'Ontario et environ 10 % des résidents de l'Alberta — ces pourcentages étant une évaluation approximative des parts de l'Ontario et de l'Alberta dans les recettes fédérales. En d'autres termes, la province de l'Alberta ne verse aucune de ses redevances à Ottawa ou aux provinces les plus pauvres[17]. Cela soulève une question intéressante : pour quelle raison Ottawa (c'est-à-dire les contribuables canadiens) doit-il procéder à la péréquation d'une source de revenu se trouvant sous contrôle provincial?

Le fait que l'Ontario soit maintenant une province «pauvre» accroît l'intérêt de cette question. Les redevances en matière d'énergie qui échoient aux provinces de l'Ouest sont si considérables que l'Ontario a rejoint les rangs des provinces ayant droit à la péréquation. Toutefois, la formule est conçue pour qu'il ne soit pas permis à l'Ontario de recevoir quelque paiement que ce soit. Néanmoins, pour équilibrer les choses, Ottawa a proposé dernièrement d'amender la formule de péréquation (à la réunion fédérale-provinciale des ministres des Finances tenue au début de novembre 1978), en soustrayant une catégorie importante des revenus admissibles à la péréquation (soit le produit des ventes des baux de la Couronne). Étant donné que les prix du pétrole augmentent et que l'uranium de la Saskatchewan pénètre sur le marché, on peut s'attendre à de nouveaux amendements de la formule en vue d'empêcher que l'Ontario ne soit classée comme province «pauvre». Le rôle de l'Ontario dans le système de péréquation est en effet de payer la majeure partie des frais (pour l'année financière 1977-1978, le total des paiements de péréquation s'est élevé à 2,5 milliards dont environ un milliard provenait des résidents de l'Ontario) tout en se voyant refuser le privilège (ou la honte) de se trouver au rang des bénéficiaires.

Cette digression au sujet de la péréquation n'a pas pour objet d'œuvrer en coulisses au nom de l'Ontario, mais plutôt de souligner les deux répercussions qui découlent de l'analyse. Voici la première : il doit être bien clair que la formule de péréquation est actuellement assez *arbitraire*. L'ancienne formule, qui consistait à considérer de la même façon toutes les catégories de revenus, a été abandonnée. Le moment est maintenant venu de repenser le rôle de la péréquation, tant dans le contexte des relations financières fédérales-provinciales que dans celui de la politique régionale. La deuxième répercussion est sans doute plus importante. Si l'on admet que l'Ontario est vraiment une province pauvre, le caractère politique du fédéralisme canadien s'en trouvera transformé. À un niveau un peu superficiel, notons, par exemple, que dans les conférences économiques portant sur la politique régionale, on devra désormais tenir compte des vues de l'Ontario, alors que jusqu'à maintenant seuls l'Ouest, le Québec et les provinces de l'Atlantique étaient considérés comme ayant droit au chapitre. Vraisemblablement, la force économique grandissante de l'Ouest poussera l'Ontario à adopter une attitude beaucoup plus dynamique dans la défense de ses propres intérêts. En retour, l'étude traditionnelle des disparités régionales s'intégrera de plus en plus dans un débat élargi sur le partage des pouvoirs entre Ottawa et les provinces. Il va sans dire que ce débat est déjà ouvert.

b) *Disparités régionales et partage des pouvoirs*

L'interaction entre, d'une part, les «anciennes» et les «nouvelles» disparités régionales et, d'autre part, l'avenir du fédéralisme canadien, a été mise en évidence à la rencontre historique de février dernier, où les premiers ministres se sont réunis pour parler d'économie. Judith Maxwell du C.D. Howe Research Institute a très bien exposé la situation dans un discours prononcé récemment :

> J'ai été frappée par le fait que la philosophie politique des premiers ministres réunis à leur premier sommet économique de février 1978, traduisait deux points de vue distincts qui étaient fonction de préoccupations régionales. Les premiers ministres de l'Ontario et de la plupart des provinces de l'Ouest (la Saskatchewan faisant exception toutefois) ont parlé à plusieurs reprises de restrictions gouvernementales, réclamant un appui accru aux activités du secteur privé et recommandant une approche con-

servatrice en matière de politique économique. Par contre, les leaders du Québec et des provinces de l'Atlantique se rendent compte qu'ils doivent stimuler les rares et d'autant plus précieuses activités de leur secteur privé et qu'un grand nombre des entreprises qui subsistent font face à une concurrence nettement défavorable. Les chefs de ces provinces avaient donc tendance à parler de protection, de subventions et de la nécessité d'une aide économique et financière. Une telle divergence de points de vue ne me semble guère propice à l'élaboration de politiques nationales susceptibles de convenir à toutes les régions[18].

En raison de leurs expériences économiques individuelles, les régions perçoivent différemment les modifications qu'il faudra apporter au fédéralisme dans l'avenir. Les provinces nanties accueilleraient avec plaisir des pouvoirs qui leur seraient délégués d'Ottawa. Pour une foule d'autres raisons, il en serait de même pour le Québec. Essentiellement toutefois, les provinces de l'Atlantique redoutent une délégation accrue de responsabilités et de pouvoirs économiques aux provinces, parce qu'elles comptent actuellement beaucoup sur Ottawa. Pour demeurer viables dans un fédéralisme très décentralisé, il se peut que les provinces de l'Atlantique envisagent la possibilité de constituer une seule province. Cette idée les a d'ailleurs déjà effleurées, mais la création du ministère de l'Expansion économique régionale et l'élargissement du système de transfert fédéral en ont réduit l'intérêt et la nécessité.

Jusqu'à maintenant, nous avons soutenu que l'actuel système de transfert a contribué à confirmer les disparités régionales au Canada et peut-être même à les aggraver. D'autre part, leur existence et même leur persistance se situent au cœur même des délibérations relatives au partage des pouvoirs économique et politique entre Ottawa et les provinces. Par conséquent, la restructuration du système de transfert, dans le but de souligner davantage les liens qui existent entre les forces du marché et la restauration des stimulants et de l'initiative, est intimement liée à l'issue de la lutte que se livrent le fédéral et les provinces. La conception d'un système de transfert qui conviendrait à un fédéralisme plus décentralisé diffère considérablement de celle dont s'accommoderait une concentration du pouvoir au niveau fédéral. L'objet de la deuxième partie de ce document est de présenter, de façon subjective nous le reconnaissons, quelques propositions en vue de la révision du système de transfert en partant du principe que l'avenir de notre fédéralisme dépend d'une délégation des pouvoirs par le gouvernement central.

VII. Conclusion

L'essentiel des critiques formulées à l'endroit du système de transfert actuel peut se résumer comme suit :

Les stimulants prévus dans le système de transfert ne contribuent pas à réduire les disparités régionales. Au contraire, on incite les provinces à adopter des lois qui, à long terme, ne favorisent ni leurs intérêts économiques ni ceux de leurs citoyens. En retour, elles peuvent par ces décisions forcer Ottawa à modifier sa propre législation.

Pour cette raison, les transferts de fonds entre régions sont plus importants qu'ils ne le seraient normalement. C'est ainsi que plusieurs provinces dépendent aujourd'hui étroitement de ces transferts pour leur survie économique (elles sont dans un état de «dépendance à l'endroit du gouvernement», comme l'indique le tableau 1). La politique future doit, entre autres objectifs, viser celui de la réduction de cet état de dépendance.

Cet apport important mais inefficace de subventions visant à supprimer les disparités régionales nuit de plus en plus au pouvoir de concurrence global du Canada sur les marchés internationaux.

D'un point de vue analytique, notre système de transfert a été surtout orienté vers la réduction des disparités et a donc, dans une certaine mesure, empêché plutôt que facilité le rajustement qui doit se faire au sein de la nation.

Mécontent de la persistance de ces disparités, Ottawa crée des différences régionales dans l'élaboration d'un nombre de plus en plus grand de ses politiques. Le dernier budget donne maints exemples de cette tendance constante à dérégler le marché dans le but de combattre les disparités.

La montée de l'Ouest a fait ressortir encore davantage les tensions régionales au Canada. Les disparités régionales et le système de transfert deviennent de plus en plus présents dans la lutte menée au sujet du partage des pouvoirs entre Ottawa et les provinces. Ce résultat nous semble heureux parce qu'il contraindra les autorités à adopter un cadre plus cohérent en matière de politique économique globale et en ce qui concerne, notamment, la politique à l'endroit des régions. Trop souvent, l'actuel partage des pouvoirs a permis aux provinces de contrecarrer les politiques d'ensemble ou encore d'adopter des lois qui contraignaient Ottawa à financer dans une large mesure les coûts d'application de ces lois.

Enfin, il n'y a pas de structure «idéale» pour le système de transfert : tout programme aura nécessairement des effets secondaires non désirés. Le problème consiste donc essentiellement à tenter de les réduire au minimum. À notre avis, il faut pour cela compter davantage sur les forces du marché pour y réussir.

II

Restructuration du système de transfert

I. Rapport entre le système de transfert et la répartition des pouvoirs

Le «système de transfert» désigne l'ensemble des paiements intergouvernementaux (ex. : les paiements de péréquation), entre les gouvernements et les particuliers (ex. : les allocations de bien-être social et les prestations d'assurance-chômage), et entre les gouvernements et les entreprises (ex. : les subventions du MEER). Comme nous l'avons signalé plus haut, afin d'asseoir le système de transfert sur une base solide, il est de plus en plus essentiel de décider de la répartition des pouvoirs entre les provinces et le gouvernement fédéral. Le rapport en question n'est toutefois pas à sens unique : la forme des transferts intergouvernementaux déterminera aussi le degré de centralisation de notre système fédéral. La présente section a pour objet de décrire de façon détaillée le rapport qui existe entre les transferts fédéraux-provinciaux et la répartition des pouvoirs.

Il n'est pas rare que l'on se réfère à l'Acte de l'Amérique du Nord britannique et aux interprétations qu'en ont donné les tribunaux depuis son adoption, pour déterminer les responsabilités ou pouvoirs respectifs des provinces et du gouvernement fédéral. L'article 91 de l'AANB est très précis lorsqu'il s'agit de domaines relevant exclusivement de la compétence fédérale. L'article 92, amplifié par les interprétations judiciaires, énonce, de même, certains secteurs de responsabilité provinciale : l'enseignement relève des provinces aux termes de l'article 93, etc. Toutefois, cette répartition *de droit* des pouvoirs peut être quelque peu trompeuse lorsqu'il s'agit de déterminer la répartition *de fait*. Il en est ainsi, du moins dans le contexte canadien, entre autres parce que la répartition des recettes gouvernementales ou, plus exactement, la répartition de la capacité de taxer d'Ottawa et des provinces se trouve alors négligée. L'augmentation rapide de l'importance des catégories de dépenses relevant de la compétence provinciale ne s'est pas accompagnée d'une augmentation correspondante de l'accès des provinces aux recettes fiscales. Aussi les provinces en sont-elles venues à dépendre de plus en plus des transferts de fonds d'Ottawa.

Il semble donc assez évident qu'à une insuffisance de fonds venant d'Ottawa, correspondra une diminution du pouvoir réel des provinces. Poussée à l'extrême, cette non-coïncidence du pouvoir de dépenser et de celui de mobiliser des fonds pourrait conduire, par accord mutuel, à un transfert des fonctions de dépenses à Ottawa. C'est un peu ce qui s'est produit en 1940 (avec l'assurance-chômage) et en 1951 (avec les pensions de vieillesse), bien que dans le cadre actuel il soit peu probable qu'on procède à des transferts de pouvoirs de dépenses de ce genre à Ottawa.

Cependant, il n'y a pas que l'ampleur du transfert fédéral qui importe. La *façon* dont il s'effectue est également des plus importantes sur le plan de la répartition *de fait* des pouvoirs. Les subventions ou transferts inconditionnels contribuent à l'exercice de l'autonomie provinciale. Par contraste, les subventions ou transferts conditionnels, sous forme de subventions d'appoint d'Ottawa ou de paiements effectués sous réserve du respect par les provinces de diverses conditions établies par Ottawa, contribuent à diminuer l'autonomie provinciale sur le plan des fonctions de dépenses qui, aux termes de l'A.A.N.B., relèvent de la compétence des provinces.

Pour plus de lumière, examinons le tableau 2 qui est une représentation stylisée de l'éventail des pouvoirs fédéraux-provinciaux. Le point F représente une position où tous les pouvoirs sont aux mains du gouvernement national; il correspond donc à un État unitaire. À l'autre extrême, au point P, tous les pouvoirs sont conférés aux gouvernements provinciaux. Ce dernier point cadre avec l'adoption de zones monétaires distinctes pour les provinces, ce qui leur accorderait le contrôle des politiques, tant fiscales que monétaires.

Ces deux extrêmes sont exclus par la définition habituelle d'État fédéral. Il est toutefois possible, dans une certaine mesure, de caractériser plusieurs fédérations selon les positions relatives qu'elles occuperaient par rapport à cet éventail de pouvoirs. La Suisse, par exemple, se situerait à gauche du Canada. Autrement dit, les cantons suisses ont plus de pouvoirs par rapport

TABLEAU 2 — Transferts fédéraux-provinciaux et répartition des pouvoirs

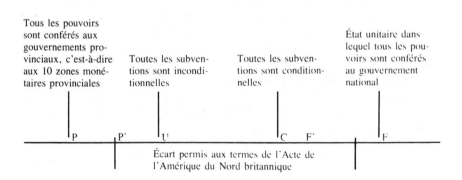

à leur gouvernement national que les provinces canadiennes. De façon correspondante, les États-Unis se situeraient à droite du Canada, les provinces canadiennes jouissant d'une autonomie plus grande que les divers États américains.

Notre intention n'est pas d'insister sur les positions relatives de diverses fédérations par rapport à cet éventail de pouvoirs, mais bien d'approfondir nos connaissances sur les rouages de la fédération canadienne. À cette fin, P'F' illustre l'écart permis aux termes de l'Acte de l'Amérique du Nord britannique[19]. Qu'est-ce qui détermine le point du segment P'F' où se situera la répartition des responsabilités? On est évidemment ici largement tributaire de la répartition établie par l'Acte de l'Amérique du Nord britannique. La responsabilité de la politique monétaire par exemple, relève du gouvernement central. Mais la responsabilité *de fait* ne doit pas nécessairement coïncider avec la responsabilité *de droit*. Il serait tout à fait possible à la banque centrale de régionaliser la politique monétaire (par exemple, en achetant les obligations d'une partie ou de l'ensemble des gouvernements provinciaux, qui pourraient ainsi effectuer des opérations «d'open market»), et de conférer par conséquent aux provinces une partie des pouvoirs relatifs à la politique monétaire, c'est-à-dire de se déplacer de F' vers P'. Mais comme le taux d'inflation dépend du taux d'expansion monétaire, on ne peut véritablement envisager une décentralisation de l'autorité responsable de la politique monétaire.

Dans le cas qui nous occupe, la question de savoir dans quelle mesure les flux financiers entre le fédéral et les provinces jouent sur la répartition des pouvoirs présente plus d'intérêt. Étant donné qu'Ottawa perçoit une plus grande part des impôts que des dépenses, il devient nécessaire d'adopter une forme de partage des recettes entre le gouvernement fédéral et les provinces. Comme nous l'avons signalé plus haut, les transferts aux provinces sont généralement classés en deux groupes : les transferts conditionnels et les transferts inconditionnels. Dans le premier cas, il y a empiètement sur l'autonomie provinciale, alors que dans le second, il y a augmentation des recettes des provinces, sans restriction quant à la façon dont les fonds doivent être affectés. La description la plus succincte de ces deux types de transferts demeure celle de Jacques Parizeau :

> Les transferts inconditionnels peuvent revêtir diverses formes. Par exemple, ils peuvent traduire un changement sur le plan des parts perçues par chaque palier de gouvernement dans un secteur fiscal donné, lorsque les deux parties en ont ainsi convenu, et qu'elles ont accepté de fixer le fardeau fiscal total dans ce domaine à un certain niveau. Ou bien, ils peuvent entraîner le retrait complet par le gouvernement fédéral d'un secteur fiscal donné. Ou encore, ils peuvent être issus de la création d'un nouveau secteur fiscal que les deux autorités ont convenu

de confier de façon permanente aux provinces. Ou enfin, il peut s'agir de transferts annuels directs, prélevés sur le budget fédéral et versés au trésor des provinces. Il peut évidemment aussi y avoir une combinaison de toutes ces formules.

Un transfert conditionnel suppose que les autorités fédérales conviennent de défrayer en tout ou en partie un programme provincial, dans la mesure où ce programme, ses normes et éventuellement son administration ont reçu l'approbation du gouvernement fédéral, ou sont assujettis à son contrôle.

Les transferts conditionnels ne font pas qu'assurer la domination fédérale; ils peuvent aussi servir à l'étendre. Dans la mesure où il s'agit de programmes à frais partagés et même si la contribution fédérale ne constitue qu'une fraction du coût total, la part de la province ne peut être affectée à des initiatives autonomes. Si le gouvernement fédéral établit des programmes à frais partagés dans les domaines actuels des dépenses publiques, il peut alors «geler» progressivement une part accrue des budgets provinciaux. Au mieux, les autorités provinciales deviennent plus ou moins des agences administratives des programmes mis en train ou financés par le fédéral, sans qu'il soit tenu compte de la façon dont les documents juridiques répartissent les pouvoirs de pure forme entre les deux paliers de gouvernement.

Il faut souligner que ces deux formules sont également compatibles avec la constitution actuelle du Canada. La première renforce l'autonomie provinciale et la deuxième entretient la domination fédérale, mais les deux peuvent être incorporées aux mêmes documents juridiques[20].

Selon le tableau 2, en se fiant davantage aux transferts inconditionnels, on adopte une position semblable au point U du tableau qui signifie que les provinces peuvent disposer d'une autonomie considérable. Le point C représente l'autre extrême : au moyen de subventions conditionnelles, Ottawa serait en mesure de jouir d'une influence considérable même dans les domaines où, en théorie du moins, les provinces sont compétentes. Comme Parizeau le souligne, avoir trop recours aux subventions conditionnelles réduirait non seulement l'autonomie provinciale en ce qui concerne les activités de dépenses directement touchées, mais également les activités non touchées. Les programmes à frais également partagés qui ont été passés en revue lors des récentes négociations en sont un exemple (éducation post-secondaire, assurance-hospitalisation et assurance-maladie). Pour fournir un dollar de ces services aux citoyens, les provinces ne devaient dépenser que 0,50¢. Cependant, dans la mesure où cette solution les encourage à dépenser davantage, les montants que les provinces affecteraient à d'autres activités de dépense seraient moins élevés.

Jusqu'ici, il pourrait sembler que le seul rôle des subventions conditionnelles consiste à accorder au gouvernement central une plus grande place dans les programmes de juridiction provinciale. Ceci n'est pas tout à fait exact. Parmi les diverses raisons invoquées en matière de subventions conditionnelles, il y a celle qui veut que «le gouvernement fédéral doit garantir à tous les Canadiens certaines normes minimales en ce qui concerne certains services sociaux»[21]. Ce principe constituerait en partie la raison d'être des programmes à frais partagés en matière de santé, d'éducation et de bien-être social. Du point de vue économique, il existe un argument plus convaincant : certains programmes comportent des «débordements», c'est-à-dire que les provinces ne profitent pas de tous les avantages découlant des dépenses effectuées dans certaines activités, étant donné que ces avantages débordent sur d'autres provinces. Ainsi, il peut arriver qu'une province dépense moins pour ce genre d'activité par rapport à une autre province. Les subventions conditionnelles aident à rétablir la situation : le gouvernement fédéral dédommage la province pour le montant dont bénéficie une autre province. Cependant, il est difficile de prétendre que cette situation nécessiterait des subventions uniformes pour toutes les provinces. En tout état de cause, bien des théories économiques cautionneraient les subventions conditionnelles.

Tout cela pour souligner que la nature des subventions intergouvernementales influe considérablement sur la répartition effective des pouvoirs entre Ottawa et les provinces. En outre, le fait de réaménager en profondeur les dispositions financières équivaudrait à une modification de la constitution, ce qui changerait l'autonomie réelle des différents paliers de gouvernement. Il faut remarquer cependant que tout comme les arrangements financiers peuvent influer sur la délimitation officielle des pouvoirs, celle qui est énoncée dans la constitution influera vraisemblablement sur la forme que prendront les subventions interprovinciales. Il n'est donc pas surprenant que les paiements de transferts effectués par Ottawa aux provinces soient généralement des transferts inconditionnels par comparaison avec le modèle existant entre Washington et les États, parce que les provinces canadiennes sont plus autonomes que les États américains. Les paiements de péréquation constituent le meilleur exemple de cette situation. Au Canada, les paiements de péréquation s'appliquent depuis longtemps aux recettes des provinces et ils sont inconditionnels. Jusqu'à tout récemment, le gros des paiements de péréquation aux États-Unis portait sur les dépenses. Chaque État recevait, selon ses besoins, un montant lui permettant de combler une partie des coûts des programmes. En d'autres mots, ces paiements ressemblaient à une subvention «parallèle» variable; c'est-à-dire que les paiements de péréquation étaient de caractère «conditionnel».

Cette solution a constitué un changement d'orientation considérable, mais elle aura atteint le but visé si elle peut créer les liens nécessaires entre l'importance et la forme des transferts intergouvernementaux d'une part et la répartition des pouvoirs d'autre part. En outre, dans les pages qui suivent, nous supposerons que notre système fédéral accordera plus de pouvoirs aux provinces. La renégociation des programmes actuels qui s'est terminée au printemps de 1977 a eu pour effet de transformer les programmes à frais partagés en matière d'assurance-maladie, d'assurance-hospitalisation et d'éducation post-secondaire en des subventions inconditionnelles. Ainsi les provinces ont obtenu une plus grande autonomie (des renseignements supplémentaires seront fournis dans les pages qui suivent). Plus récemment, Ottawa a proposé de transformer une partie du programme à frais partagés en matière de bien-être social en une subvention inconditionnelle uniforme par habitant. Il faut ajouter à cela que plusieurs provinces ont exprimé le souhait d'avoir une plus grande voix au chapitre des affaires économiques qui les intéressent directement. Par conséquent, l'avenir appartiendra à la décentralisation plutôt qu'à la centralisation.

Le reste de ce document consistera essentiellement en une série de propositions plutôt générales portant sur la restructuration du régime des stimulants économiques. Il s'agira d'améliorer les droits économiques des provinces et d'essayer de garantir que les perspectives économiques des Canadiens seront également améliorées. Empressons-nous d'ajouter que pour un modèle de fédéralisme plus centralisé, il y aurait lieu de mettre au point un autre ensemble de propositions. Les garanties en matière de droits économiques des particuliers constituent la première partie de l'analyse.

II. Garantir les droits économiques des particuliers

Première proposition :

Aucun Canadien ni aucune famille canadienne ne devrait recevoir un revenu inférieur au seuil de pauvreté généralement accepté.

Pour atteindre efficacement cet objectif, il convient de repenser et de restructurer la législation actuelle touchant les programmes de bien-être social et autres régimes garantissant le revenu. Ce qu'il faut, c'est un système d'impôt négatif sur le revenu qui garantit à la fois que les particuliers et les familles obtiendront des revenus qui ne seront pas inférieurs à certaines normes minimales et que les stimulants économiques favoriseront l'emploi au lieu de le défavoriser. Dans la conception d'un régime d'impôt négatif sur le revenu, l'essentiel est peut-être de reconnaître qu'un tel régime ne devrait pas être entièrement administré par le gouvernement fédéral, ce qui est conforme à la notion d'accorder des pouvoirs accrus aux provinces. À l'heure actuelle, les prestations de bien-être social varient non seulement entre les provinces, mais aussi entre les différentes régions d'une province, selon que le presta-taire vit à la campagne ou à la ville. D'une part, ces différences se justifient d'un point de vue économique, mais en outre, elles sont essentielles pour la planification des provinces : elles distinguent les individus selon leur situation économique tout en permettant aux provinces de modifier les différences entre ruraux et citadins en harmonie avec leurs plans de développement général. Naturellement, rien n'empêche une province de répartir uniformément les avantages de cet impôt négatif sur le revenu, indépendamment du lieu de rési-dence du bénéficiaire. Mais ce serait alors le résultat d'une décision cons-ciente de la part de la province, et non d'une mesure imposée par Ottawa.

Si Ottawa finançait et administrait tout le programme, il lui serait poli-tiquement (ou, en l'occurrence, constitutionnellement) impossible de distin-guer les bénéficiaires, ni selon la province qu'ils habitent, ni selon le caractère urbain ou rural de leur lieu de résidence. En outre, le niveau de soutien uni-forme d'un plan fédéral serait certainement déterminé en fonction des besoins des collectivités les plus riches. Ainsi, un programme d'impôt négatif sur le revenu uniforme géré par Ottawa engendrerait d'importants mouvements de «retour», à la fois vers les régions pauvres (où le niveau de support place-rait les bénéficiaires dans une catégorie de revenu supérieur par rapport aux bénéficiaires d'une communauté urbaine comme Toronto) et, au sein de cha-que province, vers les secteurs ruraux. Un tel phénomène ne s'harmoniserait sans doute pas avec les programmes de développement économique provin-ciaux et ne pourrait que réduire encore la responsabilité des provinces dans un secteur que la Constitution place sous leur juridiction.

La meilleure attitude du fédéral dans un tel programme consisterait à fournir un niveau de soutien *minimal* applicable dans l'ensemble du pays. Ce niveau minimal pourrait, par exemple, convenir aux Canadiens ruraux. Les provinces seraient alors en mesure d'y apporter le supplément qu'elles jugeraient approprié en introduisant une distinction entre les citadins et les ruraux, ou des différences selon l'importance de la famille[22]. Cette situation assurerait suffisamment de souplesse pour s'harmoniser avec tous les pro-grammes provinciaux de développement.

La proposition d'un impôt négatif sur le revenu n'est pas conçue comme étant un programme supplémentaire par rapport aux programmes actuels de soutien ou de sécurité du revenu. Elle vise au contraire à remplacer et à ratio-naliser la vaste gamme des programmes existants : par exemple, certains pro-grammes comme les allocations familiales, les pensions de vieillesse et les suppléments de revenu pourraient se fondre dans un nouveau programme com-plet d'impôt négatif.

L'assurance-chômage pose un problème plus difficile d'intégration à un programme d'impôt négatif sur le revenu. Pour le résoudre, on pourrait par exemple faire porter l'assurance-chômage sur la famille plutôt que sur l'individu. On éliminerait ainsi un des inconvénients du système actuel selon lequel un soutien de famille secondaire peut percevoir les prestations d'assurance-chômage alors que le soutien principal a un revenu très élevé. Si l'on mettait en place un programme complet d'impôt négatif sur le revenu, on diminuerait considérablement la raison d'être d'un programme distinct d'assurance-chômage. Récemment, une excellente étude sur le système du bien-être social concluait que l'assurance-chômage n'a pas sa place dans un programme complet d'impôt négatif sur le revenu[23].

La source de financement de la part des provinces dans la proposition de programme d'impôt négatif sur le revenu à deux niveaux viendrait d'une subvention inconditionnelle d'Ottawa, soit sous forme de transfert indexé d'une somme uniforme par habitant, soit par un transfert de points d'impôt normalisés. Les contributions actuelles d'Ottawa aux provinces en vertu du système de répartition égale des coûts pour le bien-être social pourrait servir de point de départ à la détermination des contributions de l'année de référence pour la subvention inconditionnelle.

L'essentiel, c'est que la procédure actuelle de répartition soit éliminée. Les subventions inconditionnelles ont l'avantage de placer les décisions provinciales en matière de bénéfices sur le même plan que les autres priorités provinciales de dépenses : les provinces évalueront les dépenses relatives au programme de soutien du revenu en fonction de leur valeur intrinsèque, sachant qu'Ottawa ne sera plus prêt à en assurer une part correspondante. Les autres conséquences de cette proposition vont devenir plus évidentes dans le contexte de la proposition 5 ci-dessous.

Proposition 2 :

Que les mouvements des personnes, des facteurs et des biens de part et d'autre des frontières provinciales soient aussi libres que possibles.

Voilà un argument qui milite en faveur d'un marché commun au sein du Canada. Actuellement, de nombreux éléments s'opposent à la libre circulation des biens et des facteurs à l'intérieur du Canada : il s'agit, entre autres, des politiques provinciales d'achat et de l'attitude des provinces en matière de réglementation et de délivrance des permis. L'orientation vers une fédération plus décentralisée présente un risque de balkanisation encore plus accentué. Une éventuelle décentralisation du pouvoir économique devra nécessairement aboutir à l'élimination de ces barrières, si l'on veut éviter que chaque Canadien ne devienne économiquement prisonnier des mesures de sa province ou des autres provinces. Dans la discussion ou le débat sur la division des pouvoirs entre les paliers du gouvernement, on a trop souvent tendance à négliger les droits des citoyens eux-mêmes. Il est tout à fait naturel que certaines provinces souhaitent accroître leurs pouvoirs et leur autorité. Mais tout transfert de pouvoirs doit obligatoirement être accompagné d'un transfert de responsabilités. Il est important de remarquer que si l'on voulait concevoir un système de transfert supposant une augmentation du pouvoir fédéral, la recommandation d'un marché commun devrait également être une des conditions préalables à ce transfert, étant donné que la situation actuelle est inacceptable du fait de ces barrières.

Nous voudrions maintenant aborder certains aspects des droits économiques des provinces. L'analyse sera une fois de plus très succincte et ne s'arrêtera qu'à certains aspects d'un problème plus délicat et plus controversé.

III. Garanties et droits économiques des provinces

Proposition 3 :

Que les provinces aient une plus grande latitude pour façonner leur économie et leurs institutions en fonction de leurs propres besoins de développement.

Ceci implique principalement que les provinces ne soient pas prisonnières des conceptions d'Ottawa en matière de politique économique. Cela signifie en revanche qu'Ottawa devra se restreindre dans l'exercice de son pouvoir de dépenser. Le meilleur exemple permettant d'illustrer cette proposition est celui des programmes à frais partagés que nous développerons d'ailleurs dans notre conclusion.

De façon générale, si la décentralisation s'accentue, il est fort probable que plusieurs activités fédérales seront dévolues aux provinces ou au secteur privé. Dans tout transfert de fonctions, ce qui est important pour les provinces, c'est que les moyens financiers correspondant aux transferts de responsabilités soient inconditionnels et non pas conditionnels. Si l'on se fie aux leçons du passé, les subventions conditionnelles ne sont qu'un écran de fumée dissimulant des programmes à planification centrale, l'effritement de l'autonomie provinciale ainsi qu'une invitation à la surdépense ou que les responsabilités en matière de dépense ne coïncident pas entièrement avec les responsabilités de financement.

Proposition 4 :

Les «normes nationales» mises en application par Ottawa ne sont pas susceptibles de profiter économiquement aux provinces et serviront en tout état de cause à effriter l'autonomie provinciale.

Il existe certainement et il continuera à exister, de nombreux cas pour lesquels le gouvernement fédéral sera tenu de légiférer dans l'intérêt de tous les Canadiens. Cependant, on peut très facilement aller trop loin. C'est le cas par exemple de la «stratégie industrielle nationale», un concept souvent évoqué. D'un point de vue constitutionnel, les provinces disposent de leurs richesses naturelles et sont responsables de leur gestion. Ainsi, une stratégie industrielle nationale pourrait être invoquée par Ottawa comme prétexte à une immixtion dans les affaires provinciales. On peut mettre l'accent sur cet aspect en donnant deux exemples.

Pollution

Le Canada devrait-il disposer d'une politique globale en matière de pollution? Nous croyons que la réponse est «non». Dans certains domaines, par exemple pour établir les limites *maximum* de pollution atmosphérique ou aquatique, il peut sembler logique que l'on dispose obligatoirement de normes nationales. Toutefois, le degré de pollution que l'on peut autoriser à une usine ne devrait pas faire l'objet d'un contrôle de cet ordre. L'environnement parvient en effet à s'autopurifier et il faudrait prendre ce facteur en considération dans la production régionale. Permettre à une nouvelle usine un certain taux de pollution dans une région déjà fort polluée n'est pas du tout la même chose qu'imposer à cette usine une implantation dans un environnement relativement «propre», précisément là où la pollution qu'elle risque d'occasionner sera la moins ressentie. Trop souvent le fait d'invoquer les normes nationales pour des questions de pollution et autres, constitue ce que feu Harry Johnson avait coutume d'appeler la politique de l'«Ontario d'abord», à savoir que les régions industrielles canadiennes ayant particulièrement ravagé leur environnement veulent maintenant s'assurer qu'aucune autre région ne puisse imposer des normes de pollution moindres — mais pas nécessairement inadéquates sur le plan écologique! — afin d'attirer les industries.

Dans l'absolu, chaque province pourra percevoir des taxes ou imposer des amendes susceptibles de maintenir la pollution à un niveau acceptable. Comme il a déjà été indiqué, Ottawa devrait avoir le droit de préciser les niveaux de pollution acceptables; mais le niveau de pollution d'une province à l'autre est très différent et les normes nationales favorisent les premiers pollueurs et pénalisent en contrepartie les provinces dont l'environnement est capable d'absorber et même de réduire le niveau de pollution.

La mainmise étrangère

Pour l'essentiel, le même raisonnement s'applique à la mainmise étrangère. La législation fédérale réglementant le degré de mainmise étrangère limite beaucoup trop les possibilités qu'ont de nombreuses provinces d'attirer chez elles des industries et de développer leur propre économie. Par nature les Canadiens ont peur de l'échec et jusqu'à récemment, seul le «corridor central» présentait de l'intérêt pour les investisseurs canadiens. Disposer de réglementations nationales relatives à la mainmise étrangère aura vraisemblablement pour effet de protéger la position privilégiée des provinces riches au sein de la fédération. En résumé, il est probable que les stratégies ou normes «nationales» ne seront pas les mêmes d'une province à l'autre.

Proposition 5:

Dans l'ensemble, les mesures d'incitation devraient obliger les provinces à assumer complètement les coûts des mesures économiques qu'elles décideront de prendre.

Nous avons cité plus haut plusieurs cas où les provinces légiféraient en sachant pertinemment qu'une partie des frais afférents aux mesures qu'elles prendraient, peut-être d'ailleurs une grande partie, seraient assumés par Ottawa ou le reste du Canada. Bien que certaines provinces puissent encore vouloir faire adopter de pareilles lois, il est primordial qu'elles soient tenues d'en subir les frais. Considérons par exemple les programmes de création d'emplois dans les régions défavorisées. Ottawa s'est lancé dans une politique de création d'emplois dans ces régions. Toutefois, si les provinces savent qu'Ottawa a pris des engagements au titre d'un tel programme, il peut être dans leur intérêt de suivre une politique d'augmentation du chômage (par des salaires minimums élevés), ou encore d'arrêter le flux de l'émigration pour obliger Ottawa à accentuer son rôle de créateur d'emplois. Tout doit être fait pour garantir qu'aucune province ne puisse, pour ainsi dire, «rançonner» l'ensemble du pays. C'est plus vite dit que fait, mais il est important que les provinces se rendent compte qu'elles doivent assumer les responsabilités de leurs propres décisions.

On pourrait donner un autre exemple intéressant en parlant des paiements de péréquation. Selon l'ancien programme, l'assiette de l'impôt sur le revenu des sociétés était calculée sans tenir compte des sociétés de la couronne et des entreprises provinciales. Or, si la Saskatchewan décidait de nationaliser (ou de provincialiser!) l'industrie de la potasse, cette mesure aurait pour effet de diminuer son assiette imposable de sorte qu'elle aurait droit à une augmentation importante des paiements de péréquation au titre de l'impôt sur le revenu des sociétés. En vertu de la nouvelle loi (en vigueur depuis le 1er avril 1977), cette échappatoire n'existe plus. Pour calculer l'assiette de l'impôt sur le revenu des sociétés par province, la nouvelle loi combine l'assiette du secteur privé et celle du secteur public. Ce n'est là qu'un exemple du type de législation nécessaire pour s'assurer que les décisions économiques d'une province ne seront pas influencées par des mesures d'incitation qui émaneraient du système de paiements de transfert dans son ensemble.

Donnons comme troisième exemple celui de la structure provinciale des revenus minimums. La proposition 1 ci-dessus préconise un dispositif d'impôt négatif sur le revenu, les fonds perçus par les provinces provenant d'un système de subventions inconditionnelles d'Ottawa. En conséquence, ces fonds seront tenus à la disposition des provinces qui pourront les engager comme elles l'entendent. On peut s'attendre à ce qu'une large part des subventions inconditionnelles soit consacrée à compléter le niveau minimum de soutien fédéral. Quoiqu'il en soit, pour chaque dollar que les provinces consacreront à l'impôt négatif, un dollar de moins sera affecté à un programme provincial. Avec cet arrangement, il est très peu probable que les provinces «pauvres» puissent s'offrir le luxe de salaires minimums élevés. Si elles le font quant même, deux possibilités se présenteront. En premier lieu, les familles de chômeurs tendront à émigrer pour obtenir de l'emploi puisque, par opposition au système actuel, les mesures incitatives favoriseront le travail; en d'autres termes, en fixant un salaire minimum élevé, les provinces favoriseront leur propre dépeuplement. En deuxième lieu, si les familles de chômeurs décident de demeurer, elles recevront le plein montant de l'aide provinciale prévue par le régime d'impôt négatif sur le revenu, ce qui provoquera une saignée importante dans les finances provinciales. Il paraît donc probable que le salaire minimum suivra étroitement l'évolution des salaires moyens dans la province. Cependant, si les provinces persistent à fixer des salaires minimums excessivement élevés, elles devront en subir les conséquences, soit sous forme de dépeuplement soit sous forme de prélèvement sur les finances publiques.

Proposition 6:

Les provinces doivent accepter le fait qu'une indépendance économique accrue entraîne un surcroît de responsabilités en matière économique.
La transmission de pouvoirs fédéraux aux provinces entraîne naturellement une augmentation correspondante des responsabilités de ces dernières, qu'elles soient riches ou pauvres. L'Alberta est un exemple intéressant. A l'heure actuelle, cette province déplore qu'Ottawa assume la plupart des responsabilités lorsqu'il s'agit de fixer les prix du pétrole et du gaz naturel et de déterminer les politiques d'exportation de ces produits. En effet, Ottawa «gère» une ressource qui relève, sur le plan constitutionnel, de la province. Par ailleurs, il importe de souligner que c'est Ottawa et non pas l'Alberta qui doit verser les paiements de péréquation découlant des redevances provinciales sur les sources d'énergie [24]. Si Ottawa avait permis que les prix de l'énergie sur le marché intérieur atteignent les niveaux mondiaux de 1974 sans modifier la formule de péréquation, il aurait fallu augmenter les taux de l'impôt fédéral sur les revenus d'environ 25 % pour compenser l'augmentation des paiements de péréquation. Il est évident qu'Ottawa voudra, au nom

de tous les Canadiens, recevoir des provinces une compensation pour contrebalancer le transfert de pouvoirs économiques accrus à ces dernières.

Sur un plan plus général, si l'on doit accorder aux provinces une plus grande autonomie, il faudra de plus en plus que chaque Canadien s'adresse à sa province respective pour obtenir la solution d'un plus grand nombre de problèmes. La décentralisation s'avérera sûrement inefficace et improductive si les citoyens (et les provinces) persistent à considérer Ottawa comme l'éternel dernier recours.

Cette description complète le résumé, superficiel nous l'avouons, de certains aspects qui se rattachent à un régime de transfert restructuré dans le cadre d'un fédéralisme davantage décentralisé. Comme il a été souligné au départ, le choix de se concentrer sur un fédéralisme décentralisé plutôt que centralisé s'appuyait sur l'orientation que semble prendre le débat actuel sur la répartition des pouvoirs. Du point de vue stratégique, la chose n'aura peut-être pas été inutile. Les provinces, ou quelques-unes d'entre elles du moins, réclament une plus grande autonomie économique. Pourtant, elles n'ont pas tellement précisé les responsabilités accrues qu'elles étaient disposées à assumer en retour de cette augmentation de leurs pouvoirs. Pour rendre leurs réclamations plus vraisemblables, elles devraient, selon nous, commencer à énoncer les responsabilités correspondantes qu'elles sont prêtes à endosser. Comme nous l'avons mentionné ci-dessus, ces «coûts» peuvent être vraiment très importants. Si Ottawa se contente de transmettre des pouvoirs et des responsabilités complémentaires concernant la politique régionale et le système de transfert, les insuffisances soulignées dans la première partie ne feront que s'accentuer.

Il n'en demeure pas moins qu'une certaine décentralisation est une option valable. Nous terminerons en citant un exemple récent d'une mesure importante prise en ce sens, laquelle, à tout prendre, devrait s'avérer efficace.

IV. Exemple de la restructuration du système d'incitations

(Les nouveaux accords concernant les programmes établis)

À part quelques propositions précises, celles qui se rapportent à la restructuration du système d'incitations prévoient l'établissement d'un cadre conceptuel plutôt que d'un plan d'action. Nous souhaitons toutefois conclure sur une note plus concrète et positive, en soulignant une initiative particulière qui a récemment été prise en matière de politique et qui est en harmonie avec l'esprit général des propositions ci-dessus. Cette initiative représente l'ensemble des nouveaux accords conclus en ce qui concerne les «programmes établis» tels l'enseignement postsecondaire, l'assurance-maladie et l'assurance-hospitalisation. En vertu des accords précédents, Ottawa assumait 50% des frais globaux reliés à ces programmes. Bien que l'on convienne, de façon générale, que cette entente a beaucoup amélioré la qualité de l'enseignement postsecondaire et des soins médicaux, il n'en demeure pas moins que ces programmes commencent à faire face à d'énormes difficultés. Ainsi, les frais augmentaient à un taux inacceptable, surtout en ce qui a trait aux soins médicaux. Ottawa trouvait la situation dangereuse parce que sa participation sans plafond aux programmes à frais partagés signifiait que le montant de ses contributions était déterminé par des décisions prises dans les 10 capitales provinciales. Pour les provinces également, la situation devenait peu intéressante. Fondamentalement, les provinces dépensaient des dollars ne valant que 0,50¢, ce qui diminuait considérablement l'incitation à faire des économies au chapitre de ces programmes. Il importe aussi de souligner que la structure de ces programmes ne favorisait pas l'efficacité. La rationalisation de l'assurance-maladie par la création d'une vaste gamme de services pouvant être assurés à un coût moindre par un personnel para-médical plutôt que par des médecins n'a pas réussi parce que, dans une large mesure, le gouvernement fédéral n'était pas disposé à assumer sa part du coût des services fournis par d'autres personnes que des médecins.

En outre, les provinces ne prisaient guère d'autres caractéristiques particulières se rattachant à l'aspect du partage des frais de ces programmes. Les provinces pauvres prétendaient qu'il était difficile de trouver les fonds nécessaires pour tirer profit de l'aide fédérale. De plus, toutes les provinces, à un moment donné, ont exprimé l'opinion que la nature conditionnelle des contributions fédérales influait sur leurs choix dans le cadre des services couverts par le programme et d'autres services fournis par le gouvernement. D'autre part, les subventions conditionnelles permettaient au gouvernement fédéral d'exercer une certaine influence sur des programmes qui étaient, sur le plan constitutionnel, de compétence provinciale.

La politique du partage des frais a disparu avec les nouveaux accords. Cette politique a été remplacée par une série complexe d'ententes qui, du moins à court terme, se résument à des subventions proportionnelles égales qui sont inconditionnelles. Bien que les provinces puissent être déçues du montant de ces subventions inconditionnelles (et sûrement de la tentative d'Ottawa, au début de ce mois, de réduire encore davantage sa participation financière), le programme est une amélioration évidente sur le plan de l'incitation. Les provinces seront forcées de trouver de nouvelles mesures pour assurer des services médicaux plus efficaces. Elles ne peuvent plus compter sur Ottawa pour rembourser la moitié des dépenses excédentaires. Dans le cadre de cette incitation à l'efficacité, nous nous attendons à ce que plusieurs provinces cherchent à éliminer la gratuité actuelle des frais de consultation médicale. Elles n'utiliseront pas nécessairement un ticket modérateur : plusieurs propositions ont déjà été émises pour régler cette question dans le cadre du régime fiscal. D'après l'expérience de diverses provinces, il est raisonnable de s'attendre à des initiatives et à des propositions importantes qui permettront d'élaborer des systèmes plus efficaces de prestation de soins médicaux. La nature inconditionnelle des subventions signifie également que les provinces examineront dorénavant les dépenses liées à l'enseignement postsecondaire et aux services de santé pour ce qu'elles valent ; elles ne seront plus subventionnées par comparaison avec d'autres dépenses.

Cette nouvelle série d'accords fera sûrement surgir des problèmes. Néanmoins, cette mesure représente un jalon important dans le domaine du financement fédéral-provincial en ce sens qu'elle restructure les incitations et favorise l'efficacité. En outre, elle rappelle de façon opportune que des nouveaux accords sont également nécessaires pour la plupart des autres aspects du système de transfert.

NOTES

1. Texte tiré d'une présentation devant le Comité permanent du Sénat sur les finances nationales, le 23 novembre 1978.
2. P.A. Samuelson et A.D. Scott, *Economics*, 3e éd. canadienne, Toronto, McGraw Hill, 1971, pp. 775-776.
3. En réalité il ne s'agit pas d'une supposition mais plutôt d'un fait réel. Voir plus loin les colonnes 5 et 6 du Tableau 1.
4. Robert Lacroix, «The Regions and Unemployment : The Canadian Problem», document préparé pour «Options» (Conférence donnée à l'Université de Toronto sur l'avenir de la fédération canadienne), 14-15 octobre 1977, p.5 (paraîtra dans le volume de la conférence).
5. *Ibid.*, pp. 5-6.
6. Pour être admissible aux avantages régionaux supplémentaires, un prestataire d'assurance-chômage n'est pas tenu d'avoir travaillé dans une région où le taux de chômage est élevé ; il suffit qu'il y remplisse sa demande de prestations.
7. Plus précisément, dans le contexte d'une analyse de régression multiple dans laquelle les déterminants des taux d'émigration de la province étaient associés à des variables comme l'âge, le revenu d'origine, le revenu de destination, le niveau d'instruction, la distance, etc., une hausse du niveau des transferts d'assurance-chômage a entraîné une baisse du taux d'émigration. C'était également le cas pour une variable de transfert plus globale, à savoir le flux des transferts fédéraux globaux vers une région. Une hausse du taux de chômage dans une région particulière entraîne en elle-même une hausse de l'émigration. Cela correspond à notre analyse dans le texte qui suggère que la tendance naturelle de l'émigration à suivre la hausse du chômage est compensée par l'existence des prestations d'assurance-chômage. Voir Thomas J. Courchene, «International Migration and Economic Adjustment», *Canadian Journal of Economics*, vol. III, n° 4, novembre 1970, surtout l'équation 7, tableau VI et le texte qui l'accompagne.
8. Voir H.G. Grubel et M.A. Walker (édit.), *Unemployment Insurance : Global Evidence of its Effects on Unemployment*, Vancouver, The Fraser Institute, 1978.

9. Conseil économique du Canada, *Vivre ensemble : Une étude des disparités régionales*, Ottawa, ministère des Approvisionnements et Services, 1977, p. 228.
10. *Ibid.*, p. 228.
11. «Job Corps», *The Chronicle-Herald*, Halifax, le 6 mai 1977, p. 6.
12. Don McGillivray, «Provincial Accounts : What They Really Show», *Financial Times of Canada*, 13 juin 1977, p. 6.
13. De toute évidence, le chiffre de 105 % pour l'Île-du-Prince-Édouard est un rien trop élevé, et ce, en raison d'une erreur dans le calcul de la production pour la province. Cependant il n'y a rien d'illogique à aboutir à un ratio excédent les 100 %. De fait, il y a deux provinces atlantiques dont les ratios de consommation par rapport au revenu provincial net dépassent 100 %, alors que pour l'Alberta, on arrive à un chiffre juste au-dessous de 50 %. Du côté «revenu» des comptes de la nation, on arrive à ce résultat en raison du rôle prépondérant des transferts, et du côté des «dépenses», ce chiffre élevé pour la consommation est contrebalancé par un solde du compte courant fortement *négatif* (cf. les colonnes 5 et 6 du Tableau 1).
14. Par exemple, et comme nous l'avons déjà noté, la Commission de l'assurance-chômage continue à verser des prestations pendant 18 semaines supplémentaires dans ces zones de chômage élevé, où la période minimum d'emploi nécessaire pour avoir droit aux prestations généreusement octroyées par le Canada est considérablement plus courte.
15. *Vivre ensemble, op. cit.*, p. 19.
16. La formule de péréquation égalise les recettes de quelque 30 catégories différentes. Les droits d'une province à la péréquation pour chaque catégorie sont calculés en tant que produit de (a) du revenu provincial total pour la catégorie (mais seulement la moitié du total pour l'énergie) et (b) la différence entre la part de la population de la province et sa part de l'assiette de l'impôt total. Ces droits sont répartis sur toutes les catégories et le total, s'il est positif, représente le paiement de péréquation. Si le total est négatif (c'est-à-dire si la province est «riche ») les paiements de péréquation sont nuls. On peut voir que cette formule est très généreuse, du fait que le Québec (avec 27 % de la population et une base d'impôt en matière d'énergie nulle) a droit de recevoir 27 % de la moitié de toutes les redevances en matière d'énergie qui sont acquises aux provinces productrices d'énergie. C'est une pratique courante de faire allusion aux provinces qui reçoivent des paiements de péréquation sous la dénomination de provinces «pauvres».
17. Il y a une exception importante : les recettes de l'impôt sur les exportations d'énergie vont à Ottawa et non aux provinces productrices. À son tour, Ottawa utilise ces fonds pour subventionner les importations d'énergie dans l'Est du pays. Dans ce sens, on peut considérer que l'Alberta verse une part importante de ses redevances à Ottawa. Lorsque le prix canadien atteindra le niveau du prix mondial, ce transfert disparaîtra parce que la taxe d'exportation sera nulle.
18. Judith Maxwell, *Regional Disparities : The Economic Challenge for Confederation*, HRI Observations, Montréal, C.D. Howe Research Institute, n° 17, avril 1978, p. 5.
19. P'F' reflète l'ensemble des activités du gouvernement. Il serait également possible de souligner des activités particulières, mais le segment P'F' varierait probablement en termes de longueur et de position selon l'activité en cause.
20. Jacques Parizeau, «Federal Provincial Economic Coordination», in *Canadian Economic Problems and Policies* (annoté par L.H. Officer et L.B. Smith), Toronto, McGraw-Hill, 1970, pp. 82-83. L'ordre des deux derniers paragraphes a été inversé.
21. Geoffrey Young, «Federal Provincial Grants and Equalization», in *Issues and Alternatives - 1977*, Intergovernmental Relations Toronto, «Ontario Economic Council, 1977», p. 40. Young poursuit en mettant en doute le bien fondé de certaines hypothèses sous-jacentes à cette proposition.
22. Pour une proposition concrète de système à deux niveaux, le gouvernement fédéral fournissant le niveau de base et les gouvernements provinciaux assurant des avantages supplémentaires, voir Thomas J. Courchene, «The Poverty Reports, Negative Income Taxation, and the Constitution : An Analysis and a Compromise Proposal», *Canadian Public Administration*, 1973,

p. 349 à 369. Plus récemment, l'Ontario Economic Council a recommandé une solution plus ou moins semblable. Voir *Issues and Alternatives, 1976 : Social Security*, Toronto, Ontario Economic Council, 6ᵉ partie.

23. Voir *Sécurité du Revenu*, chap. 9, vol. 5, du *Rapport de la Commission d'enquête sur la santé et le bien-être social*, (communément appelé Rapport Castonguay, du nom de l'un des commissaires), gouvernement du Québec, 1971, par. 807. Ce rapport a recommandé que l'assurance-chômage soit autofinancée (c'est-à-dire qu'elle soit confiée au secteur privé), le gouvernement n'assurant alors qu'un rôle de coordination et d'administration.

24. Le renvoi 16 s'applique ici.

Chapitre V

Marc. G. Termote
et
Raymonde Fréchette

Le renversement récent des courants migratoires entre les provinces canadiennes essai d'interprétation[1]

La chute rapide et considérable de la fécondité dans chacune des provinces canadiennes a fortement accru le rôle des mouvements migratoires dans la croissance démographique. C'est pourquoi, étant donné l'ampleur et l'apparente soudaineté du renversement qui s'est opéré entre 1971 et 1976 dans le domaine des échanges migratoires interprovinciaux, il nous semble important d'essayer de voir si ce renversement est temporaire et exceptionnel (c'est-à-dire dû aux conditions particulières de la période 1971-1976), ou s'il représente le commencement d'une nouvelle tendance, caractérisée éventuellement par un plus grand équilibre de ces flux migratoires. C'est à cette question que tente de répondre cet article.

Avant cependant de tenter d'expliquer et d'interpréter les modifications récentes dans les mouvements migratoires interprovinciaux, il importe de cerner le mieux possible la réalité du phénomène. Cette analyse descriptive fera l'objet de la première section. Dans une deuxième étape, nous tenterons, sur la base d'une analyse économétrique, de dégager les facteurs qui peuvent aider à expliquer ces changements. Et enfin, dans une deuxième étape, nous essayerons, en matière de conclusion, de dégager les implications politiques des résultats obtenus.

Analyse descriptive

Afin d'obtenir des renseignements sur l'évolution de longue période des flux migratoires interprovinciaux, nous n'avons comme seule source que les estimations annuelles de la migration établies par Statistique Canada à partir des déclarations de transfert d'allocations familiales. Ces estimations sont basées sur des hypothèses qui sont certes discutables; elles ne sont d'ailleurs pas comparables aux données migratoires obtenues par le recensement, principalement à cause des migrations multiples, des migrations effectuées par les migrants décédés ou ayant quitté le pays, et à cause de la sous-énumération au recensement. En fait, pour les périodes 1966-1971 et 1971-1976, le nombre de migrants interprovinciaux estimé à partir des déclarations de transfert d'allocations familiales est deux fois plus élevé que le nombre de migrants interprovinciaux recensés. Mais, même si le niveau des taux annuels de migration estimé à partir des données d'allocations familiales est discutable, on peut raisonnablement supporter que l'évolution de ces taux est représentative de la tendance réelle.

Le tableau 1 fournit une première approximation de l'évolution de ces taux, en présentant l'évolution de la moyenne annuelle des cinq périodes quinquennales de 1951 à 1976. Il ressort clairement de ce tableau : 1° que les sept provinces, qui de 1951 à 1971 avaient toujours connu un taux négagif de migration nette, ont toutes vu ce taux net augmenter en 1971-1976 (au point que trois d'entre elles ont même des taux positifs), et ont toutes (sauf Terre-Neuve) connu une baisse de leur taux d'émigration ; 2° que des trois provinces qui de 1951 à 1971 avaient connu des taux positifs de migration nette, deux (l'Ontario et la Colombie britannique) ont connu une nette détérioration de ce taux ; dans les deux cas, cette détérioration est due principalement à la baisse du taux d'immigration, qui dans le cas de l'Ontario a diminué au point de rendre négative la balance migratoire ; 3° que la seule province à taux net positif qui ait vu sa situation s'améliorer est l'Alberta, ceci essentiellement grâce à une hausse de son taux d'immigration.

La comparaison des résultats des recensements de 1971 et de 1976 confirme ce renversement. Le tableau 2 montre : 1° que l'ensemble des provinces atlantiques a eu 22 000 émigrants de moins, et 28 000 immigrants de plus, ce qui explique une hausse de 50 000 du solde ; 2° que l'ensemble des trois provinces des Prairies a eu 30 000 émigrants de moins et 62 000 immigrants de plus, c'est-à-dire une hausse de 92 000 du solde ; 3° que le Québec a eu 17 000 émigrants de moins, mais également 1 000 immigrants de moins, ce qui lui donne une augmentation de 16 000 de son solde, tandis que la Colombie britannique a eu 29 000 émigrants de plus et 5 000 immigrants de moins, ce qui implique une diminution de 34 000 du solde positif de cette province ; 4° que c'est donc l'Ontario qui explique l'essentiel de l'amélioration de la balance migratoire des provinces de l'Atlantique et des Prairies : l'Ontario a eu 72 000 émigrants de plus et 53 000 immigrants de moins, c'est-à-dire une baisse du solde de 125 000 unités, alors que les quatre provinces atlantiques et les trois provinces des Prairies on vu leur solde total augmenter de 142 000 unités. Par son poids démographique (35 % de la population canadienne en 1971) et sa localisation centrale, l'Ontario exerce un impact dominant sur la situation migratoire des autres provinces : une légère augmentation de son émigration représente une augmentation importante de l'immigration dans les autres provinces. Sans doute la Colombie britannique a-t-elle connu également une forte hausse de son émigration jointe à une baisse de son immigration, mais sa localisation périphérique et sa part réduite (10 %) dans la

TABLEAU 1 — Taux (en %) de migration interprovinciale. Moyenne annuelle des périodes quinquennales, 1951-1976.

	IMMIGRATION					ÉMIGRATION					MIGRATION NETTE					MOYENNE 1951-1976		
	(1)	(2)	(3)	(4)	(5)	(1)	(2)	(3)	(4)	(5)	(1)	(2)	(3)	(4)	(5)	IM	Em	MN
Terre-Neuve	1,2	1,4	1,4	1,7	2,3	2,0	2,4	2,0	2,5	2,4	-0,8	-1,0	-0,6	-0,8	-0,1	1,6	2,3	-0,7
Île-du-Prince-Édouard	4,7	5,1	3,4	3,4	4,1	6,8	5,7	3,9	3,9	3,4	-2,1	-0,6	-0,5	-0,5	0,7	4,1	4,7	-0,6
Nouvelle-Écosse	3,9	4,2	2,8	3,0	3,1	4,7	4,9	3,5	3,5	2,8	-0,8	-0,7	-0,7	-0,5	0,3	3,4	3,9	-0,5
Nouveau-Brunswick	3,1	3,9	2,9	3,1	3,4	5,2	5,2	3,8	3,7	2,9	-2,1	-1,3	-0,9	-0,6	0,5	3,3	4,2	-0,9
Québec	1,1	1,2	0,8	0,7	0,6	1,5	1,3	0,9	1,1	0,9	-0,4	-0,1	-0,1	-0,4	-0,3	0,9	1,1	-0,2
Ontario	2,5	2,2	1,4	1,6	1,2	1,7	1,7	1,2	1,2	1,3	0,8	0,5	0,2	0,4	-0,1	1,8	1,4	0,4
Manitoba	3,8	3,8	2,8	2,9	2,9	4,6	4,5	3,3	3,7	3,4	-0,8	-0,7	-0,5	-0,8	-0,5	3,2	3,9	-0,7
Saskatchewan	3,5	3,5	2,5	2,4	2,8	5,0	4,9	3,3	4,1	3,7	-1,5	-1,4	-0,8	-0,7	-0,9	2,9	4,2	-0,3
Alberta	5,1	5,1	3,3	3,8	4,2	4,7	4,6	3,3	3,4	3,5	0,4	0,5	0,0	0,4	0,7	4,3	3,9	0,4
Colombie britannique	4,3	3,8	3,1	3,6	3,3	3,3	3,2	2,2	2,4	2,5	1,0	0,6	0,9	1,2	0,8	3,6	2,7	0,9
Canada	2,6	2,6	1,8	1,9	1,8	2,6	2,6	1,8	1,9	1,8	—	—	—	—	—	2,1	2,1	—

Notes : 1. Les colonnes (1) à (5) réfèrent respectivement aux périodes 1951-1956, 1956-1961, 1961-1966, 1966-1971 et 1971-1976.
2. Les taux annuels de migration sont obtenus en divisant le nombre annuel de migrations par le nombre d'habitants au 1er juin de l'année.

Sources : Colonnes (1) et (2) : Statistique Canada, Rapport technique sur les projections démographiques pour le Canada et les provinces, 1972-2001, Catalogue 91-516 hors série, Ottawa, 1975. p. 204.
Colonnes (3) (4) et (5) : Statistique Canada. Les migrations internationales et interprovinciales au Canada, 1961-1962 à 1975-1976, Catalogue 91-208. Ottawa, 1977, pp. 43-47 et 49-56 : étant basés sur des méthodes d'estimation légèrement différentes, les taux de ces trois dernières périodes quinquennales ne sont pas strictement comparables à ceux des deux premières périodes.

TABLEAU 2 — Évolution de la migration interprovinciale entre 1966-1971 et 1971-1976

	T.N.	I.P.E	N.E.	N.B.	QUÉ.	ONT.	MAN.	SASK.	ALB.	C.B.	TOTAL
A. RECENSEMENT											
Nombre d'émigrants											
1966-1971	34 395	11 187	63 895	52 896	173 135	219 946	100 960	121 420	119 478	82 848	980 160
1971-1976	30 301	10 422	56 836	42 758	155 810	291 586	94 051	92 578	125 589	111 922	1 011 853
Nombre d'immigrants											
1966-1971	16 806	10 073	55 150	44 092	94 991	280 738	66 720	43 051	146 931	221 608	980 160
1971-1976	23 556	13 097	63 524	54 386	93 589	228 088	654 59	60 255	193 240	216 659	1 011 853
Solde											
1966-1971	-17 589	-1 114	-8 745	-8 804	-78 144	60 792	-34 240	-78 369	27 453	138 760	—
1971-1976	-6 745	2 676	6 688	11 628	-62 221	-63 498	-28 592	-32 323	67 651	104 737	—
B. ESTIMATIONS BASÉES SUR LES ALLOCATIONS FAMILIALES											
Nombre d'émigrants											
1966-1971	62 717	21 460	131 860	115 139	316 100	420 846	180 585	193 578	248 990	233 226	1 924 501
Nombre d'immigrants											
1971-1976	61 008	23 125	125 034	109 664	185 092	473 101	143 666	124 702	341 105	366 361	1 952 858
Solde											
1966-1971	-19 345	-2 714	-16 150	-19 674	-121 799	150 130	-40 279	-80 022	32 948	116 905	—
1971-1976	-1 497	3 793	11 589	16 765	-77 558	-37 582	-25 978	-39 804	58 640	91 632	—

Source : A. Statistique Canada, Recensement de 1971, Catalogue 92-719 et Recensement de 1976, Catalogue 92-828. Dans les deux cas, les chiffres ont été ajustés pour tenir compte des migrants dont la résidence antérieure est inconnue et des migrants âgés de 0 à 4 ans.
B. Statistique Canada, Les migrations internationales et interprovinciales au Canada, 1961-1962 à 1975-1976, Ottawa, 1977, Catalogue 91-208.

population canadienne ne donnent pas à cette province le même impact migratoire que celui que peut exercer l'Ontario. Le comportement migratoire de l'Ontario constitue donc bien la clé de l'évolution migratoire de l'ensemble des provinces.

Si l'on peut facilement localiser dans l'espace le lieu qui est responsable du bouleversement récent des mouvements migratoires interprovinciaux, il n'en est plus de même lorsqu'on tente de localiser dans le temps le moment où s'est amorcé ce renversement. Pour ce faire, il nous faut en effet recourir aux estimations annuelles de la migration interprovinciale effectuées par Statisque Canada à partir des transferts de comptes d'allocations familiales. L'analyse de l'évolution annuelle des taux de migration familiale montre que d'une province à l'autre, l'émigration — tout comme l'immigration — a connu une évolution fort différente. Il y a pratiquement autant de *pattern* qu'il y a de provinces, au point qu'on pourrait se demander s'il s'agit de dix régions d'un même pays ou de dix pays différents soumis à des conditions différentes.

Ainsi, sur l'ensemble des trois dernières décennies, chacune des trois provinces bénéficiaires (c'est-à-dire à solde migratoire positif) a connu le maximum de son attraction migratoire (mesurée par le taux de migration nette) à des moments différents : 1965-1967 pour la Colombie britannique, 1969-1971 pour l'Ontario et 1974-1977 pour l'Alberta. En outre, les sommets locaux se situent presque toujours à des moments différents dans chacune de ces provinces. Il faudrait en conclure que si l'évolution de la migration dans ces provinces était liée à des cycles économiques de haute et basse conjonctures, ces cycles seraient eux-mêmes fortement différents d'une province à l'autre. Or, apparemment, il n'en est rien. L'évolution annuelle du taux de chômage montre à quel point les évolutions provinciales de la situation conjoncturelle sont semblables : la haute et basse conjonctures, et les retournements conjoncturels se manifestent presque toujours en même temps dans chacune des provinces.

Quant aux provinces «atlantiques», elles présentent chacune une tendance de longue période à la hausse du taux d'immigration, alors que la baisse du taux d'émigration n'a commencé qu'en 1965-1967 pour la Nouvelle-Écosse et le Nouveau-Brunswick, et en 1969 seulement pour l'Île-du-Prince-Édouard; dans le cas de Terre-Neuve, il s'agit plutôt d'une stabilisation, mais ici aussi, 1965-1967 est l'année charnière. On peut donc avancer que l'amélioration «récente» dans la situation migratoire des provinces atlantiques avait en fait été amorcée dès les années 1965-1969. Sans doute s'agit-il d'années de haute conjoncture et de taux de chômage relativement bas, et pourrait-on y voir une relation entre conjoncture économique et retournement des tendances migratoires, mais il faut souligner que cette amélioration de la situation migratoire des provinces atlantiques s'est poursuivie dans les années 1970 malgré une hausse du taux de chômage dans ces provinces.

L'importance de la barrière culturelle entre le Québec et le reste du Canada et corrélativement le rôle dominant de la migration des anglophones (dont l'émigration représente les deux tiers de l'émigration québécoise totale), aident à comprendre l'évolution récente de la situation migratoire du Québec. Les taux de migration étaient restés relativement stables de 1951 à 1968. Le climat politique n'est sans doute pas étranger à la hausse du taux d'émigration et à la baisse du taux d'immigration en 1969-1971 en 1977-1978. Remarquons cependant que la réponse migratoire à ces facteurs politiques ne se retrouve pas tellement dans l'émigration (dont le taux de 1,1 % en 1977-1978 n'est que légèrement supérieur à la moyenne annuelle de 1,0 % de la période 1951-1978), mais bien dans l'immigration, dont le taux de 0,4 % en 1977-1978 est égal à la moitié du taux annuel moyen de l'ensemble de la période. Ceci implique que l'évolution de la balance migratoire du Québec, qui a toujours été négative depuis la fin de la Seconde Guerre mondiale (sauf en 1954-1955 et en 1960-1964, qui était d'ailleurs une période de crise économique, avec des taux de chômage supérieurs à 9 %), dépend surtout de la réaction migratoire du reste du Canada face à la situation politique au Québec.

Le Manitoba et la Saskatchewan ont connu leur émigration maximale en 1956 et en 1969-1970, c'est-à-dire à des périodes de haute conjoncture économique, avec des taux de chômage très faibles (de l'ordre de 2 % à 3 %). Quant au taux d'immigration, il est resté relativement stable au Manitoba, et est à la hausse depuis 1969 en Saskatchewan.

La conclusion principale qui se dégage de cette première analyse de l'évolution des migrations interprovinciales, est que, malgré certaines similitudes de comportement, chaque province semble suivre son propre schéma d'évolution, sans qu'il y ait de relation évidente entre l'évolution des migrations et l'évolution conjoncturelle de l'économie. Il s'agira, dans la section suivante, de vérifier statistiquement cette première conclusion, et de tenter de trouver quels sont les facteurs, économiques ou autres, qui pourraient avoir contribué au renversement des courants migratoires que nous venons d'esquisser.

Analyse économétrique

La mise en perspective temporelle de l'évolution récente des mouvements migratoires interprovinciaux comporte deux approches possibles : 1° une analyse de l'évolution annuelle de 1951 à 1978 (dernière année disponible) des entrées, des sorties et du solde migratoire de chaque province ; 2° une analyse de statistique comparative : comparer par exemple 1961-1966,

1966-1971 et 1971-1976, le choix de ces périodes censitaires étant justifié aussi bien par la disponibilité des informations des recencements de 1961, 1966, 1971 et 1976, que par le fait que le renversement des courants migratoires s'est effectué pour l'essentiel entre 1966-1971 et 1971-1976 (l'élimination de 1977-1978 étant en outre justifiée par le souci d'exclure la situation migratoire particulière du Québec durant ces années, situation qui, comme nous l'avons indiqué, semble liée à des facteurs politiques propres).

On ne peut pas dire que les résultats que nous avons obtenus à partir de la première approche soient très convaincants. Dans la plupart des cas, aucune relation significative et théoriquement justifiée n'est apparue entre les taux d'émigration, d'immigration et de migration nette, d'une part, et un ensemble de variables socio-économiques. Peut-être ces variables étaient-elles mal choisies ou mal spécifiées. D'ailleurs, étant donné la nécessité d'avoir des données annuelles sur longue période (1951-1976) pour chacune des provinces, le choix des variables était plutôt restreint. Nous avons finalement retenu les variables «explicatives» suivantes : le produit provincial brut par habitant, le revenu personnel par habitant, le salaire (réel) hebdomadaire moyen, le revenu réel par habitant, le taux de chômage, l'indice de l'emploi industriel, le nombre de logement achevés, le nombre d'immigrants internationaux.

Les résultats obtenus montrent qu'effectivement, il n'y a pas un modèle unique d'évolution des migrations : chaque province semble s'être comportée de façon différente, réagissant différemment à un même facteur et réagissant à des facteurs différents. La seule généralisation possible est que l'évolution du taux d'immigration des provinces atlantiques et des Prairies est surtout liée à l'évolution du revenu réel par habitant (et secondairement au taux d'émigration de l'année antérieure, ce qui pourrait refléter l'influence des migrations de retour), tandis que dans les deux provinces traditionnelles d'immigration (l'Ontario et la Colombie britannique), l'évolution du taux de chômage est le facteur principal. Quant au taux d'émigration (et de migration nette), nous n'avons obtenu aucun résultat significatif : expliquer l'immigration semble plus facile qu'expliquer l'émigration.

En fait, la pauvreté des résultats obtenus ne devrait pas nous surprendre : si vraiment la migration des années 70 marque un renversement par rapport à celle deux décennies précédentes, il est normal que le pouvoir explicatif d'un modèle soit faible : plutôt que d'appliquer le modèle à l'ensemble de la période, il serait alors indiqué de l'appliquer à chacune des sous-périodes. Ceci nous amène à la deuxième approche, qui consiste à comparer la situation migratoire d'une période censitaire à l'autre.

Dégager les causes des variations dans les courants migratoires oblige à poser l'important problème de la direction de la causalité. La question est en effet de savoir dans quelle mesure le comportement de la variable dépendante (en l'occurrence, la migration) a pu influencer les variables indépendantes reprises dans une équation de régression. Ce genre de problèmes est particulièrement fréquent et important dans le cas des analyses de migration qui, très souvent, mettent en relation la migration mesurée sur une période assez longue (dans notre cas, cinq ans) avec des variables mesurées sur la même période. En outre, si l'on veut dégager les implications politiques des résultats d'une telle analyse, il est important de tenir compte des effets de *feedback* et de l'impact de la migration elle-même. Le type de modèle qui répond à cette double préoccupation est bien sûr un modèle d'équations simultanées.

Dans notre cas cependant, ce problème de la direction de la causalité ne se pose guère. En effet, si l'on peut dire que le flux d'une province i vers une province j est une fonction de l'écart des revenus (des taux de chômage, etc.) entre i et j, il serait absurde d'avancer que cet écart des revenus entre i et j est une fonction du seul flux de migration entre i et j. D'ailleurs, comme l'a montré une étude récente du Conseil économique du Canada [2], l'impact de la migration interprovinciale sur les écarts de chômage et de revenu est apparemment négligeable. Nous sommes donc justifiés à nous limiter à un modèle traditionnel de régression multiple, dont il nous reste à spécifier les variables.

Choix de la variable dépendante

Pour tenter d'expliquer le renversement dans les flux (ou les soldes) migratoires entre 1966-1971 et 1971-1976, on peut soit appliquer un modèle à chacune de ces périodes et comparer les résultats, pour voir si les mêmes facteurs ont eu un impact différent sur la propension à migrer et si d'autres facteurs sont apparus, soit appliquer un modèle directement à la variation des flux (ou des soldes) d'une période à l'autre. Pour chaque période, nous disposons de 90 observations pour les flux interprovinciaux, mais une grande partie de ces flux concerne un nombre très faible de migrants. C'est pourquoi, afin d'éliminer les fluctuations erratiques dues aux petits nombres, et afin de nous limiter aux flux qui sont significatifs du point de vue du «renversement» migratoire, nous n'avons retenu comme observations que les flux qui comportaient en 1971-1976 en moyenne au moins 200 familles migrantes par an, ce qui nous donne un échantillon de 24 flux (et de 24 contre-flux).

À la limite, si les flux de migrations s'expliquaient uniquement par les disparités économiques entre les provinces (et par la distance), il ne devrait pas y avoir de contre-courant. S'il y a quand même un tel contre-courant, c'est qu'il y a d'autres facteurs qui jouent de façon spécifique à ce dernier : par exemple, les migrants qui vont de i à j y vont pour des raisons essentiellement économiques (revenu et chômage, en l'occurrence), mais ceux qui vont de j vers i y vont pour des raisons psychosociologiques (par exemple, arrivés à l'âge de la retraite, on retourne au pays natal ...). Si l'on veut maximiser les chances de voir apparaître chacun de ces facteurs d'explication, on doit donc traiter séparément les flux m_{ij} et les contre-flux m_{ji}, ou encore, ne pas inclure dans l'échantillon des m_{ij} un quelconque contre-flux m_{ji}.

Afin d'éliminer l'effet de dimension, et ainsi maximiser la chance de voir apparaître l'impact des variables socio-économiques, nous avons exprimé ces flux sous la forme de taux (m_{ij}), défini comme étant égal à

$$m_{ij(t,\ t\ +\ n)} = \frac{k\ M_{ij(t,\ t\ +\ n)}}{1/2[NF_{i(t)} + NF_{i(t\ +\ n)}] \bullet 1/2[NF_{j(t)} + NF_{j(t\ +\ n)}]}$$

où $M_{ij(t,\ t\ +\ n)}$ = le nombre de familles ayant migré entre t et t + n.

$NF_{i(t)}$ = le nombre de familles admissibles aux allocations familiales, dans la région i au moment t.

k = 1 000 000 (ce qui signifie que nous exprimons NF, le nombre de familles, en milliers)

Choix des variables indépendantes

Le choix de nos variables «explicatives» est fondé sur trois types d'argumentation. Il y a d'abord certains facteurs dont la présence est évidente. S'agissant en effet d'un modèle de flux migratoires désagrégés selon leur origine et leur destination, il apparaît nécessaire de tenir compte du facteur «distance».

Dans le contexte canadien, ce facteur prend une double dimension. Il y a bien sûr la distance «physique» (D_{ij}), que nous avons mesurée en termes de milles entre la ville principale (ou la ville la plus proche du centre de gravité démographique) de chaque province. Mais il y a également la distance «culturelle» (L_{ij}), que nous avons introduite sous la forme d'une variable dichotomique, égale à 1 s'il y a homogénéité linguistique entre la région d'origine i et la région de destination j, et égale à 0 s'il y a hétérogénéité linguistique. Nous avons supposé qu'il y a hétérogénéité dès que i ou j représente le Québec (même si dans ce dernier cas la minorité linguistique représente un pourcentage considérable — environ 20 % — de la population totale).

La sélection d'un deuxième groupe de variables est basée sur une des préoccupations fondamentales de notre analyse, à savoir le souci de dégager le caractère structurel ou conjoncturel du renversement observé dans les flux migratoires interprovinciaux. Plus précisément, un des problèmes principaux auxquels nous voulons essayer de donner une réponse, est de dégager dans quelle mesure ce renversement migratoire pourrait être relié à une modification dans les conditions socio-économiques régionales. Dans cette perspective, la question première est évidemment de voir dans quelle mesure ces flux migratoires sont sensibles à ces facteurs socio-économiques : s'il s'avère que ces flux ne sont guère influencés par ces facteurs, on peut raisonnablement en déduire qu'une modification de ces derniers ne peut avoir joué qu'un rôle minime dans le renversement des flux de migration.

Nous avons éliminé du modèle certains indicateurs non strictement «économiques», tel que la structure par âge, la disponibilité en logements, et le pourcentage de la population urbaine. Certains arguments théoriques ont été avancés en faveur de la prise en considération de ce type de facteurs, mais dans notre cas, l'examen de la matrice des corrélations simples nous a amenés à les exclure. Il n'est d'ailleurs guère surprenant qu'aucune relation ne soit apparue entre les variations des courants migratoires et les modifications dans la structure par âge, dans la mesure où cette dernière ne se modifie que très lentement, de façon très marginale.

De même, l'absence de relation avec la disponibilité en logements pouvait être attendue : le facteur «logement» est sans doute déterminant lorsqu'il s'agit de migrations sur courte distance (intra-métropolitaines, par exemple), mais dans le cas de migrations sur longue distance (et dans le cas du Canada, les migrations entre provinces impliquent le plus souvent une distance considérable ...), ce facteur devient négligeable. D'une manière générale, on peut supposer que les ménages ne changent pas de province de résidence pour des questions de logement. En ce qui concerne le taux d'urbanisation, son exclusion se justifie par la très forte corrélation entre cette variable et des variables indépendantes de nature «économique», comme la structure des activités économiques et le niveau de revenu.

Outre le facteur distance (physique et culturelle), nous avons donc essentiellement voulu prendre en compte des variables «économiques». On peut distinguer à cet égard trois groupes de variables :

1. Les variables «revenu». Vu l'importance des transferts de revenu interprovinciaux (péréquation), il était important de faire la distinction entre le «salaire» et le «revenu». Nous avons introduit l'un et l'autre dans le modèle, et, effectivement, la prise en considération du revenu permet d'obtenir de meilleurs résultats. En outre, étant donné l'ampleur des disparités interprovinciales dans le coût de la vie, il nous semblait indiqué de pondérer les salaires et les revenus provinciaux pour tenir compte de ces différences dans le niveau

du coût de la vie. Une telle pondération n'a en fait guère changé les résultats de notre analyse de régression (sauf dans un cas), ce qui tendrait à montrer que les migrants sont victimes de l'«illusion monétaire» et ne prennent en considération que les revenus nominaux, en négligeant les différences dans le coût de la vie.

Nous avons donc quatre variables de base, observées pour chacune des quatre années 1961, 1966, 1971 et 1976 (puisque nous avons trois périodes quinquennales : 1961-1966, 1966-1971 et 1971-1976) :

SHM$_i$: le salaire hebdomadaire moyen (en dollars), pour la province i. Source : Statistique Canada, catalogue 11-505F.

RPP$_i$: le revenu personnel disponible par habitant (en dollars), pour la province i. Source : Statistique Canada, données non publiées.

SHM$'_i$: le salaire hebdomadaire moyen (en dollars), pondéré pour tenir compte des différences interprovinciales dans le coût de la vie[2]. Source : Statistique Canada, catalogues 11-505F, 62-002 et 62-010.

RPP$'_i$: le revenu personnel disponible par habitant (en dollars), pondéré pour tenir compte des différences interprovinciales dans le coût de la vie[2]. Source : Statistique Canada, données non publiées et catalogues 62-002 et 62-010.

Chacune des ces quatre variables de base a été exprimée en termes d'écarts interprovinciaux, et ce autant pour chacune des quatre années d'observation que pour les accroissements d'une année censitaire à la suivante. Nous avons donc, par exemple :

$(RPP_j - RPP_i)_t$ (pour t = 1961, 1966, 1971, 1976)

et $d(RPP_j - RPP_i)_{t, t+5} = (RPP_j - RPP_i)_{t+5} - (RPP_j - RPP_i)_t$

(pour t = 1961, 1966 et 1971).

2. Les variables «emploi». Celui-ci a été considéré tant en termes de croissance qu'en termes de structure.

TEI$_i$: le taux annuel moyen de croissance de l'emploi industriel, pour les périodes 1961-1966, 1966-1971 et 1971-1976. Source : Statistique Canada, catalogue 72-202.

La croissance de l'emploi industriel ne reflète cependant qu'imparfaitement le dynamisme économique d'une région. En effet, une région qui bénéficie au départ d'une bonne structure économique ne peut, toutes autres choses étant égales, que réaliser une bonne performance de croissance. C'est pourquoi, afin de saisir la part de la croissance qui est due au dynamisme propre de la région, indépendamment de toute structure de départ, nous avons utilisé la distinction devenue classique entre l'effet structurel et l'effet régional de croissance, tel qu'introduite par la *shift-share analysis*.

TER_i : le taux de croissance (annuel moyen) de l'emploi non agricole, qui est dû au fait que, dans la région i, les industries ont crû à un rythme différent de celui observé au niveau national.

Si E_{ij} est l'emploi dans l'industrie j de la région i en début de période et r_{jN} le taux de croissance de l'emploi dans le secteur j au niveau national, alors $D\hat{E}_i = {}_j (r_{jN}E_{ij})$ représente la croissance de l'emploi due à la structure initiale, et la différence entre la croissance réelle et cette croissance «structurellement attendue» représente, par définition, la croissance due au dynamisme propre de la région, c'est-à-dire due au fait que les industries de la région on crû chacune à un taux soit inférieur, soit supérieur à celui de l'industrie nationale[3].

Ces variables «croissance de l'emploi» (TEI et TER) ont, tout comme les variables «revenus», été exprimées en termes d'écarts interprovinciaux, c'est-à-dire, par exemple :

$(TEI_j - TEI_i)_{t, t+5}$ (pour t = 1961, 1966 et 1971)

Jusqu'à présent, nous n'avons saisi la variable «emploi» que du point de vue croissance, sans doute en tenant compte de la structure de l'activité économique, mais sans que la structure économique soit une variable explicative en tant que telle. C'est pourquoi une variable «structurelle» a également été introduite dans le modèle : nous avons considéré tantôt la part de la population active occupée dans l'agriculture, la foresterie, la pêcherie et le trappage, tantôt la part de la population active occupée dans les services (définis ici comme étant le transport, le commerce, les finances, les assurances et l'immobilier, les services sociaux et personnels, et l'administration). L'hypothèse théorique était bien sûr que, plus une province i est agricole (tertiarisée) par rapport à une province j, plus (moins) il y a de migrants de i vers j. Dans les deux cas cependant, nous n'avons pas obtenu de résultats satisfaisants, et ces variables structurelles ont donc été éliminées du modèle.

3. La variable «chômage»

TC_i : le taux de chômage annuel moyen de la province i. Cette information n'est cependant pas disponible au niveau provincial pour l'année 1961, de sorte que nous n'avons pu introduire cette variable dans l'analyse portant sur la période 1961-1966. En outre, en raison de la petitesse de l'échantillon, les données relatives à l'Île-du-Prince-Édouard ne sont disponibles que pour certains mois de l'année, de sorte que nous avons dû faire des estimations pour cette province, en comparant les taux connus pour certains mois à ceux des autres provinces atlantiques pour le mois correspondant. Source : Statistique Canada, catalogue 71-201.

Enfin, outre les variables «distance» et les variables «économiques», il nous a semblé opportun de prendre en considération une variable «politique». En effet, s'il y a eu un renversement des courants migratoires, on peut penser que cela est lié à une nouvelle perception de la distance (particulièrement, la distance culturelle), et à des modifications dans le dynamisme économique des provinces, mais on peut également avancer que ce renversement des flux migratoires au profit des anciennes provinces d'émigration est une conséquence de la politique de développement régional en faveur de ces provinces. Les subventions accordées par le gouvernement fédéral (ministère de l'Expansion économique régionale) à l'implantation d'entreprises nouvelles ou à l'extension d'entreprises existantes dans les régions «déprimées», «en déclin», ou «retardataire», ont en effet créé, directement ou indirectement, de nouveaux emplois dans ces régions. Ceci devrait avoir eu pour effet de freiner l'émigration à partir de ces régions et de favoriser l'immigrations dans ces régions. Il s'agit en somme de tenter de vérifier dans quelle mesure la politique de développement régional a pu avoir un impact sur les disparités régionales de croissance, et par ce biais, sur les «propensions» migratoires des individus. Par définition, cette variable n'est prise en considération que pour la seule période 1971-1976, cette aide n'ayant débuté qu'en 1969. Nous avons donc, comme dernière variable indépendante de notre modèle :

AME_i : la moyenne annuelle, par habitant, des dépenses (en dollars) du ministère de l'Expansion économique régionale (MEER) dans la province i, entre 1969 et 1976. Comme les variables précédentes, celle-ci est exprimée en termes d'écart : $(AME_j - AME_i)_{1969-1976}$. Source : ministère de l'Expansion économique régionale, *Rapport annuel 1975-1976*, Ottawa, 1977, p. 66.

Nous présentons en annexe les données de base utilisées pour chacune de ces variables indépendantes (sauf les variables «distance»).

Analyse des résultats

Le tableau 3 présente les résultats les plus significatifs obtenus pour les flux (origine-destination) de migration (exprimés en termes de taux). De ces résultats, on peut dégager les conclusions suivantes :

1. Le pouvoir explicatif du «modèle» retenu n'est guère élevé : il ne dépasse guère 50 à 60 %.

2. Il n'y a en fait que deux facteurs qui interviennent de façon systématique, toujours avec un coefficient très significatif et conforme à l'attente théorique; il s'agit de la distance (D_{ij}) et de l'homogénéité linguistique (L_{ij}). Ces deux facteurs prennent à leur compte plus de la moitié de la variance, soit la quasi-totalité du pouvoir explicatif du modèle : la variable «distance» explique environ un tiers de la variance, et la variable «homogénéité linguistique» environ 20 %.

3. Le coefficient de la distance est resté remarquablement stable entre 1961-1966 et 1966-1971 (autour de -0,11), mais a considérablement baissé en 1971-1976. Il apparaît donc que les migrants interprovinciaux récents sont moins sujets à la distance. Ceci pourrait être dû à l'augmentation générale du niveau de vie, aux plus grandes facilités de déplacement, à la plus grande accessibilité à l'information, à l'extension spatiale des marchés du travail. Mais cela pourrait également s'expliquer, du moins pour partie, par le programme de mobilité de la main-d'œuvre administré par le ministère de la Main-d'œuvre et de l'Immigration. Dans le cadre de ce programme, tout travailleur en chômage ou en voie de l'être peut (à condition que son salaire maximal n'ait pas dépassé un certain montant) bénéficier d'une subvention de déplacement lorsqu'il change de région ou de province pour y chercher un emploi. Il est cependant douteux que l'impact de ce programme ait été considérable, car il n'a contribué qu'à moins de 5 % des migrations interprovinciales [2:196].

4. Pour pouvoir comparer l'impact d'un facteur explicatif à celui d'un autre facteur explicatif, il faut abandonner les coefficients de régression (dont le niveau est une fonction de l'unité de mesure et de l'échelle utilisées) et comparer les seuls coefficients «bêta» (coefficients de régression standardisés). On constate alors que si en 1961-1966 et en 1966-1971, l'impact de la distance physique a toujours été supérieur à celui de la distance linguistique, par contre, en 1971-1976, l'obstacle linguistique semble plus important que l'obstacle purement spatial (voir l'avant-dernière régression du tableau 3). Si en 1971-1976 on franchit plus aisément qu'auparavant la distance physique, par contre on ne franchit pas nécessairement plus aisément la distance culturelle...

5. Les variables économiques ne contribuent guère à l'explication des flux migratoires interprovinciaux. En 1961-1966, une seule variable économique a eu un coefficient de régression simple qui soit statistiquement significatif ($r^2 = 0,19$); il s'agit de la variation (entre début et fin de période) de l'écart interprovincial des revenus (non ajustés pour les disparités dans le coût de la vie; lorsqu'un tel ajustement est effectué, la relation significative avec la migration n'existe plus !). Mais, contrairement à l'attente, ce coefficient est négatif; et il cesse d'être significatif dès qu'on passe à la régression multiple. En 1966-1971, on ne retrouve aucune variable économique

TABLEAU 3 — Équations d'estimation relatives aux flux m_{ij}

Période	Constante (10^2)	D_{ij} (10^4)	L_{ij}	$d(RPP_j, RPP_i)$ (10^4)	$d(TC_j, TC_i)$ (10^2)	(TEI_j, TEI_i) (10^2)	(TER_j, TER_i) (10^2)	R^2
1961-1966	2,092* (0,709)	-0,101* (0,031) (-0,50)	+0,018* (0,007) (0,41)	-0,229 (0,156) (-0,23)				0,57 (0,50)
	2,839* (0,729)	-0,116* (0,031) (-0,58)	+0,020* (0,007) (0,44)					0,52 (0,47)
1966-1971	2,619* (0,707)	-0,114* (0,027) (-0,60)	+0,024* (0,006) (0,56)	-0,313** (0,142) (-0,35)	+0,439 (0,338) (0,19)			0,63 (0,55)
	1,916* (0,681)	-0,107* (0,029) (-0,56)	+0,020* (0,006) (0,46)					0,53 (0,48)
1971-1976	1,422* (0,509)	-0,064* (0,023) (-0,40)	+0,016* (0,005) (0,47)			-0,526** (0,201) (-0,74)	+0,466† (0,230) (0,56)	0,66 (0,59)
	1,582* (0,563)	-0,089* (0,024) (-0,56)	+0,017* (0,005) (0,47)					0,53 (0,49)

1. La lettre d'en face d'une variable indique que cette variable est mesurée en accroissement, c'est-à-dire que la valeur de la variable en début de période est soustraite de la valeur de la variable en fin de période.

2. Le premier nombre entre parenthèses en-dessous des coefficients de régression représente la déviation standard du coefficient correspondant ; le second nombre entre parenthèses est le coefficient «bêta» (c'est-à-dire le coefficient de régression obtenu après avoir standardisé la variable dépendante et les variables indépendantes de façon à ce qu'elles aient toutes une variance unitaire).

3. Le nombre entre parenthèses en dessous du coefficient de détermination (R^2 représente le coefficient de détermination ajusté pour le nombre de variables indépendantes introduites dans l'équation et pour le nombre d'observations ; il s'agit d'une estimation plus conservatrice du pourcentage expliqué de la variance.

4. Le niveau de signification de chaque variable est indiqué par les signes suivants : * significatif à 1% ; ** significatif à 5% ; † significatif à 10%.

qui ait, en régression simple, une relation significative avec les flux de migration. Lorsqu'on tient compte du rôle de la distance (physique et culturelle), les deux seules variables qui apparaissent sont la variation de l'écart des revenus et la variation de l'écart des taux de chômage, mais le coefficient est, dans les deux cas, contraire à l'attente (et d'ailleurs non significatif dans le cas du chômage). Le rôle des facteurs économiques n'est guère plus apparent en ce qui concerne la période 1971-1976. Sans doute peut-on déceler le rôle des disparités interprovinciales dans le «dynamisme économique» (TER), mais cette variable apparaît avec un coefficient à la limite de la signification (il est significatif à 6 %), et seulement en conjonction avec le taux de croissance de l'emploi industriel, dont le coefficient a un signe contraire à l'attente.

Donc, à part l'influence dominante des facteurs «distance» et «homogénéité linguistique», il semble bien qu'il faille conclure par un constat de carence en ce qui concerne un quelconque impact considérable des variables économiques. On pourrait cependant se demander si les résultats obtenus ne sont pas affectés par la faiblesse de l'échantillon (nous n'avons, dans cette première étape, retenu que 24 flux) ou par le fait que systématiquement nous avons exclu la possibilité qu'un flux (m_{ij}) et son contre-flux (m_{ji}) se retrouvent dans cet échantillon.

De la comparaison entre les équations d'estimation portant sur les flux m_{ij} et celles relatives aux contre-flux m_{ji} (non présentées ici), il ressort clairement que pour l'essentiel les résultats sont quasiment identiques, c'est-à-dire que, quelle que soit la direction de la relation migratoire (que ce soit de i à j ou de j à i), les conclusions dégagées précédemment restent valables.

Si vraiment les flux de migration (origine-destination) sont déterminés pour moitié par la distance physique (D_{ij}) et culturelle (L_{ij}), il est assez normal qu'il soit difficile à tout facteur économique d'apparaître de façon très significative et avec un impact important : comme D_{ij} et L_{ij} absorbent plus de la moitié de la variance, il ne reste pas grand chose à partager entre chacune des autres variables retenues. C'est pourquoi, en essayant d'«expliquer» les soldes migratoires, on a une plus grande chance de voir apparaître le rôle des facteurs économiques (et politiques) puisque, par définition, les variables D_{ij} et L_{ij} n'ont plus de sens dans ce cas. En outre, si une partie de la variance non expliquée des flux est due à des phénomènes non économiques, on peut supposer qu'en prenant les soldes, on élimine le rôle de certains de ces phénomènes non introduits dans l'équation, à savoir ceux qui jouent dans les deux sens. Les résultats présentés dans le tableau 4 permettent de vérifier cette argumentation : ils révèlent en effet qu'au niveau des soldes migratoires les disparités interprovinciales de nature économique peuvent avoir un impact significatif. Ces résultats peuvent être résumés de la façon suivante.

1. Il apparaît que, selon la période envisagée, l'impact de chacun des facteurs retenus puisse changer considérablement. Ainsi, pour la période 1961-1966, nous trouvons (enfin !) un impact considérable (32 % de la variance) de la variable «écart des revenus en début de période». Le coefficient de cette variable est très significatif et il est positif, conformément à l'attente théorique : plus l'écart des revenus entre i et j est favorable à la province j, plus le solde des relations migratoires entre i et j est favorable à la province j. Mais le rôle de ce facteur disparaît pour les deux périodes suivantes. Il est important de noter à cet égard que si après 1966 il n'y a apparemment aucune relation significative entre le solde migratoire et l'écart des revenus, il n'y en a pas plus entre le solde migratoire et l'écart des salaires, ni entre le solde migratoire et l'écart des revenus ajustés pour tenir compte des différences interprovinciales dans le coût de la vie.

Nous sommes donc très fortement portés à conclure que la capacité d'attraction migratoire des provinces est de moins en moins liée à leurs avantages en termes de revenus et que, même là où l'écart des revenus joue un rôle, il y a une illusion monétaire qui fait que les migrants négligent de prendre en considération les disparités dans le coût de la vie, pour ne tenir compte que du revenu (ou du salaire) nominal. Nous avions déjà pu dégager le même type de conclusion dans notre analyse des flux. La diminution du rôle de l'écart des revenus dans l'explication des soldes migratoires se révélait d'ailleurs déjà à l'examen des coefficients de corrélation simple : le coefficient de détermination (r^2) dans la relation simple entre le solde migratoire et l'écart des revenus en début de période passe successivement de 32 % à 12 % et, pour la période 1971-1976, à 0 %. Ce qui fait «bouger» les individus est de moins en moins l'écart des revenus, mais de plus en plus ce sont des facteurs sans doute non économiques qui interviennent dans la décision de migrer[4].

2. Outre la variable «écart des revenus», la variable la plus souvent retenue pour expliquer les soldes migratoires est l'écart des taux de chômage. Effectivement, nous retrouvons une certaine relation avec cette variable, et ce pour les deux périodes 1966-1971 et 1971-1976 (en l'absence de données, cette variable n'avait pu être prise en compte pour le période 1961-1966). Le problème est que le coefficient de cette variable est positif : plus le taux de chômage (en début de période) est élevé en j par rapport à celui de i, plus le solde migratoire de j dans sa relation avec i est élevé, ce qui est bien sûr contraire à toute attente théorique. Comme en outre le coefficient est à la limite de la signification, nous préférons conclure qu'apparemment aucune relation significative n'existe entre le solde migratoire et le niveau de chômage.

3. Si la relation entre le solde migratoire et les facteurs économiques traditionnels (écart des revenus, écart des salaires, écart des taux de chômage, écart des taux de croissance de l'emploi industriel et de l'emploi local, écart dans le pourcentage de l'emploi agricole et de l'emploi dans les services) est

TABLEAU 4 — Équations d'estimation relatives aux soldes

Période	Constante (10²)	(RPP$_j$ – RPP$_i$) (10⁴)	(TER$_j$ – TER$_i$) (10²)	(TC$_j$ – TC$_i$) (10²)	(SHM$_j$ – SHM$_i$) (10²)	(AGR$_j$ – AGR$_i$) (10²)	R²
1961-1966	−0,019 (0,135)	+0,086* (0,026) (0,57)					0,32 (0,29)
	0,010 (0,129)	+0,060** (0,029) (0,40)	+0,146† (0,079) (0,35)				0,42 0,42 (0,36)
1966-1971	−0,032 (0,147)		+0,354* (0,065) (0,76)				0,58 (0,56)
	0,040 (0,146)		+0,351* (0,062) (0,75)	+0,138† (0,076) (0,24)			0,63 (0,60)
	0,071 (0,144)		+0,294* (0,073) (0,63)	+0,186** (0,082) (0,32)	+0,015 (0,011) (0,23)		0,67 (0,62)
1971-1976	−0,114 (0,100)		+0,162* (0,055) (0,53)				0,29 (0,25)
	−0,039 (0,095)		+0,163* (0,050) (0,53)	+0,129** (0,051) (0,41)			0,45 (0,39)
	−0,034 (0,091)		+0,190* (0,050) (0,62)	+0,095† (0,053) (0,30)		−0,018† (0,011) (−0,30)	0,52 (0,45)

1. Voir les notes du tableau 3.
2. Toutes les variables indépendantes sont observées en début de période, sauf (TER) qui se réfère à l'accroissement au cours de la période.

soit inexistante, soit d'importance décroissante, par contre, il semble exister une relation systématique entre le solde migratoire et une variable que nous pourrions appeler le «dynamisme régional de l'emploi» (TER). Vu l'importance de cette relation et, nous semble-t-il, son originalité, nous nous permettons de rappeler ici la définition précise de la variable TER. Celle-ci exprime le taux de croissance de l'emploi non agricole qui est dû au fait que, dans la région concernée, les industries ont crû à un rythme différent de celui observé au niveau national ; elle représente au fond ce qui dans la croissance n'est pas dû à la structure héritée du passé, mais plutôt au dynamisme propre de la région.

Le concept même de cette variable est donc semblable à celui du solde migratoire et c'est là que se trouve, à notre avis, l'intérêt de leur rapprochement dans une analyse économétrique. Tout comme la variable TER baptisée «dynamisme régional» représente la différence entre la croissance réelle de l'emploi et la croissance attendue sur base de la structure initiale de l'emploi (croissance structurellement attendue), de même le solde migratoire représente la différence entre la croissance réelle de la population et la croissance attendue sur base de la structure initiale (par âge et par sexe) de la population (croissance naturelle). La première mesure la force attractive d'une région sur le plan de l'emploi, la seconde exprime la force attractive de la région sur le plan de la population. Il semble a priori plus pertinent de mettre en relation cette capacité d'attraction démographique qui porte sur une période avec la capacité d'attraction de l'emploi manifestée au cours de la même période, plutôt qu'avec la croissance totale de l'emploi, dont une partie est le résultat d'une structure initiale héritée du passé.

Le coefficient de cette variable est effectivement très significatif (du moins à partir de 1966) et son signe est positif, conformément à l'attente : la province la plus «dynamique» sur le plan de la croissance de l'emploi est aussi celle qui bénéficie de sa relation migratoire avec les autres provinces. Pour la période 1961-1966, le coefficient de cette variable n'est cependant pas significatif à 5 % (il l'est à 8 %) car, pour cette période, l'impact de cette variable se voit dominé par celui de l'écart des revenus. Remarquons cependant qu'en régression simple leur coefficient de détermination est très proche : le r^2 entre le solde migratoire et l'écart des revenus est égal à 32 %, tandis que celui entre le solde et la différence de dynamisme est égal à 29 %.

Pour la période 1966-1971, le rôle de cette variable «différence de dynamisme» est dominant : 58 % de la variance dans le solde migratoire est «expliqué» par cette variable. Au cours de la période suivante, le pouvoir explicatif de la variable est cependant considérablement réduit : le r^2 est réduit à 29 %, soit exactement de moitié. Ceci rejoint nos conclusions précédentes sur le rôle décroissant des facteurs économiques dans l'explication de la migration interprovinciale : il s'agissait alors de facteurs «revenus» et «chômage», mais nous retrouvons le même phénomène lorsqu'il s'agit de l'emploi.

Comme un des objectifs premiers de notre recherche est de tenter de savoir si le renversement des courants migratoires entre 1966-1971 et 1971-1976 est un phénomène cyclique ou s'il risque d'être le début d'un processus de longue période, il est important de se demander si ce déclin dans le rôle des facteurs économiques comme facteurs déterminants de la migration est lui-même cyclique ou de longue période. L'analyse théorique, confirmée par l'observation empirique, montre qu'en période d'expansion économique la mobilité spatiale s'accroît et le rôle des facteurs économiques dans l'explication de cette mobilité augmente. Par contre, en période de stagnation ou de déclin économique, la mobilité baisse (il y a moins d'emplois offerts et on préfère garder ce qu'on a ...) et, si l'on se déplace, c'est beaucoup plus pour des raisons non économiques (mariage, veuvage, retraite, retour à la terre natale, etc.).

Un tel processus semble se vérifier lorsqu'on compare les résultats de 1971-1976 à ceux de 1966-1971. Cette dernière période était une période d'expansion économique et l'on constate que, pour cette période, le rôle des facteurs économiques dans l'explication de la variable du solde migratoire est dominant; par contre, la période 1971-1976, qui est une période de croissance très ralentie, sinon de stagnation, est caractérisée par un faible pouvoir explicatif des variables économiques. Cette constation pourrait donc être un argument valable pour avancer que le renversement des courants migratoires serait plutôt de nature temporaire, c'est-à-dire cyclique, et ne constituerait pas le début d'une tendance de longue durée.

Une telle argumentation en termes de «cycle conjoncturel» nous semble cependant difficilement défendable dans le cas présent. En effet, comme nous l'avons déjà souligné, le renversement des courants migratoires a commencé à se manifester bien avant le début de la crise. Celle-ci a débuté en 1973-1974, alors que la situation migratoire des provinces atlantiques et de l'Alberta a commencé à s'améliorer en 1965-1967, et celle du Manitoba et de la Saskatchewan en 1969-1970, l'Ontario amorçant son déclin migratoire en 1971. Le rôle important que joue la variable «dynamisme régional dans la croissance de l'emploi» permet d'ailleurs de comprendre pourquoi le renversement migratoire a commencé avant la crise, celle-ci ne faisant finalement que renforcer un mouvement déjà en cours.

On constate en effet (voir tableau en annexe) que le «dynamisme» de l'Ontario, déjà très faible en 1961-1966, a commencé à décroître entre 1961-1966 et de 1966-1971, et est même devenu négatif en 1971-1976, alors que dans les provinces atlantiques (sauf partiellement la Nouvelle-Écosse), en Saskatchewan et en Alberta, ce dynamisme est continuellement croissant depuis 1961-1966. En outre, tout en restant «dynamique», la Colombie britannique connaît depuis 1966-1971 une baisse marquée de son dynamisme. Si nous considérons enfin la possibilité d'un certain décalage *(time-lag)* dans la réponse migratoire à ces évolutions divergentes du dynamisme propre de chaque province, on ne peut s'empêcher de voir là une relation significative entre le dynamisme régional dans la croissance de l'emploi et la force d'attraction migratoire. En effet, on sait que ce sont précisément les provinces atlantiques, la Saskatchewan et l'Alberta qui ont le plus bénéficié du «renversement» dans les courants migratoires, au détriment précisément de l'Ontario et de le Colombie britannique (le Québec a connu également une baisse sensible de son dynamisme, ou plutôt une hausse de son manque de dynamisme, mais comme la propension à quitter ou à entrer dans cette province est très faible, ceci ne pouvait guère avoir d'impact sur le renversement migratoire).

4. Comme ce fut déjà le cas pour les flux de migration, aucune relation n'est apparue entre la variable «politique de développement régional» et le solde migratoire. De ceci, il faudrait conclure que la politique de développement régional du MEER n'a eu aucune influence significative sur les relations migratoires interprovinciales de la période 1971-1976. Ceci n'implique cependant pas que les changements dans les relations migratoires entre 1966-1971 et 1971-1976 n'aient pas été affectés par cette politique de développement. C'est à l'examen de cette dernière hypothèse que nous procédons maintenant.

Le tableau 5 présente pour les flux aussi bien que pour les soldes, les résultats de l'analyse de régression multiple effectuée en prenant comme variable dépendante la variation du phénomène entre 1966-1971 et 1971-1976, c'est-à-dire, plus précisément, la différence entre le niveau de la variable observée en 1971-1976 et celui de la variable observée en 1966-1971. Ces résultats permettent de dégager les conclusions suivantes :

1. Dans le cas des flux, on retrouve le rôle dominant de la variation de l'écart des revenus, mais, contrairement à ce qui s'était révélé lorsqu'il s'agissait des flux observés de façon statique, nous retrouvons maintenant l'impact des disparités interprovinciales dans le coût de la vie : alors que la relation entre flux et variation de l'écart des revenus (non ajustés pour lesdites disparités) est non significative ($r^2 = 0,06$), elle devient très significative lorsqu'on tient compte de ces disparités dans le coût de la vie ($r^2 = 0,29$). Il importe de souligner à cet égard que, ainsi que le montrent les chiffres du tableau en annexe, l'évolution de ces revenus ajustés a été défavorable à l'Ontario et à la Colombie britannique, qui sont précisément les deux provinces ayant le plus «souffert» du renversement des flux migratoires entre 1966-1971 et 1971-1976.

2. Si, pour rendre compte du renversement des courants migratoires entre 1966-1971 et 1971-1976, on retrouve donc une explication économique (à savoir l'évolution des revenus et du coût de la vie), cela n'exclut cepen-

TABLEAU 5 — Équations d'estimation relatives aux variations migratoires entre 1966-1971 et 1971-1976

Variable dépendante	Constante (10^2)	$(TER_j - TER_i)$ (10^2) 1966-1971	$d(RPP_j - RPP_i)$ (10^4) 1971-1976	$(AME_j - AME_i)$ (10^4)	$(TEI_j - TEI_i)$ (10^2) 1971-1976	R^2
flux m_{ij}	−0,443*		+0,043*			0,29
	(0,095)		(0,014)			(0,26)
			(0,54)			
	−0,455*		+0,048*	+0,307+		0,41
	(0,089)		(0,014)	(0,154)		(0,35)
			(0,61)	(0,34)		
	−0,445*		+0,035**	+0,335**	+0,078**	0,51
	(0,082)		(0,014)	(0,143)	(0,037)	(0,44)
			(0,45)	(0,37)	(0,37)	
solde $(m_{ij} - m_{ij'})$	−0,028	−0,220*				0,53
	(0,100)	(0,044)				(0,51)
		(−0,73)				
	−0,118	−0,156*	+0,33+	+0,379		0,61
	(0,113)	(0,053)	(0,019)	(0,228)		(0,55)
		(−0,52)	(0,28)	(0,28)		

Voir les notes du tableau 3.

116

dant pas l'influence de facteurs non économiques. Tel semble être le cas des facteurs politiques et, plus précisément, de la politique d'aide au développement régional poursuivie par le MEER. En effet, même si le coefficient de détermination (r^2) entre cette aide et les flux n'est égal qu'à 0,05, ce qui n'est pas significatif, cette relation (qui est positive, conformément à l'attente théorique) devient significative dans la régression multiple, lorsqu'on tient compte de l'influence des autres facteurs. Il semble donc qu'il puisse y avoir eu un impact positif de la politique d'aide au développement régional sur les courants migratoires, en ce sens que cette politique a pu contribuer à diminuer la force d'attraction migratoire des provinces «riches» en même temps qu'elle diminuait la force de répulsion des provinces «pauvres». Cet impact politique semble cependant n'avoir été que marginal (dans le cas des flux, le r^2 passe de 0,29 à 0,41 lorsqu'on ajoute la variable politique à l'influence de l'évolution des revenus ajustés pour les disparités dans le coût de la vie).

3. D'une manière générale, le pouvoir explicatif du modèle est relativement faible (à peine la moitié de la variance). Cela n'est guère surprenant : il y a trop de facteurs autres qu'économiques qui déterminent les mouvements migratoires pour que les seuls facteurs économiques puissent expliquer les changements dans ces mouvements migratoires.

4. Dans le cas de la variation des soldes entre 1966-1971 et 1971-1976, les résultats font apparaître à nouveau l'influence dominante de la variable «disparité interprovinciale dans le taux de croissance de l'emploi dû au dynamisme régional» (TER) : plus une province a connu, en 1966-1971, un dynamisme supérieur à celui d'une autre province, plus le solde de ses migrations avec cette province s'est amélioré de 1966-1971 à 1971-1976. Il y a donc ici un effet de décalage (*time-lag*). Nous avons déjà souligné l'intérêt que peut représenter ce type de variable pour l'analyse des migrations. On doit mentionner, en outre, que le pouvoir explicatif de cette variable est relativement élevé ($r^2 = 0,53$), mais qu'il n'est pas possible d'améliorer la capacité explicative de l'équation en y ajoutant d'autres facteurs. Remarquons, en particulier, que l'impact de la variable politique (aide au développement régional) disparaît lorqu'on passe d'une analyse des flux à une analyse des soldes.

Conclusion politiques

Sur la base de ces divers résultats, nous nous permettrons de tenter de dégager — prudemment — quelques conclusions «politiques».

1. Il ne faut guère être déconcerté par le niveau explicatif relativement faible : il y a tellement de facteurs, de toute nature, qui peuvent influencer la décision migratoire, et un si grand nombre de ces facteurs sont, soit «inquan-

tifiables, soit de nature aléatoire, pour que l'on puisse espérer «expliquer» tout le phénomène migratoire. Il en résulte qu'une politique d'intervention directe sur le processus migratoire — outre qu'elle serait contraire à une tradition de liberté de mouvement — n'a guère de chances d'être efficace (ce n'est pas un hasard si la seule intervention directe en matière de politique de population se retrouve dans le domaine de la politique d'immigration internationale).

2. Certains résultats de notre analyse de régression multiple tendent à montrer que la politique de développement régional aurait pu contribuer au «renversement» des courants migratoires traditionnels observé depuis quelques années, en soutenant en quelque sorte un processus de restructuration spatiale du système démographique canadien, qui allait dans le même sens depuis le milieu des années 1960. Il semble cependant que cet impact de la politique de développement régional soit plutôt faible. C'est pourquoi, étant donné que, par ailleurs, «l'apport des taux actuels de migration interprovinciale à l'accroissement annuel du produit national brut ne paraît pas très important», et que «cette conclusion ne serait pas modifiée même s'ils doublaient», le Conseil économique du Canada peut raisonnablement soutenir qu' «il n'y a donc pas lieu de s'alarmer outre mesure du point de vue de l'efficacité économique si certaines politiques régionales comme celles du MEER semblent freiner les mouvements migratoires»[2:104].

3. Il semble donc bien que c'est du côté des effets indirects sur la migration que devrait être orientée une réflexion «politique». Comme ces effets indirects sont le plus souvent localisés spatialement, c'est-à-dire qu'ils concernent surtout les relations migratoires entre un nombre limité de provinces, il nous semble utile de «fractionner» en quelque sorte l'analyse des courants migratoires. Le territoire du Canada est si étendu, et les disparités provinciales —de toute nature— souvent si considérables, qu'il peut être dangereux de se limiter à une analyse globale. Ceci est d'ailleurs une des raisons, nous semble-t-il, pour lesquelles une analyse de régression du type adopté dans cette recherche, donne des résultats parfois déconcertants : on ne peut mettre toutes les observations spatiales (en l'occurrence, tous les flux origine-destination d'une période donnée) sur le même pied. Un des résultats de notre analyse est précisément d'avoir fait ressortir le fait qu'apparemment chaque province a un comportement migratoire différent : elles connaissent chacune des évolutions structurelles propres et y répondent «migratoirement» de façon différente. Par définition la migration est un phénomène bipolaire, impliquant deux «points» (en l'occurrence, deux provinces) de l'espace. Une approche régionale des effets d'une politique donnée semble alors indispensable.

4. Parmi les nombreux exemples de cette nécessité d'une approche régionalisée des effets indirects d'une mesure politique donnée, on peut citer l'exemple récent de la politique linguistique du Québec. Nos résultats ont permis

de dégager le rôle considérable et croissant que joue la distance culturelle (en l'occurrence, linguistique) dans le processus migratoire. Le très faible taux d'émigration du Québec s'explique essentiellement par cette barrière culturelle. Et ce taux serait bien plus bas encore si les anglophones du Québec n'avaient pas une propension à émigrer 13 fois plus forte que celle des francophones. En agissant sur la mobilité linguistique, on agit indirectement sur la mobilité spatiale. Dans le cas du Canada, ce type d'impact est, par définition pourrait-on dire, concentré dans la relation migratoire entre l'Ontario et le Québec.

5. La politique fédérale de décentralisation administrative est un autre exemple d'une politique dont les effets indirects sur la migration peuvent être considérables. Le ministère des Anciens combattants représente sans doute un pourcentage insignifiant d'emplois en Ontario, mais l'installer à l'Île-du-Prince-Édouard peut affecter considérablement la situation migratoire de cette province (dont le solde annuel moyen était de -27 familles sur la période 1947-1977). De même, la dégradation du solde migratoire de l'Ontario et l'amélioration de la situation migratoire du Québec entre 1966-1971 et 1971-1976 sont sans nul doute liées au nombre d'emplois (directs et indirects) créés dans la banlieue québécoise d'Ottawa grâce à cette politique de décentralisation administrative. D'ailleurs, dans ce cas-ci, cette politique de décentralisation est venue renforcer un processus «naturel» de suburbanisation de la ville d'Ottawa : encore une fois, on se retrouve devant un phénomène local, spécifique, qu'il est très difficile de faire apparaître à travers une analyse économétrique englobant l'ensemble du système spatial canadien.

6. À la limite, on peut avancer que toute mesure politique, qu'elle soit fédérale ou provinciale, et quel que soit son champ d'intervention, a un effet induit sur la mobilité spatiale. On peut encore citer à cet égard la politique du commerce extérieur, la politique fiscale, la politique monétaire, la politique des transports, la politique de l'agriculture, la politique du logement, la politique d'immigration internationale (nous avons constaté que dans le cas de l'Ontario et du Québec, il y avait une relation significative entre l'immigration internationale et l'émigration interprovinciale) ; même les mesures affectant l'âge de la retraite peuvent avoir un impact sur la migration, par le biais des migrations de retour qui sont partiellement des migrations liées au retrait de la vie active.

7. Le fait que le Canada soit une confédération «biculturelle», où la population est distribuée le long d'un «mince ruban» de 6 500 km de longueur avec plusieurs points de concentration, implique que la distribution spatiale du pouvoir politique est un problème fondamental et permanent. Il est évident que dans cette «lutte» entre les divers degrés de gouvernement, le poids démographique de chaque province représente un facteur déterminant.

Comme le remarque Beaujot [1:4], «l'étroitesse et la longueur de ce ruban habité prive le Canada d'un point de gravité et d'un point correspondant d'identification». C'est pourquoi tout déplacement important de la population le long de ce «ruban» a une implication considérable pour l'équilibre politique du pays. C'est pourquoi également il est si important de dégager la signification du renversement récent dans les courants migratoires interprovinciaux : selon qu'il s'agit d'un phénomène purement conjoncturel ou d'un phénomène structurel fondamental, l'implication «politique» sera bien sûr toute différente.

La conclusion finale à laquelle nous sommes amenés à cet égard, est qu'il n'y a guère d'éléments qui permettent de penser que ce renversement soit purement accidentel ou conjoncturel. Par contre, plusieurs résultats obtenus tendent à montrer que ce renversement des courants migratoires fait partie d'un processus de restructuration de l'espace démo-économique du pays. Rappelons à l'appui de cette proposition le fait que ce «renversement» n'est en réalité pas récent (il a été amorcé dès 1965-1969) et qu'il continue à se manifester encore aujourd'hui (quoique à un degré moindre); le fait qu'une relation très significative est apparue entre ces courants migratoires (et leur variation «récente») et ce que nous avons appelé le dynamisme régional dans la croissance de l'emploi; le fait que la «clé» du renversement migratoire se trouve entre les mains de l'Ontario, dont le dynamisme propre est à cet égard particulièrement faible, contrairement à celui des provinces atlantiques et de l'Alberta; le fait que le retournement migratoire semble faire partie du «déplacement vers l'ouest» de la population canadienne; l'importance des migrations de retour, qui jouent en faveur des provinces d'ancienne émigration; le fait qu'il semble y avoir une relation entre ce renversement et les mesures politiques de développement régional, mesures de nature essentiellement structurelles de longue période.

Tout cela nous amène à conclure que, même si à l'avenir le renversement migratoire sera sans doute moins net, il devrait cependant continuer à faire partie du processus de restructuration spatiale de la population canadienne.

NOTES

1. Cet article est partiellement basé sur certains résultats d'une recherche effectuée à la demande du ministère fédéral des Affaires urbaines. Cette recherche a fait l'objet d'un rapport intitulé «Les variations du courant migratoire interprovincial», déposé en février 1979.
   Cet article est reproduit avec la permission de l'éditeur de la *Revue canadienne des sciences régionales*, vol. 3, n° 2, automne 1980.

2. La pondération dont il est question ci-dessous pour calculer SHM_i et RPP_i a été obtenue de la façon suivante. Nous avons d'abord calculé le facteur de correction adopté par le Conseil

économique du Canada [2:52] pour tenir compte des différences interprovinciales dans le niveau du coût de la vie (logement compris) en 1971. Ceci nous permettait d'exprimer les salaires et les revenus provinciaux en termes de pouvoir d'achat pour l'année 1971. Pour les années 1961, 1966 et 1976, le facteur de correction a été modifié pour tenir compte des évolutions différentes du coût de la vie selon les provinces.

3. La variable TER a été calculée pour chacune des périodes 1961-1966, 1966-1970 et 1970-1976 (des problèmes d'homogénéité dans les définitions statistiques nous ont obligés à choisir l'année 1970 plutôt que l'année 1971, mais ceci ne devrait pas affecter profondément la signification de cette variable dans le cadre de notre analyse de régression). Les calculs ont été effectués par Russell Wilkins, dans le cadre d'un travail de maîtrise en urbanisme, Université de Montréal, 1978.

4. Dans certains cas, ce n'est d'ailleurs pas dans le ménage qu'il faut chercher les déterminants de la décision de migrer. Nous songeons ici aux mutations de personnel, par exemple les cadres d'entreprises et les fonctionnaires fédéraux qui sont affectés à un autre poste, dans une autre province. Pour la plupart des cas, ce type de migration «forcée» ne représente cependant qu'une faible part du flux total de migration. Et d'ailleurs, en l'absence de données statistiques adéquates, ce type d'hypothèse est très difficilement vérifiable.

BIBLIOGRAPHIE

BEAUJOT, R., *Canada's Population : Growth and Dualism*, Washington, D.C., Population Reference Bureau, 1978.

Conseil économique du Canada, *Vivre ensemble. Une étude des disparités régionales*, Ottawa, 1977.

ANNEXE — Caractéristiques socio-économiques des provinces

	Taux de chômage (en % de la population active)			Salaire hebdomadaire moyen (en $) ajusté pour le coût de la vie				Revenu personnel disponible par habitant (en $) ajusté pour le coût de la vie			
	1966	1971	1976	1961	1966	1971	1976	1961	1966	1971	1976
Terre-Neuve	6.1	8.8	13.6	70	84	125	215	951	1,365	2,212	4,465
Île-du-Prince-Édouard	7.5	9.5	9.8	53	64	87	169	942	1,357	2,105	4,604
Nouvelle-Écosse	4.8	6.9	9.6	63	77	112	193	1,271	1,722	2,635	5,313
Nouveau-Brunswick	5.1	6.2	11.1	67	85	121	217	1,189	1,698	2,656	5,418
Québec	4.1	7.3	8.7	79	98	137	236	2,137	2,117	3,169	6,628
Ontario	2.6	5.4	6.2	80	95	139	226	1,934	2,573	3,899	7,293
Manitoba	2.8	5.7	4.7	80	91	133	221	1,697	2,286	3,457	6,738
Saskatchewan	1.5	3.5	4.0	79	94	131	236	1,666	2,272	2,980	7,380
Alberta	2.6	5.7	3.9	82	99	142	244	1,701	2,398	3,467	7,209
Colombie britannique	4.6	7.2	8.6	80	102	142	236	1,783	2,442	3,483	6,659

	Taux de croissance de l'emploi industriel (moyenne annuelle)			Taux de croissance dû au dynamisme régional (moyenne annuelle)			Dépenses du MEER (en $) par habitant moyenne annuelle 1969-1976
	1961-1966	1966-1971	1971-1976	1961-1966	1966-1971	1971-1976	
Terre-Neuve	5.2	0.0	1.4	1.6	-0.9	0.2	95
Île-du-Prince Édouard	4.8	2.4	1.2	-0.7	-1.8	0.6	173
Nouvelle-Écosse	2.6	0.2	2.6	-2.0	-0.4	-0.9	50
Nouveau-Brunswick	3.0	1.4	2.0	-1.2	-1.0	-0.2	81
Québec	3.6	0.2	1.8	-0.3	-0.1	-0.8	17
Ontario	4.6	1.4	2.2	0.2	-0.1	-0.2	2
Manitoba	2.2	1.0	1.8	-1.3	-0.6	-1.1	21
Saskatchewan	3.2	-0.4	4.8	-0.9	-3.9	0.8	23
Alberta	4.0	3.2	6.4	0.4	2.0	2.7	10
Colombie britannique	5.2	3.0	3.2	1.8	1.1	1.2	4

Chapitre VI

Fernand Martin

Le rôle du secteur tertiaire dans la stratégie de développement économique[1]

Peu importe la stratégie de développement économique qui sera éventuellement adoptée par les autorités provinciales, elle devrait faire une place importante au secteur tertiaire. Cela, parce que le système économique moderne, tant à l'intérieur des entreprises qu'au niveau de la structure économique moderne, fait jouer à une partie du secteur tertiaire un rôle important sinon décisif.

En conséquence, la stratégie de développement régional devra incorporer le phénomène urbain et particulièrement celui de la grande ville. En fait, le développement économique régional a deux dimensions essentielles : l'espace et les secteurs économiques. Une politique optimale repose donc sur ce que l'on pourrait appeler «la coordination intersectorielle spatialisée».

Ce qui doit d'abord être démontré, c'est le rôle du tertiaire dans le développement économique et ensuite ses implications pour la structure urbaine.

De 1961 à 1970, l'économie canadienne s'est tertiairisée à un rythme très rapide. Le secteur tertiaire (comprenant l'activité de construction) a passé de 59,1 % de l'emploi canadien en 1961 à 66,6 % en 1970. Le scénario de l'évolution de l'économie canadienne durant cette période est caractérisé par un mouvement relatif des emplois à partir des secteurs primaire et secondaire vers le secteur tertiaire, et en même temps vers la relocalisation de l'activité économique. Par exemple, lorsqu'on passe du secteur primaire vers le secteur tertiaire on va d'un milieu rural à un milieu urbain. Au Canada, durant cette période, seules les régions capables de se tertiairiser (*i.e.* s'urbaniser) rapidement ont pu s'adapter sans perdre leur position dans l'économie canadienne. Bien plus, durant cette période, les régions ne comptant pas de villes de 1 million et plus, ont été celles qui ont le plus perdu de terrain dans la croissance de l'économie.

Ceci n'est pas surprenant étant donné que l'on a déjà montré que les villes, à titre de pôles de croissance ou à titre de pôles de développement, jouent un rôle nécessaire sinon moteur dans le développement régional. Le secteur tertiaire est maintenant de beaucoup le plus important créateur d'emplois : en 1970, le Québec était tertiairisé à 64,7 % et le Canada à 66,6 %.

Malgré cela, il y a encore des gens qui croient que «l'évolution du secteur tertiaire doit refléter à plus ou moins long terme le rythme d'expansion des secteurs primaire et secondaire» (M.I.C. 1974, p. 16). Les chiffres de l'évolution de l'économie canadienne contredisent directement cet énoncé. Le tertiaire a crû beaucoup plus vite que les autres secteurs, c'est donc qu'il a un dynamisme propre. On peut toujours insister qu'il est relié aux autres secteurs; mais le moins que l'on puisse dire, c'est qu'il l'est de façon variable!

Mais le tertiaire est un secteur ambigu, car il résulte de l'amalgame d'activités aussi diverses que la recherche scientifique, l'épicerie du coin, le fonctionnarisme de tous les niveaux, le secteur de la construction, et les sièges sociaux des entreprises. C'est pour cela qu'il est encore aujourd'hui mal perçu. Il y a encore peu de temps (Masson, 1971), on s'inquiétait du fait que «le secteur tertiaire doit... s'appuyer sur les autres secteurs : il ne peut demeurer suspendu dans le vide» (p. 222). Pour une certaine catégorie de tertiaire, appelé tertiaire de support[2], cela est vrai.Mais dans une économie développée, cela est inexact, sinon trompeur, pour le tertiaire dit «moteur». En fait, il y a de nombreuses façons de classifier le tertiaire[3]. Selon notre schéma nous distinguons les tertiaires suivants :

1) De support : il est fonction de la population.

2) Exportateur : celui qui rend des services à des populations à l'extérieur de l'agglomération urbaine pour laquelle il joue le rôle de base économique[4].

3) Moteur : sa caractérisation principale est d'être composée d'activités rares et/ou supérieures qui sont à la base des rôles de polarisation et de diffusion des avantages de la grande urbanisation que joue une agglomération urbaine qui est aussi un pôle de développement. Il est ordinairement aussi exportateur, mais il est plus que cela, car on peut exporter à partir d'activités banales. Comme c'est une notion assez nouvelle, il est préférable, afin de faciliter la compréhension de notre argumentation future, de consacrer quelques pages à l'identification conceptuelle de ce tertiaire, et à analyser la nature, le fonctionnement et les effets d'entraînement des activités tertiaires que l'on pourrait appeler «motrices».

Dans la théorie classique de la base économique, seuls les emplois manufacturiers «entraînent» les emplois du secteur tertiaire. Ces emplois manufacturiers sont, dans cette approche théorique, les seuls pouvant, dans le langage de Perroux, être moteurs, *i.e.*, être inducteurs d'autres emplois. La vision des tenants de cette approche ressemble à celle d'une pyramide renversée dont le sommet (constitué du secteur secondaire), maintenant à la base, supporte un secteur tertiaire de plus en plus hypertrophié à mesure que l'économie se développe.

Dans sa forme classique cette théorie est inadéquate pour expliquer la croissance contemporaine. Une version plus moderne (Martin,1969a) propose que dans les deux premières étapes de la croissance urbaine (*i.e.* celle des implantations originales et celle des implantations liées aux économies externes), les manufactures ou autres implantations originales comme les mines ou le tourisme, peuvent être prépondérantes, mais qu'à l'étape avancée du développement, celle de la métropole, le «moteur» manufacturier perd de son importance relative parce qu'il est alors supplémenté par un autre «moteur», *i.e.* une autre source autonome de croissance, consistant en un certain tertiaire supérieur[5]. Cette troisième étape du développement urbain est l'aboutissement des deux premières. À l'étape de la métropole, il y a trois phénomènes qui fournissent une nouvelle source de croissance autonome à la région urbaine; de plus, cette nouvelle source donne un second souffle aux deux premiers «moteurs» du développement.

(i) La grande masse des entreprises déjà présentes dans l'agglomération urbaine permet de franchir les seuils menant à l'éclosion d'activités de services très spécialisés aux entreprises[6].

(ii) Le phénomène de la grande urbanisation amène un changement des mentalités; ceci a pour effet de modifier les institutions économiques et sociales de la ville. Le résultat se manifeste dans une demande pour des biens nouveaux qui ne servent pas à satisfaire des besoins ordinaires ou de base. De plus, l'effet des grands nombres permet, là aussi, de franchir des seuils de rentabilité pour produire des biens qui sont qualitativement différents des biens ordinaires. Une Place des Arts n'est possible que dans une grande ville; c'est un bien typique de la troisième phase[7]. L'effet combiné du changement des mentalités et du grand nombre des habitants donne naissance à des commerces, institutions et professions rares servant les nouveaux besoins de la population.

(iii) Le phénomène de la grande urbanisation augmente certaines externalités comme la congestion, la criminalité, la pollution. Cet état de chose crée une nouvelle demande pour des services municipaux spéciaux. Or pour ne pas augmenter de façon démesurée le fardeau de ces coûts sociaux, la grande ville doit alors avoir recours à une technologie moderne et efficace. C'est pour cela qu'au Québec les dépenses *per capita* de Montréal étaient (en 73/74) moins élevées que celles de la ville de Québec. Mais il reste qu'en comparaison avec les très petites villes, il se crée, dans la métropole, une demande spéciale pour des biens et services municipaux découlant de besoins spéciaux engendrés par le phénomène de la grande urbanisation.

À la troisième étape du développement urbain et régional il y a donc de nouvelles sources de croissance de la ville, différentes de la base manufacturière originale. Elles se manifestent par la venue d'implantations appelées implantations du type C[8]. Le schéma, ci-après, représente bien les étapes de la croissance urbaine :

Les étapes de la croissance urbaine

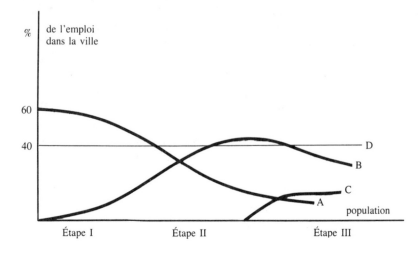

On voit qu'à l'étape III, étape de la métropole, les entreprises du type A ont beaucoup perdu de leur importance relative et que le nouveau «moteur» de croissance se trouve dans les implantations du type C.

On peut maintenant passer de la croissance urbaine à la croissance régionale. Cela se fait en stipulant que les implantations du type C qui sont nécessaires ou concomitantes à la croissance de la métropole se trouvent, par le fait même, à jouer simultanément le même rôle tant dans l'espace géographique régional que dans l'espace économique régional. Elles sont à la fois l'agent structurant de la hiérarchie urbaine de la région et le véhicule de la polarisation de la région à partir de la métropole.

En effet, le tertiaire «moteur» de la métropole comprend surtout les implantations du type C, et aussi toutes autres activités tertiaires qui confèrent un avantage comparatif à la région. Principalement, il est celui qui joue un rôle clef dans la polarisation de la métropole de l'activité économique, sociale et culturelle d'une région. La polarisation consiste en relations asymétriques entre le centre et la périphérie. Elle se traduit par des flux d'échanges inégaux en biens et services. Cette inégalité qui se remarque pour chaque bien ou service n'existe pas nécessairement pour la somme des échanges. Théoriquement, dans une région fermée au monde extérieur, la somme totale des échanges peut être égale pour le centre et la périphérie. En pratique, cela est peu probable, car ordinairement :

(i) le centre n'intègre pas complètement la région ou bien il intègre plusieurs régions ;

(*ii*) le centre et la périphérie ont des échanges directs avec d'autres régions et/ou avec l'extérieur du pays.

Il est facile de comprendre que le centre réussit à polariser la région en autant qu'il possède un tertiaire supérieur qui lui permet de maintenir son hégémonie sur la périphérie en ces activités. Le tertiaire supérieur n'est pas le seul moyen de polariser la région, mais il est le plus important[9]. Le pouvoir de polarisation est une question de degré, de sorte qu'une métropole intègre plus ou moins complètement son espace régional. En effet, l'hégémonie du centre sur la périphérie se maintient par le fait que la dimension au centre permet de produire des services qu'il ne serait pas économique de produire dans la périphérie. Les services tertiaires ainsi fournis sont de diverses natures. Mais certains d'entre eux sont absolument nécessaires pour maintenir la compétitivité de la périphérie dans sa base économique et dans le centre lui-même ; par exemple, les services aux entreprises, les services financiers rares, les services spécialisés de transport tombent dans cette catégorie.

Nous avons ajouté le mot «clef» dans la définition du tertiaire moteur car strictement parlant, tout tertiaire exportateur joue un rôle polarisant en ce sens que le centre vend plus de ces services à la périphérie que la périphérie ne le fait au centre. Il faut donc restreindre la notion de tertiaire «moteur» à celui qui[10] :

(*i*) particulièrement maintient l'excellence de la position du centre lui-même vis-à-vis d'autres centres extérieurs concurrents qui luttent pour satelliser à leur profit certains secteurs économiques et culturels de la région ainsi que la périphérie ;

(*ii*) et contribue à réduire les coûts de production dans la région, *i.e.* il est un des facteurs qui maintiennent le pouvoir d'attraction d'une région[11].

Une autre manière de dire la même chose est d'imputer plusieurs fonctions au tertiaire moteur de la métropole :

1) exercer une préférence pour les activités économiques de la région ;

2) servir de catalyseur de l'activité économique régionale ;

3) remplir une fonction essentielle dans un complexe industriel ;

4) jouer un rôle de pourvoyeur d'innovations afin de s'assurer que la région a toujours accès à la meilleure technologie.

Les activités du secteur tertiaire qui remplissent une ou plusieurs de ces fonctions sont nombreuses, mais consistent surtout en celles qui sont reliées à la circulation et la gestion de l'information et des capitaux, au tertiaire de décision, à la recherche, aux transports.

Il y a deux façons de les identifier :

1) par des méthodes empiriques ;

2) par des études techniques.

En fait, ces deux méthodes sont complémentaires. Seule la première est cependant disponible à l'économiste régional. En ce qui concerne le Québec, il existe des données empiriques[12] qui identifient les activités tertiaires distinctives de la métropole : elles étaient à l'époque des études :

Finance, assurance, immeubles ;

Services professionnels, dont la santé et récréation ;

Services aux entreprises, dont la comptabilité et la publicité ;

Services techniques et scientifiques, services juridiques ;

Services personnels, dont hôtels, restaurants, plus services personnels divers ;

Administration publique ;

Bureaux de gouvernements étrangers ;

Transports (par tous les modes, notamment ferroviaire, aérien et maritime) ;

Communications par radio, télévision, télégraphe, télégramme.

Même si nous n'avons pas de données empiriques pour toutes les métropoles du monde, il semble que cela corresponde aux catégories que les experts privilégient lorsqu'il s'agit d'évaluer la qualité de la structure tertiaire d'une métropole.

Fonctionnellement, nous savons que le tertiaire de décision est moteur : on imagine que les décisions des sièges sociaux favorisent leur entourage immédiat[13]. Or, les données statistiques ne catégorisent pas l'emploi des sièges sociaux ou des directions gouvernementales selon une classification fonctionnelle. Il semble tout de même que les activités suivantes pourraient servir de tertiaire moteur :

1) Sièges sociaux d'entreprises, notamment dans le secteur financier et des entreprises manufacturières multinationales ;

2) Direction de certains ministères fédéraux et provinciaux ;

3) Les centres de recherche (privés, gouvernementaux et universitaires) ;

4) Les activités liées au *marketing* national et international ;

5) Les centres de traitement de l'information ;

6) Le transport par *containers* soit par eau ou par air ;

7) Des activités innovatrices dans les domaines des arts et de la culture ;

8) Les activités liées au grand tourisme ;

9) Une bourse à fonctions élargies ;

10) Des concepts globaux comme un centre financier international, un parc aéroportuaire T.D.M., un Palais des Congrès, etc.

Les concepts globaux sont probablement les plus puissants, car ils créent des structures qui intègrent une myriade de spécialités et de sous-spécialités. Les mouvements migratoires des participants se trouvent alors très diminués.

Nous avons traité assez laborieusement du concept «tertiaire moteur». Mais c'est la nature du problème qui nous y oblige. Les difficultés du concept viennent de ce que dans le passé les activités tertiaires, quelles qu'elles soient, étaient considérées comme l'effet de la croissance régionale et non pas comme la cause. Prenons par exemple l'équipement de transport. De condition suffisante au développement il est maintenant seulement une condition nécessaire. Principalement parce que la plupart de ces équipements peuvent, en longue période, être reproduits par d'autres régions, détruisant ainsi l'avantage «comparatif» de la région qui la première s'est dotée d'un tel équipement. Il reste cependant que les avantages «comparatifs» obtenus en courte période peuvent être perpétués si la région améliore périodiquement son équipement. Comme les processus de localisation des entreprises sont cumulatifs, le fait d'être et de demeurer chef de file en transport confère à la région un avantage certain.

Il ne faut donc pas donner au mot «moteur» le sens de condition suffisante du développement. Il faut plutôt y voir d'un côté une condition nécessaire, et d'un autre côté un facteur qui change l'attrait de la région, un catalyseur qui déclenche une série de localisations manufacturières, un cadre pour l'innovation.

Le tertiaire moteur ne correspond pas non plus exactement au concept de l'industrie motrice de Perroux, car son effet d'entraînement ne joue pas tellement par les relations techniques[14], mais plutôt par son rôle stratégique vis-à-vis des autres secteurs. Il est par conséquent téméraire de souscrire inconditionnellement à la proposition qui stipule que le «rôle du secteur tertiaire dans la croissance économique est moins important que celui du primaire et du secondaire puisque son impact sur les autres est plus faible» (M.I.C. p. 16). Cette critique s'applique en partie au tertiaire de support. Mais elle néglige trois choses essentielles :

1) Il y a une interpénétration causale, entre la structure industrielle et les conditions régionales, en ce qui a trait à la croissance des régions. Si l'on pousse l'analyse des causes de variations des taux de croissance locaux des différentes industries on réalise, qu'en longue période, la structure industrielle d'une région est partiellement le produit des conditions régionales, mais que d'un côté, on peut montrer que la structure industrielle en place influence la qualité des conditions régionales[15].

On peut même ajouter que la présence d'une structure industrielle locale de qualité influence la «qualité» du tertiaire. En effet, les industries de pointe et/ou à haute technologie dotent la région de revenus fiscaux abondants, d'une main-d'œuvre (même si elle est importée) spécialisée, d'entrepreneurs, etc. Or, ces entreprises et cette main-d'œuvre plus sophistiquées créent une demande locale pour des services tertiaires rares. C'est ainsi que certains services tertiaires, comme l'éducation, les services municipaux, se trouvent à être améliorés sous l'impact de la structure industrielle. On ne doit pas par conséquent établir à tort et à travers, une dichotomie[16] inutile entre les secteurs tertiaire et secondaire.

2) À mesure que le secteur tertiaire prend de la maturité il devient à haute intensité de capital. Les transports, les communications, la santé, sont des exemples où l'équipement par emploi est très dispendieux. Son effet d'entraînement à partir des dépenses en capital n'est donc plus négligeable.

3) Dans l'établissement d'une stratégie de développement, le tertiaire moteur peut jouer un rôle tactique de première ligne, en ce sens que pour obtenir des entreprises du type secondaire, d'un certain genre, on doit d'abord raffermir le tertiaire moteur.

Comme je l'ai déjà dit[17], il est évident qu'il faut au Québec moderniser la structure manufacturière, c'est-à-dire obtenir des industries dans les domaines de l'électronique, la machinerie de précision, la chimie, etc. ; il est aussi évident qu'il faut transformer le plus possible nos ressources minières, forestières et hydrauliques. Ce qui manque, c'est le «catalyseur» capable de leur faire préférer le Québec. Or, ce catalyseur peut être soit un ou des complexes industriels (ce qui est très onéreux mais possible), soit un tertiaire moteur. En fait, la localisation du secondaire moderne[18] dépend maintenant du tertiaire moteur et non plus l'inverse. Il y a plusieurs raisons à cela :

1) Aujourd'hui, le développement économique s'appuie sur la croissance d'activités qui favorisent la circulation et la gestion de l'information et des «capitaux»[19]. Les fonctions comme le *marketing*, la publicité, l'informatique, la recherche, le personnel de cadres nombreux, le conseil fiscal, l'expertise comptable et technique, sont maintenant nécessaires au fonctionnement de l'économie. Quant à la fonction financière, elle «est de plus en plus une fonction dirigeante de l'économie»[20].

2) Le secteur secondaire lui-même se tertiairise. La proportion des cols blancs grandit dans les entreprises pour les mêmes raisons que celles citées au paragraphe précédent. Aujourd'hui, les entreprises peuvent produire pour elles-mêmes les services tertiaires supérieurs, les acheter d'entreprises indépendantes ou du gouvernement. De toute façon, ces services sont maintenant nécessaires.

3) Comme les entreprises sont de plus en plus *footloose* par rapport aux matières premières, et que d'un autre côté elles ont de plus en plus besoin de services spécialisés de gestion (en ce qui concerne l'information et les capitaux), c'est le tertiaire moteur et/ou celui qui est intérieur au secondaire[21], qui imposent leurs préférences quant à la localisation.

4) Les entreprises multinationales, sauf pour leurs usines de phase 3 (à la Kuznets), ont un *pattern* de localisation très compliqué et qu'il faudrait étudier dans le cadre canadien. Les seules études récentes[22] à ce sujet privilégient le tertiaire moteur comme facteur de localisation de leurs quartiers généraux et de leurs usines des phases 1 et 2. Par contre, pour leurs opérations de phase 3, elles sont celles qui, moyennant des primes de développement régional, «jouent à fond la carte de la décentralisation»[23]. Mais

en général elles préfèrent un milieu fortement tertiaire; en France, c'est la région parisienne qui a le plus fort indice de pénétration des entreprises manufacturières étrangères, en comparaison avec les autres régions françaises[24]. A fortiori, le tertiaire moteur est déterminant lorsqu'il est question d'activités de gestion.

Il y a cependant d'autres critères de localisation qui interviennent, par exemple le marché qui favorise l'Ontario. Il y a aussi d'autres approches stratégiques proposées pour moderniser la structure économique du Québec. Ainsi, le document de travail du M.I.C. (1974) concernant la politique économique québécoise, concentre l'intervention gouvernementale sur les possibilités offertes par les entreprises publiques. Ces approches ne sont pas incompatibles ou des substituts à l'approche par le tertiaire moteur. Car, lorsqu'il est question de moderniser le Québec, les exigences de l'approche par les entreprises publiques ou par la dimension du marché, sont les mêmes que celles qui découlent d'une stratégie de développement basée sur les entreprises privées nationales ou multinationales. Toutes les approches ont besoin d'une armature urbaine qui minimise les coûts de production et favorise l'innovation.

Quant aux dangers de l'hypertrophie du secteur tertiaire, ils existent, mais ils ne sont en aucune façon reliés à notre plaidoyer en faveur du tertiaire moteur. Nos raisonnements antérieurs montrent qu'il ne faut pas identifier la quantité du tertiaire avec sa qualité. Théoriquement, *i.e.*, le cas où il y a un marché libre pour tous les biens et services, il ne peut y avoir d'hypertrophie du tertiaire, car par définition, les préférences des gens se trouvent révélées et règlent automatiquement la proportion des ressources consacrées à chacun des secteurs. Il peut cependant y avoir un problème dans le cas de services publics qui ne sont ni tarifiés à la pièce ni vendus aux usagers. C'est le cas de certains services de santé, d'éducation, de la bureaucratie gouvernementale, etc. Mais encore là, il ne viendrait pas à l'idée des gens le moindrement avertis de confondre bureaucratie et tertiaire moteur.

Montrer maintenant que le tertiaire moteur s'épanouit surtout dans la grande agglomération urbaine n'est pas très difficile. Le tertiaire moteur, même s'il est lui-même un phénomène qualitatif, repose avant tout sur une base quantitative pour rentabiliser le tertiaire rare. «Ainsi, c'est à partir d'un certain seuil de population que peut exister et se développer un système d'enseignement: écoles techniques, universités, grandes écoles, etc., capable d'assurer à la fois la formation initiale à différents niveaux, la formation permanente, l'information scientifique et technique et la recherche.

La taille est aussi, vraisemblablement, une condition nécessaire, sinon suffisante, de la constitution d'un «milieu innovateur»; en effet, l'innovation, qu'elle soit technologique, scientifique ou artistique, n'est que rarement le fait d'individus ou d'équipes isolés. Un milieu plus large, dans lequel circulent les hommes, les idées et l'information, où se produit une «activation» dont la nature exacte est peut-être encore difficile à préciser, apparaît comme déterminant. Certes, les chercheurs ou les techniciens de haut niveau appartiennent en général à des «communautés» scientifiques ou professionnelles plus larges, qui dépassent depuis longtemps les limites d'une ville ou même d'un pays.

Cependant, les colloques ou les voyages d'études, malgré leur importance, ne remplacent pas les relations plus quotidiennes et plus informelles au sein d'une agglomération. La coexistence dans la région urbaine de laboratoires universitaires ou para-universitaires et d'industries de pointe semble un facteur particulièrement favorable à l'innovation.

Ce processus de développement d'une innovation paraît très fréquent; un groupe de recherche d'une très grosse entreprise met au point une innovation, mais ne trouve pas d'échos dans les structures complexes et rigides de son organisation, l'innovation véritable étant, par définition, étrangère aux objectifs, au moins à court terme, et aux habitudes de la techno-structure en place. Pour exploiter son idée, le groupe se détache alors de l'entreprise et en fonde une nouvelle (Bertin et la SNECMA - l'équipe de Control Data et I.B.M.), quitte ensuite à se faire absorber de nouveau.

La réalisation de ce processus en région urbaine implique la présence d'industries importantes susceptibles de financer des recherches de pointe, ainsi que des conditions favorisant l'implantation et le développement d'une entreprise nouvelle; ces conditions sont nombreuses : possibilité de trouver les capitaux nécessaires et l'ensemble des services dont une entreprise a besoin; conseils juridiques et fiscaux, bureaux d'études divers, sous-traitants, etc. — d'entreprises différentes quant à leur taille et quant à la nature de leur activité. La présence de centres de décisions politiques, économiques et financiers dotés de larges pouvoirs est une condition du développement autonome de la région urbaine.

La possibilité de consommations différenciées peut constituer un des éléments de la «qualité de vie», et dans ce cas, favoriser le développement économique dans la mesure où elle attire des personnes, des cadres en particulier, très exigeants quant à leur mode de vie[25].

Mais après qu'un seuil (qui doit être déterminé par des études appropriées)[26] est dépassé, les vertus du tertiaire moteur augmentent beaucoup moins rapidement que le taux de croissance de la population. En Europe, on trouve satisfaisante la dimension correspondant à des régions urbaines comme la Randstat et la Bade-Wurtemberg[27], ce qui est tout de même beaucoup supérieur à un million d'habitants, mais est bien en dessous de Paris, Londres ou New York.

En d'autres termes, les nains urbains sont impuissants et les géants urbains sont encombrants pour le développement économique.

Dans cette section, nous avons tenté de démontrer que le tertiaire moteur et le cadre urbain qui lui correspond sont une condition nécessaire et préalable à l'établissement d'une stratégie de développement économique. Mais cela ne doit pas être conçu comme une préférence envers le tertiaire à l'exclusion de préoccupations envers le secondaire. L'hypothèse du professeur Czamansky qui fait partie intégrante de notre thèse, montre que nous insistons plutôt sur une problématique qui incorpore les deux secteurs. Il n'est cependant pas de notre mandat d'identifier, à priori, les branches de l'industrie secondaire qui devraient faire partie de la stratégie. Nous insistons simplement sur le fait qu'un tertiaire adéquat constitue «l'environnement» nécessaire, tant pour faire éclore que pour faire prospérer un secteur secondaire moderne, quel qu'il soit.

NOTES

1. Cet article est reproduit avec la permission de l'Éditeur officiel du Québec, section VI en annexe du *Rapport Castonguay* du groupe de travail sur l'urbanisation, 1976.

2. Ce tertiaire correspond à celui nécessaire à satisfaire les besoins ordinaires de la région ; il est en partie fonction de la population et en partie fonction de certains besoins des entreprises.

3. Les ouvrages des économistes français distinguent un grand nombre de catégories de tertiaires comme le tertiaire archaïque, le directionnel, l'induit, le manœuvrable, etc. Voir DATAR, n° 45, p. 77.

4. Pour une mesure des exportations de ce tertiaire, voir Martin (1971) (pp. 16-19, et p. 78 et ss). Pour éviter la confusion entre les termes «exportateurs» et «moteur» il faut noter que dans la version de 1971 ce que j'appelais «moteur» est ce qui s'appelle simplement «exportateur» aujourd'hui.

5. Nous définirons en p. 44, ce que l'on entend exactement par tertiaire moteur.

6. Par exemple : La Bourse, des courtiers spécialisés dans le capital de risque (banques d'investissements) ou des *factors*, des organismes financiers spécialisés, des entreprises fournissant des services d'ordinateur sous forme de louage, un service de cargo aérien dans un aéroport international, des agences de placement de personnel technique et scientifique, des services de réparations pour équipements spéciaux, ingénieurs-conseils, des sièges sociaux d'entreprises clientes ou fournisseurs, des organismes de recherche à contrat, des organismes de publicité nationale et internationale, et toute la kyrielle de services spéciaux liés à la finance et à l'information comme des estimateurs, des courtiers d'assurance, des services juridiques spécialisés, des foires commerciales.

7. Il est qualitativement différent des biens ordinaires. Par exemple, cent cinémas de quartier ne sont jamais équivalents à une maison d'opéra.

8. En guise de définition nous distinguons quatre types d'implantations dans les régions urbaines : Type A : Ce sont des exportateurs de biens et/ou services qui sont des implantations originales ; Type B : Des non-exportateurs (ci-après appelés B_1) qui apparaissent à cause de connexions avec des implantations déjà existantes et/ou des exportateurs (ci-après B_2) qui viennent à cause de l'attrait des économies externes ; Type C : Des établissements privés ou publics qui servent des besoins spéciaux créés par le phénomène de la grande urbanisation, ou des besoins des individus et des entreprises qui ne peuvent être économiquement satisfaits que dans un grand ensemble. Elles sont en partie exportatrices ; Type D : Des établissements privés ou publics qui servent les besoins ordinaires de la population.

9. Il est aussi possible de polariser la région à partir d'échanges inégaux de biens primaires et secondaires. Par exemple on peut avoir un centre contenant des activités manufacturières qui s'approvisionnent en matières premières dans la périphérie (c'est le cas des usines de mise en conserve situées dans des villes comme Saint-Hyacinthe, Saint-Jean, etc.), et en retour le centre (*i.e.* la ville) approvisionne la périphérie en biens manufacturés. L'entraînement se fait alors par les achats de matières premières du centre dans la périphérie. En même temps il s'établit des relations de complémentarité, car le centre fournit à bon compte des biens manufacturés. Le centre peut aussi vendre certains services rares à la périphérie. Le centre et la périphérie sont alors liés par deux types de liens. Le cas qui vient d'être décrit est très simple ; des relations beaucoup plus complexes peuvent exister entre le centre et la périphérie, notamment en ce qui a trait à la culture, aux bassins de main-d'œuvre, etc.

10. Notre définition élimine le tertiaire orienté vers le tourisme banal. Cependant il peut arriver que lorsque le tourisme est très important, par exemple comme celui de Miami, il donne lieu à des équipements sophistiqués qui peuvent conférer à la région une certaine attraction spéciale. À ce moment-là cette partie de l'équipement touristique peut être assimilée au tertiaire «moteur».

11. Nous montrons à la page 130 que la localisation des manufactures modernes dépend maintenant en grande partie du tertiaire moteur et non plus de l'inverse.

12. Voir Martin (1969b) et Martin (1971).

13. Voir à ce sujet les récents (et longs) travaux du professeur Ryba dans le domaine financier : Le secteur financier québécois. Une Analyse qualitative , en dix vol., C.R.D.E., janvier 1975. Le professeur Ryba est toujours convaincu que les entreprises québécoises rencontrent un problème supplémentaire : celui de l'éloignement géographique de la concentration financière à Toronto.

14. En d'autres termes, on ne peut mesurer complètement l'impact de ce tertiaire par les chiffres du multiplicateur que l'on pourrait tirer d'un tableau interindustriel.

15. Pour plus de développement, voir, Martin (1975). Par conditions régionales nous entendons l'ensemble des facteurs qui conditionnent l'environnement local dans lequel les entreprises doivent opérer. Ceci comprend l'infrastructure des services, mais aussi la qualité de la main-d'œuvre, la dimension du marché local, etc. Ceci comprend plus que le secteur tertiaire, mais le tertiaire y joue un rôle important.

16. Dichotomie établie par les programmes d'expansion industrielle du MIC, MEER et OPDQ.

17. Martin (1973a), p. 18.

18. Celui qui correspond aux industries de phases 1 et 2.

19. DATAR, n° 45, p. 21. Dans une recherche subséquente, ce point fondamental pourrait être documenté pour ce qui a trait au Canada.

20. DATAR, n° 39, p. 25.

21. Il faut noter que les cadres sont, en tant que ménages, de forts consommateurs de tertiaires rares ou supérieurs.

22. Voir DATAR, Livre Blanc, 1974.

23. *Ibid.*, p. 97.

24. *Ibid.*, p. 27 ; 16,8 % de l'emploi industriel parisien dépendait en 1971 de firmes étrangères.

25. DATAR, n° 44, pp. 95-97.

26. Ici je suis absolument d'accord avec le document du M.I.C. (1974) qui déplore «l'insuffisance des connaissances sur la situation et l'évolution de plusieurs branches de l'économie, en particulier dans le secteur tertiaire» (p. 37).

27. Voir DATAR, n° 44.

Chapitre VII

Mario Polèse

Le secteur tertiaire et le développement économique régional: vers un modèle opérationnel des activités motrices[1]

Introduction: l'essor du tertiaire et le développement régional

C'est presque une évidence de dire que nous nous dirigeons vers une économie où le secteur tertiaire prédominera. Quelques chiffres suffisent pour faire ressortir l'ampleur de cette évolution. Au Canada, la part des activités tertiaires[2] dans le P.N.B. est passée de 24 % en 1870 à 63 % en 1971. Au Québec, il y avait en 1972, 2 235,000 emplois dont 1 431,000 dans la production des services (soit 64 %)[3]. En termes de valeur ajoutée, 67,5 % du P.N.B. québécois provenait des activités tertiaires en 1970[4]. La société post-industrielle n'est donc plus dans le domaine de la prospective; nous y sommes[5]. Les activités tertiaires fournissent actuellement environ les deux tiers de notre production et de nos emplois. Il devient donc de plus en plus vital de bien connaître ce secteur qui est demeuré depuis trop longtemps l'enfant pauvre de la recherche économique. Quel est, par exemple, le rôle de ce secteur dans le processus de développement économique?

Le développement économique est souvent assimilé au seul développement industriel. La plupart des politiques de développement économique régional ne parlent que d'incitation industrielle, de déconcentration industrielle, des subventions aux industries, etc. Ces politiques reposent évidemment sur le postulat que le secteur manufacturier demeure le principal moteur du développement économique régional, les activités tertiaires n'étant considérées que comme des activités induites.

Mais, il apparaît de moins en moins raisonnable de vouloir postuler qu'il s'agit toujours d'un secteur simplement induit par la croissance manufacturière lorsque ce secteur devient responsable de presque les deux tiers de la production. Certaines activités tertiaires ne commencent-elles pas aussi à jouer un rôle moteur?

Depuis déjà quelque temps, certains économistes pensent que le tertiaire peut jouer un rôle moteur important. Kuznets[6] prétend que plusieurs catégories de dépenses que nous classifiions traditionnellement sous la rubrique des dépenses courantes (enseignement, loisirs, santé, etc.) seraient mieux classées comme des investissements puisqu'elles permettent une augmentation de la capacité productrice. Blumenfeld[7] va encore plus loin en proposant que pour les grandes villes, la traditionnelle dichotomie «*basic/non basic*» devrait être inversée : que ce sont les services, les institutions et l'infrastructure qui constituent la véritable base économique d'une ville et non pas uniquement ses industries de fabrication.

En effet, le rôle moteur des activités tertiaires ne paraît nulle part plus évident que dans le domaine de l'économie urbaine régionale. Il ne semble guère exagéré de proposer que les activités tertiaires de haut niveau soient devenues le moteur principal du développement économique urbain, et que le phénomène des disparités régionales soit autant un problème de localisation tertiaire qu'un problème de localisation industrielle. Citons à cet égard le cas de la France.

La politique française d'aménagement du territoire était axée, jusqu'à récemment, sur la décentralisation industrielle. Cette politique a connu un certain succès. Pour la période 1962-1968, pour la première fois depuis qu'il existe des statistiques, l'emploi industriel dans la région parisienne a diminué[8]. Néanmoins, pour la même période, le taux annuel de croissance d'emploi dans la région parisienne fut de 1,1 contre 0,8 pour le reste du pays. Pour la période 1968-1972, nonobstant la poursuite de la politique de décentralisation industrielle, les taux équivalents furent de 3,1 pour la région parisienne et de 1,3 pour le reste de la France. Depuis cinq ans, le décalage entre Paris et le reste du pays s'accentue[9]. Selon la D.A.T.A.R.[10], cette accélération du décalage s'explique par le fait que Paris recueille la très grande majorité des emplois tertiaires de haut niveau. Agir sur les seuls emplois secondaires (qui progressent lentement) ne peut plus résoudre les problèmes de disparités régionales.

Au Québec, certaines recherches de l'I.N.R.S.[11] semblent également suggérer qu'un des effets d'un système autoroutier interurbain serait d'accélérer la concentration des activités tertiaires exportatrices dans la plus grande ville (Montréal, dans le cas du Québec). Le tertiaire supérieur posséderait une tendance encore plus forte que le secondaire à se concentrer dans les villes les plus importantes[12].

En somme, il est plus raisonnable d'avancer l'hypothèse que l'essor des activités tertiaires de haut niveau constitue une des bases fondamentales de croissance économique urbaine moderne, et que par conséquent la localisation de ces activités devient une des principales questions du développement régional.

La nécessité d'une définition opérationnelle de la notion de motricité

Mais, avant de pouvoir accepter (et donc vérifier) que certaines activités tertiaires jouent effectivement un rôle moteur, il faut se mettre d'accord sur le sens précis du mot «moteur», tant au point de vue conceptuel qu'opérationnel. Un tel travail de définition doit précéder toute recherche sur le rôle moteur du secteur tertiaire dans le développement économique.

L'objet de ce texte est d'offrir un modèle conceptuel du tertiaire moteur et de proposer les premières grandes lignes d'une formulation opérationnelle. Plus précisément, nous cherchons un modèle (ou une formulation) opérationnel qui nous permettrait de pondérer des activités tertiaires les unes par rapport aux autres en termes de leur degré de motricité. Viser dans un premier temps une pondération relative nous semble plus réaliste à la fois sur le plan conceptuel et sur le plan opérationnel. On peut difficilement concevoir la motricité comme un attribut absolu à valeur universelle. Dire qu'une activité économique possède une valeur motrice n'a de sens qu'au niveau d'une région spécifique et en termes d'un modèle d'impact donné (par exemple, le modèle interindustriel). Nous cherchons alors un modèle plus général qui nous permette éventuellement de dégager, pour différents ensembles de régions, dans quelle mesure une activité est plus motrice qu'une autre.

Au Québec, on assiste actuellement à un débat sur le rôle du tertiaire dans le développement régional. Certains prétendent que le Québec possède un secteur tertiaire hypertrophié dont la productivité maximale est nulle; que le Québec est surtertiairisé et qu'il s'agit donc largement d'un secteur parasite et non moteur[13]. C'est uniquement à partir d'un modèle testable du tertiaire moteur que nous pourrions un jour confirmer (ou infirmer) telles propositions. Par exemple, est-ce que le Québec possède une structure tertiaire proportionnellement moins motrice (selon la formulation du modèle) que celle de l'Ontario ou de la Colombie britannique? Idéalement, un modèle de motricité devrait être applicable autant aux activités manufacturières qu'aux activités tertiaires afin de pouvoir comparer la motricité des deux.

L'hypothèse de base sur laquelle repose la notion d'activité motrice est que la croissance économique d'une région s'explique, en partie, par ses activités. La vérification d'un modèle opérationnel du tertiaire moteur exigerait donc d'utiliser les résultats de ce modèle pour tester si les régions qui possèdent un fort pourcentage d'activités à haute motricité sont des régions de haute croissance. Une telle vérification ne serait évidemment possible que le jour où un modèle du tertiaire moteur aurait été rendu opérationnel. Nous sommes actuellement encore au niveau de la conception du modèle dont nous présentons ici les grandes lignes. Nous espérons que cet essai aura du moins le mérite de constituer un premier pas vers un modèle testable de la notion de moteur. Sinon, le mot «moteur» risque de demeurer une notion intuitive dont l'utilisation restera plus intuitive que scientifique.

Dans son ouvrage sur la méthode scientifique, R. Ackoff distingue deux types de définitions[14] : la définition conceptuelle où il s'agit de déterminer la *signification* du concept ; la définition opérationnelle où il s'agit de préciser les opérations à exécuter pour obtenir une *mesure* du concept à l'étude. Dans cet essai nous allons nous servir de cette dichotomie utile.

La définition conceptuelle du tertiaire moteur

Une définition conceptuelle doit surtout reposer sur des bases théoriques. En somme, notre définition de moteur doit pouvoir s'insérer dans une théorie de croissance économique régionale.

Or, selon certaines formulations de la théorie de la croissance régionale[15], la croissance économique d'une région (en termes d'emplois ou de valeur ajoutée) dépend directement de sa capacité d'exporter. Cette capacité d'exportation s'appuie, à son tour, sur la productivité de ses industries et services, et le rythme avec lequel cette productivité s'accroît... qui à son tour dépend du rythme des investissements productifs et des innovations technologiques, etc.[16]

À partir d'une telle proposition générale, nous pourrions considérer comme motrice toute activité tertiaire qui s'exporte ou qui contribue à la capacité actuelle et future de production (pour l'exportation). Il est évident que cette définition, qui lie la notion de motricité exclusivement à celle de l'exportation, demeure une définition incomplète[17]. Néanmoins, à titre de point de départ cette proposition a le mérite de nous suggérer quatre dimensions (ou notions) plus précises... et éventuellement opérationnelles.

Nous postulons qu'une activité économique peut contribuer de quatre façons à la production exportatrice actuelle et future (et donc à la croissance économique) d'une région : 1) en étant elle-même une activité exportatrice ; 2) par son importance dans la structure de dépenses d'autres activités exportatrices ; 3) par son impact sur la productivité d'autres activités exportatrices ; 4) en étant un facteur d'attraction (de polarisation) pour des nouvelles activités exportatrices.

$$M^i = E^i + p^i + I^i + S^i$$

:

M^i = la motricité de l'activité i
E^i = la dimension «exportation» de l'activité i
p^i = la dimension «interindustrielle» de l'activité i
I^i = la dimension «investissement» de l'activité i
S^i = la dimension «polarisatrice» de l'activité i

Les deux premières dimensions sont plutôt de nature statique. Étant donné la capacité actuelle de production (structures économiques et technologie données) ces deux dimensions tiennent compte respectivement du degré d'exportation d'une activité et de l'importance de ses liens interindustriels avec d'autres activités exportées. Les deux dernières dimensions sont d'ordre dynamique : elles soulignent l'impact qu'une activité pourrait avoir sur le changement technologique (les fonctions de production) et sur les structures économiques. En somme, l'impact probable sur la capacité future de production. Regardons de plus près chacune de ces dimensions.

Le concept de service exportable[18]

La notion de biens exportés est au cœur même des sciences économiques régionales. Rappelons seulement la théorie de la base exportatrice et du multiplicateur basique/non basique qui en dérive[19]. La théorie des places centrales, constituent la première base économique de la ville, il parle de fonctation[20]. Lorsque Christaller affirme que les activités tertiaires constituent la première base économique de la ville, il parle de fonctions centrales qui sont, par définition, des services exportés[21]. En somme, il parle des services qui ne répondent pas exclusivement aux besoins de consommation d'une population locale.

Cette notion d'exportation est extrêmement importante, comme le montre cette définition du tertiaire moteur de F. Martin[22] :

> Le tertiaire de support ne sert que les besoins ordinaires de la ville et d'une certaine façon sa zone d'influence. Le reste est exporté et correspond au tertiaire moteur.

Du moins à court terme, c'est en exportant qu'une région s'assure les revenus qui lui permettent de payer ses importations et de soutenir les activités de consommation locale.

Au niveau des biens tangibles (les biens manufacturés), il est facile de concevoir et de mesurer l'exportation : quand une région exporte des textiles ou des autos, on le voit. L'exportation des biens intangibles est plus difficile à imaginer et à mesurer. Nous postulons pourtant que ce phénomène est important et que son ampleur s'accroît, qu'il y aura de plus en plus d'activités tertiaires qui s'exportent sur de grandes distances (services de consultation, services financiers, services de transport, etc.). L'exportation des services (surtout des services de transport) comptait, par exemple, pour 47 % de la valeur des exportations de la Norvège en 1971[23]. Rappelons également le rôle des services financiers exportés pour l'économie des villes comme Zurich, Francfort ou New York.

Mais parler uniquement des activités exportées semble trop restrictif. Si nous acceptons que les activités exportées soient motrices pour une région, ne faut-il pas aussi accepter que les activités qui concurrencent (ou remplacent) les importations aient ce même genre d'effet moteur? L'importance de la substitution des importations dans le processus de croissance économique régionale est très facilement minimisée par la théorie de la base exportatrice. À mesure qu'une région se développe elle remplace des produits importés par une production concurrentielle propre : sa structure économique se diversifie. C'est d'ailleurs cette évolution normale qui explique pourquoi le rapport basique/non basique a tendance à diminuer avec la taille de la région. Une activité est donc motrice dans la mesure où elle permet à la région de concurrencer avec succès le monde extérieur, tant sur le plan de l'importation que de l'exportation. Dans ce sens, nous préférons désormais parler d'activités «exportables» (plutôt que «exportées»); à savoir, toutes les activités qui participent au commerce interrégional. Nous définissons une activité exportable comme une activité qui peut être exportée (par une région), mais qui ne l'est pas nécessairement par toutes les régions d'un système. Il s'agit donc d'un attribut propre à une activité économique : la propriété d'exportabilité (sur une distance plus ou moins importante). Ce n'est pas un attribut d'une région. Évidemment, une activité exportable est par définition en même temps une activité «importable».

La notion de l'activité exportée en tant qu'agent moteur nécessite un deuxième amendement. La force motrice escomptée d'une activité exportée repose en partie sur le concept de multiplicateur. Les deux notions sont liées. Chaque dollar (ou emploi) attribuable à l'exportation (voire à la substitution des importations) induit les dépenses additionnelles dans la région. Une activité exportable n'est donc pas motrice en soi. Il existe certainement des activités exportables dont l'impact multiplicateur est faible. Par conséquent, nous considérerons comme motrice une activité exportable dans la mesure où elle possède un impact multiplicateur... qu'elle suscite en plus d'autres revenus ou emplois dans une région.

Ces deux amendements nous amènent à modifier le premier élément de notre formulation de la façon suivante :

$$M^i = K^i (E^i)$$

où :

M^i = le niveau de motricité de l'activité i
K^i = le multiplicateur de l'activité i (en valeur ajoutée ou emplois).
E^i = coefficient d'exportabilité de l'activité i

Sur le plan opérationnel cette formulation pose surtout le problème de l'échelle spatiale. À la fois K^i et E^i varieront avec l'échelle spatiale considérée. Plus les régions sont petites, plus E^i aurait tendance à augmenter et K^i à diminuer. C'est d'ailleurs une autre critique fondamentale qu'on peut lancer contre la théorie de la base exportatrice. Au niveau de la planète plus rien n'est exporté. Au niveau d'un hameau presque tout est exporté (basique). C'est donc dire qu'il serait impossible d'en arriver à des E^i et des K^i qui auraient une valeur universelle. Les valeurs de E^i et de K^i sont vraies pour un découpage spatial donné.

Une fois la base spatiale acceptée, le calcul de E^i ou de K^i ne doit pas poser de problème insurmontable. À titre d'exemple, nous avons comparé les résultats de plusieurs méthodes employées pour calculer la centralité d'un bien dans le cadre d'une hiérarchie de places centrales[24]. Comme nous l'avons mentionné, la notion de bien exportable s'assimile aux notions de centralité ou de banalité dans la théorie des places centrales. Les différents indices de centralité doivent par conséquent montrer chacun, du moins en partie, dans quelle mesure une activité dessert une population plus que locale ; à savoir, à quel degré l'activité entre dans le commerce interrégional, voire international.

Ces méthodes n'ont pas pour but de mesurer si telle ou telle région exporte un service mais plutôt de caractériser le comportement des services sur l'ensemble des régions (les 49 villes). Par exemple, le coefficient de localisation (par rapport à la population) mesure le degré avec lequel un service suit la population. Plus un service est concentré par rapport à la population, plus nous serions en droit de croire qu'il s'agit d'un service qui s'exporte (et s'importe) pour ce système de villes.

Par ces premiers résultats nous cherchions à comparer la cohérence entre les résultats des différentes méthodes. Dans la mesure où celles-ci donnent des résultats convergents, on peut traduire cette cohérence en termes d'un éventuel coefficient d'exportabilité (E^i) des services retenus[25].

En général, les résultats sont à la fois raisonnables et convergents. Le tableau laisse, par exemple, apparaître que des services tels que «publicité», «gestion d'immeubles», «services aux entreprises», «agent d'affaire» sont des activités à haute centralité et par conséquent des services dont l'indice d'exportabilité serait plus élevé. Par contre, des services tels que «courtiers d'assurance», «notaires», «médecins omnipraticiens» ne s'exporteraient pas au-delà d'une région très restreinte.

TABLEAU 1 — Indices de centralité : 25 services, 49 villes québécoises

Services	Seuil[1] (n = 1)	Rareté[2]	Coefficient de localisation[3]	
			Nombre d'établisse- ments	Population
18 Courtiers et cies d'assurance	3,565	45	,098	,273
12 Notaires	3,740	41	,118	,259
4 Médecins omnipraticiens	3,876	44	,088	,183
8 Professions paramédicales	4,045	31	,092	,238
14 Banques	4,113	37	,141	,174
11 Avocats	4,114	28	,166	,339
22 Comptables	4,272	27	,169	,314
6 Dentistes	4,504	36	,162	,136
13 Caisses	4,564	43	,156	,221
15 Cies finances	4,865	22	,219	,356
20 Courtiers en immeubles	5,022	24	,242	,208
5 Médecins spécialisés	5,209	15	,342	,402
10 Vétérinaires	5,824	33	,308	,372
19 Agents et estimateurs	6,122	18	,222	,266
1 Architectes et dessinateurs industriels	6,761	16	,317	,269
3 Ingénieurs-conseils	6,804	16	,301	,355
24 Autres services aux entreprises	7,149	15	,412	,388
17 Autres services financiers	7,650	13	,289	,396
16 Courtiers	7,699	15	,493	,615
7 Cliniques médicales	7,988	22	,257	,318
2 Arpenteurs-géomètres	8,394	18	,300	,280
25 Publicité	8,784	11	,329	,342
23 Agents d'affaire	9,469	10	,554	,486
21 Gestion et location d'immeubles	11,356	7	,499	,461
9 Cliniques paramédicales	14,171	12	,433	,466

1. Cet indice mesure le seuil de population nécessaire pour supporter le premier établissement du service. Ce chiffre est calculé selon l'équation $P = ab^n$, où P = seuil de population et n = nombre d'établissements. Voir, B. Berry et W. Garrison, «The Functional Bases of Central Place Theory», *Economic Geography*, vol. 54, n° 2, avril 1958.
2. La rareté mesure le nombre de villes dans lesquelles ce service est présent.
3. Des coefficients de localisation ont été calculés d'abord avec le nombre total d'établissements comme base ; puis avec la population comme base. C'est-à-dire le degré auquel chaque service est concentré spatialement à la fois par rapport au nombre total d'établissements et par rapport à la population. Voir Walter Isard, *Methods of Regional Analysis*, Cambridge, M.I.T. Press, 1960, pp. 251-254.

Le calcul de K^i ne devrait pas non plus poser de graves problèmes. Il s'agit, en somme, de mesurer l'impact multiplicateur de chaque activité. Il serait, évidemment, préférable de posséder des tableaux interindustriels régionaux (ou d'autres modèles régionaux d'impact) qui correspondent au découpage spatial utilisé pour calculer E^i, mais le tableau interindustriel du Québec nous fournit un très bon outil de base déjà accessible. À titre d'exemple, nous pouvons voir que les effets d'un accroissement de 10 millions de dollars de la demande finale dirigée vers le secteur «services extérieurs des entreprises» entraînerait la création de 891 emplois (en hommes-années) et des dépenses (pour des facteurs primaires) de l'ordre de 12 867,000 dollars[26]. À titre de comparaison, les effets équivalents pour le secteur «papeteries» seraient de 811 emplois et 11 586,000 dollars, ce qui laisse déjà deviner que l'impact multiplicateur de certaines activités tertiaires se compare favorablement avec l'impact de certaines activités manufacturières. Dans la mesure où nous désirons utiliser le tableau interindustriel du Québec, il serait évidemment nécessaire que nos activités se conforment aux définitions du tableau.

Si, sur le plan opérationnel, K^i ne pose pas de graves problèmes, sur le plan conceptuel, toute la notion de multiplicateur (qu'il soit keynésien, interindustriel ou basique/non basique) peut, par contre, être facilement attaquée. Ses limites sont trop connues. Fondamentalement, le multiplicateur ne mesure qu'un impact statique. L'effet multiplicateur n'implique aucun changement structurel (de nouvelles implantations) ni des augmentations de productivité (des innovations techniques, par exemple). Il n'y a donc pas d'augmentation nécessaire de revenu *per capita*. C'est un impact du moment qui se passe dans un monde statique. En d'autres termes, l'effet multiplicateur ne nous renseigne pas sur la croissance à long terme d'une région. C'est d'ailleurs le problème de tous les modèles classiques d'impact[27].

Enfin, dire qu'une région vit du commerce interrégional, ce qui est probablement juste à court terme, ne nous précise pas ce qui permet à une région d'exporter ou de concurrencer les importations. Les activités qui supportent l'actuelle capacité de production exportatrice ou qui agissent sur la productivité présente et future peuvent en fin de compte être plus importantes à long terme. En somme, la valeur $K^i(E^i)$ d'une activité ne capterait qu'une partie de son potentiel moteur total. Il s'agit encore d'une mesure statique et partielle.

Le concept de services à la production

Certaines activités tertiaires, mêmes si elles ne s'exportent pas, jouent un rôle moteur dans la mesure où elles permettent à d'autres activités (qui, elles, sont exportables) d'exister. Ce type d'activité que nous appelons des «services à la production» répond essentiellement à la demande intermédiaire (en termes d'un tableau interindustriel). Une usine de textiles, par exemple, a besoin de certains services qu'elle doit acheter dans la région (ou importer).

Nous postulons que ce genre de service connaîtra aussi un accroissement accéléré dans l'avenir. C'est du moins ce que soutient Greenfield, selon qui ce type de service représentait déjà en 1960 13,2 % de l'emploi total des États-Unis tout en étant responsable de 22,7 % du produit national[28]. Il s'agit donc là de services de très haute productivité (et haut salaire), ce qui les distingue nettement de la majorité des services à la consommation où la productivité est traditionnellement très faible.

Selon le tableau interindustriel du Québec pour 1966, six grands secteurs ressortent par l'importance des services dans leur vecteur de dépenses[29] : agriculture, 11 %; mines, 23 %; pétrochimie, 10 %; électricité, 70 %; matériel de transport, 5 % et appareils électriques, 6 %[30]. Il est intéressant de noter que Greenfield trouve les mêmes secteurs lorsqu'il traite des États-Unis. Il ajoute à cette liste la sidérurgie et l'industrie pharmaceutique.

Ces services à la production ont à leur tour un impact multiplicateur au même titre que les activités exportables. Donc, nous pouvons ajouter à notre équation :

$$M^i = K^i(E^i) + K^i(p^{i})$$
$$= K^i(E^i + p^i)$$

où :

p^i = le coefficient des ventes intermédiaires de l'activité i (destinées à des secteurs pertinents; à savoir, des secteurs exportables).

Cette dimension p^i ne pose en principe aucun problème opérationnel puisqu'il s'agit simplement d'utiliser de nouveau un tableau interindustriel pour l'obtenir. De façon plus précise, p^i pourrait se calculer comme suit :

$$p^i = \sum_{j=i}^{n} V^i_j(E_j)$$

où :

V^i_j = pourcentage des ventes totales de l'activité i destinées au secteur j

E_j = coefficient d'exportabilité du secteur j[31]

Sur le plan conceptuel, p^i ne pose pas non plus de problèmes puisqu'il s'agit en partie d'une extension de la première dimension $K^i(E^i)$. Dans la formulation le multiplicateur demeure l'élément de base. Pour chaque activité tertiaire nous ne faisons que pondérer son multiplicateur interindustriel (un attribut de toute activité économique) par deux considérations : son degré d'exportabilité; puis son importance dans le secteur de dépenses de toutes les autres activités exportables. Alors, les critiques que nous avons portées contre $K^i(E^i)$ demeurent valables pour $K^i (E^i + p^i)$.

Le concept de l'impact-investissement

La limite fondamentale des deux dimensions précédentes est qu'elles traitent uniquement de la contribution statique d'une activité à l'économie d'une région. Elles négligent, entre autres, le changement technologique (en somme, l'impact sur les fonctions de production des entreprises). Cette déficience est compréhensible dans la mesure où il paraît impossible de mesurer l'impact d'une activité (ou d'un investissement) sur le rythme de changement technologique. On tombe presque dans le domaine de la sociologie.

Comment pourrait-on cerner l'impact d'une activité tertiaire sur la productivité actuelle et future de toutes les autres activités? En d'autres mots, il faudrait considérer certaines activités tertiaires au même titre que des activités d'investissement. Il s'agit d'isoler les activités tertiaires qui jouent le même rôle que l'investissement dans le sens où elles permettent un accroissement de la capacité future de production exportable (même si leur propre productivité peut être faible) soit en transformant des ressources humaines (enseignement, santé) soit par leur impact sur le rythme d'innovation technologique (recherche, consultation).

Nous proposons justement *qu'une des caractéristiques propres du secteur tertiaire soit d'englober un grand nombre d'activités qui pourraient être classifiées comme de l'investissement*, et dont la mesure de productivité à court terme est souvent très difficile. Citons Kuznets à cet égard[32] :

> *If by capital formation we mean the use of any current resources that adds to future output, many categories now treated under flow of goods to ultimate consumers should be included under capital. Certainly significant fractions of outlays in education and training, travel and recreation, improvement of health, etc., insofar as they contribute to greater productivity are among these categories.*

Or, si dans le cas des activités manufacturières cet impact-investissement pouvait être relativement mineur, pour certaines activités tertiaires il risque de constituer l'élément majeur de leur contribution à la croissance économique régionale. Pour le secteur manufacturier, des modèles statiques peuvent donc demeurer suffisants. Pour le secteur tertiaire, ils ne sauraient l'être. Cette incapacité de mesurer l'impact dynamique d'une activité est probablement responsable du fait que nous concevons toujours mal l'impact positif du secteur tertiaire. Un véritable modèle du tertiaire doit donc comprendre des éléments dynamiques. C'est là tout le défi et le problème d'un éventuel modèle du tertiaire moteur.

De façon conceptuelle nous pouvons imaginer la dimension investissement d'une activité comme une combinaison de trois éléments :

$$I^i = D^i + C^i + T^i$$

où :

I^i = impact-investissement de l'activité i

D^i = impact de l'activité i sur la productivité physique de la main-d'œuvre régionale, soit dans tous les secteurs, soit dans des secteurs choisis (par exemple, les secteurs exportables). Nous pouvons penser que les activités liées à la santé, à l'éducation et aux voyages auraient un tel impact.

C^i = impact de l'activité i sur l'épargne régionale et sur le taux régional d'investissement productif (en capital physique). Pensons ici aux services financiers, aux compagnies d'assurances, aux agences immobilières, etc.

T^i = impact de l'activité i sur le taux régional d'innovation technologique, soit dans tous les secteurs, soit dans certains secteurs. Pensons à l'enseignement, à la recherche, aux activités de consultation, et même aux activités culturelles.

Grosso modo, la dimension investissement d'une activité correspond donc à son impact sur le capital humain et physique et sur les méthodes de production, dans le sens d'une augmentation de la capacité future de production.

L'opérationnalisation de cette formulation exige évidemment la possibilité de quantifier (pour chacune des activités choisies) au moins un des trois éléments... D^i, C^i, T^i. Pour le moment il est encore difficile d'imaginer comment nous pourrions effectivement le faire. Qui plus est, pour que le modèle conserve toute sa logique interne il serait souhaitable de pouvoir traduire cet impact en termes d'unités de mesure cohérentes (emplois ou dollars). C'est-à-dire, un impact qui soit entièrement comparable avec les impacts statiques. Aussi, la période de temps sur laquelle se déroulera cet impact dynamique devrait être clairement précisée. Mais, dans la mesure où nous visons uniquement une pondération relative des activités, les unes par rapport aux autres, il faudra probablement se contenter dans un premier temps d'une simple classification de nature ordinale[33]. L'élégance et la précision quantitative devront vraisemblablement céder devant les exigences de l'opérationnalisation.

Le concept de
l'impact-polarisateur

Un modèle dynamique de la notion de motricité devrait au moins comprendre un deuxième volet : l'impact possible d'une activité sur la structure économique de la région. Souvent, lorsqu'on évalue un nouvel investissement, ce qui nous intéresse le plus (en termes d'impact possible) c'est la probabilité que cet investissement (ou cette entreprise) attire dans la région d'autres activités et investissements. Hélas, les modèles classiques d'impact sont de nouveau peu utiles à cet égard !

Par exemple, dans l'évaluation de l'impact économique du nouvel aéroport international de Montréal (Mirabel)[34], le tableau interindustriel du Québec s'avérait de la plus grande efficacité pour estimer le nombre de nouveaux emplois (et dépenses) créés par la construction et le fonctionnement du nouvel aéroport. Puisque, par définition, un tableau interindustriel fonctionne à partir d'une structure économique donnée, il ne faut pas prévoir combien de (ou quelles) nouvelles activités ou entreprises viendront s'implanter autour d'un nouvel investissement tel que Mirabel. Et c'est justement cet impact de «pôle d'attraction» qui intéresse souvent le plus les planificateurs. Dans le cas de Mirabel, on escompte notamment que cet impact sera important : que l'aéroport «polarisera» autour de lui et dans la région de Montréal de nouvelles activités économiques. Mais, on ne sait pas encore prévoir ce genre d'impact.

Nous appelons cet attribut qui permet à une activité d'en attirer d'autres (dans la région) sa dimension polarisatrice[35]. De nouveau, comme pour la dimension précédente, il est facile de proposer une formulation opérationnelle. Ce n'est pas sans raison que les modèles classiques négligent cette dimension difficilement mesurable. Il n'en reste pas moins que c'est une dimension essentielle de l'impact économique de toute activité. Nous sommes ici au cœur de la notion de motricité puisqu'une activité qui en attire d'autres à son tour peut véritablement être considérée comme une «cause première» du développement. Elle représente clairement le contraire d'une activité induite.

Il semble évident, à première vue, qu'une formation opérationnelle de concept ne pourrait se faire que sous forme probabilistique, c'est-à-dire, la probabilité relative qu'une activité i attire d'autres activités. Il paraît également évident que ce pouvoir de polarisation ne saurait être mesurable que par rapport à des secteurs identifiés : vouloir dire qu'une activité attire «des industries», sans les spécifier, n'a aucune signification.

À partir de ces deux observations, une formulation plus précise du concept de polarisation s pourrait se lire comme suit :

$$S^i = \sum_{j=i}^{n} H_j^i(E_j)$$

où :

S^i = le coefficient de polarisation de l'activité i

H^i_j = la probabilité relative que l'activité i attire dans sa région l'activité j

E_j = coefficient d'exportabilité de l'activité j

Il est raisonnable de penser que cette dimension touche surtout les services à la production. Certains services à la production ont sans doute ce genre d'impact dynamique sur la structure industrielle : en somme, les transformations de structure industrielle s'expliqueraient, en partie, par la structure tertiaire.

Pour ce qui est du calcul de Il^i, ceci voudrait dire que nous pourrions peut-être prendre les corrélations écologiques (sur notre découpage spatial) entre les services qui sont ressortis comme importants sur la dimension p^i et certains secteurs auxquels ils vendent beaucoup. En somme, voir si de fortes liaisons intersectorielles débouchent sur des associations spatiales significatives.

En résumé, si nous ajoutons à notre formulation statique les deux dimensions dynamiques, le modèle complet se lit comme suit :

$$M^i = [K^i(E^i + P^i)] + [I^i + S^i]$$
effet statique   effet dynamique

En guise de conclusion, nous pouvons donc affirmer que le défi d'un modèle opérationnel est l'intégration et la mesure des éléments dynamiques. Un véritable modèle de la motricité (autant pour les activités manufacturières que pour le tertiaire) peut difficilement se concevoir sans ces éléments dynamiques. Il faut trouver de nouvelles méthodes qui nous permettront d'ajouter aux effets statiques classiques, des effets d'ordre dynamique[36]. Comment pourrait-on mesurer l'effet d'une activité sur le changement technologique ou sur les nouvelles implantations? Nous avons proposé deux nouveaux concepts dynamiques. Mais dans la mesure où nous ne pouvons pas les rendre opérationnels, ils demeurent inutiles dans tout travail pratique. Est-ce à dire que nous serons obligés de toujours travailler dans le cadre d'un monde statique, *ceteris paribus*? Il est évident que ce travail ne fait que commencer.

NOTES

1. Cet article est reproduit avec la permission de l'éditeur de la revue *l'Actualité économique*, numéro d'octobre-décembre 1974.
2. Les activités tertiaires comprennent les secteurs suivants : services ; administration publique ; finances, assurances et immeubles ; commerce de gros et de détail ; transports, entreposage et communications. Dans la classification du B.S.Q., le secteur des utilités publiques (gaz, électricité, eau) est également compté dans le tertiaire.

3. B.S.Q., *Statistiques*, XI, n° 4, 1973, p. 14.

4. M.I.C., *les Comptes nationaux du Québec*, ministère de l'Industrie et du Commerce, Québec, 1973, tableau 21.

5. Les États-Unis nous ont précédés dans ce développement. En 1965, Fuchs écrivait : «*Virtually all of the net growth in employment in the U.S. in the postwar period has occurred in the service sector... We are now a «service economy»... We are the first nation in history in which more than half of the employed population is not involved in the production of tangible goods.*» V. Fuchs, *The Growing Importance of the Services Industries*, National Bureau of Economic Research, New York, 1965, Occasional Paper, n° 96, p. 1.

6. Simon Kuznets, *Toward a Theory of Economic Growth*, New York, Norton, 1968, p. 35.

7. Hans Blumenfeld, «The Economic Base of the Metropolis», *Journal of the American Institute of Planners*, vol. 21, 1955.

8. J.F. Gravier, *Paris et le désert français en 1972*, Paris, Flammarion, 1972, p. 134.

9. Ces observations semblent aller de pair avec les conclusions d'une étude française récente voulant que, parmi les activités économiques, ce soient les «services aux entreprises» qui démontrent la plus haute mobilité géographique interurbaine, calculée selon un *«shift ratio»* pour la période 1962-1968. M. Noël et Claude Pottier, «Évolution de la structure des emplois dans les villes françaises», *TEM-ESPACES*, 1973, n° 5.

10. Cité dans *le Point*, n° 18, p. 38.

11. M. Polèse et J.-C. Thibodeau, *Localisation et Développement régional : une tentative pour expliquer par le facteur distance-temps les transformations économiques de onze villes de la région montréalaise*, étude faite pour le ministère d'État aux Affaires urbaines, I.N.R.S.-Urbanisation, Montréal, 1973.

12. Le fait que le tertiaire de haut niveau soit aussi concentré laisse croire que le transport des services supérieurs est relativement facile. C'est-à-dire qu'il est possible de desservir un vaste territoire à partir d'un seul point.

13. Voir, par exemple, *Montréal trois dimensions : industrie — tourisme — finance*, (Documents de travail préparés pour le 24e Congrès de la Chambre de commerce du District de Montréal, Montréal, juin 1974) : notamment l'introduction de D. Achour, p. 305.

14. Russel L. Ackoff, *Scientific Method : Optimizing Applied Research Decisions*, New York, John Wiley & Sons, Inc., 1962, p. 141.

15. Voir, par exemple, Horst Siebert, *Regional Economic Growth : Theory and Policy*, Scranton, International Textbook, 1969, pp. 24-48.

16. En économie régionale, cette insistance sur la notion d'exportation provient du fait qu'une région est, par définition, une entité économiquement ouverte. Cette ouverture se traduit évidemment par de forts flux interrégionaux et par une plus grande dépendance vis-à-vis de l'extérieur.

17. Plus loin, nous tenterons d'amender la notion d'activité exportée en introduisant le concept d'activité «exportable».

18. Nous utilisons ici les expressions «activités tertiaires» et «services» de façon interchangeable.

19. Walter Isard, *Methods of Regional Science*, Boston, M.I.T., 1960.

20. Voir à cet égard, B. Berry et A. Pred, *Central Place Studies : A Bibliography of Theory and Applications*, Philadelphie, Regional Science Research Institute, 1964.

21. Selon Christaller, les activités tertiaires sont à l'origine de la ville. Sa première fonction dans l'histoire était celle d'une place d'échanges, une place de marché (une «place centrale») pour un vaste hinterland, Walter Christaller, *Central Places in Southern Germany*, Englewood Cliffs, N.J., Prentice Hall, 1966.

22. Fernand Martin, *Analyse de la structure urbaine de la province de Québec dans les activités économiques tertiaires*, Québec, O.P.D.Q., 1970, p. 78.

23. *Norges 500 Storste Bedriften*, Olso, Okonomish Literatur, 1972, p. 11.

24. Voir tableau. Notre base spatiale y est un échantillon de 49 villes québécoises. Pour chaque

ville nous avons recensé le nombre d'établissements par catégorie de service. Source : Pages jaunes du bottin téléphonique, 1971.

25. Le coefficient *E* pour chaque service serait, par exemple, une combinaison pondérée des quatre indices de centralité.

26. Modèle avec fermeture partielle sur les dépenses de ménages. Voir *Analyses intersectorielles de l'économie du Québec*, vol. IV, Bureau de la Statistique du Québec, mars 1974, pp. 196-214.

27. Depuis quelque temps, il y a eu beaucoup d'efforts pour dynamiser ces modèles. C'est notamment le cas pour le modèle interindustriel qu'il est possible de rendre plus dynamique en projetant dans le temps les coefficients techniques. Néanmoins, la plupart des modèles d'impact couramment employés demeurent de nature statique.

28. Harry Greenfield, *Manpower and the Growth of Producer Services*, New York, Columbia University Press, 1966, p. 219.

29. B.S.Q., *Statistiques*, juin 1972.

30. Ces chiffres suggèrent que la structure industrielle d'une région est liée à sa structure tertiaire. L'absence de certains services à la production aura un impact certain sur la structure industrielle. Greenfield, du moins, prétend que les difficultés industrielles de l'Angleterre sont, en partie, attribuables à une mauvaise structure tertiaire : Greenfield, *op. cit.*, p. 129.

31. Il est évident que les secteurs *j* comprennent aussi bien les activités secondaires que tertiaires. Ceci implique nécessairement le calcul de coefficients d'exportabilité pour les activités secondaires, ce qui ne présente aucun problème méthodologique dans la mesure où les données sont disponibles. Un tel calcul nous permettrait d'ailleurs de comparer l'exportabilité respective des activités secondaires et tertiaires.

32. S. Kuznets, *op. cit.*, p. 35.

33. Ces commentaires s'appliquent à tout l'impact dynamique, aussi bien l'impact investissement *(l)* que l'impact polarisateur *(S)*.

34. I.N.R.S., *Estimation et localisation de l'emploi dans la région Nord : impact du nouvel aéroport international de Montréal*, Rapport fait pour l'O.P.D.Q., Montréal, 1970.

35. D'autres auteurs parlent du développement régional polarisé. Dans cette littérature la polarisation réfère, en général, à une combinaison d'effets et d'impacts beaucoup plus multiforme (et moins spatialisée) que la définition plus limitative que nous proposons ici. Voir par exemple Jean Paelinck, «Systématisation de la théorie du développement régional polarisé», *in* J.R. Boudeville, *l'Espace et les pôles de croissance*, Paris, P.U.F., 1968. pp. 85-100.

36. Il est évident que les effets statiques et dynamiques ne seront pas rigoureusement additifs aussi longtemps que nous rencontrerons des difficultés à les exprimer dans les mêmes unités de mesure.

Chapitre VIII

Fernand Martin,
N. Swan, I. Banks,
G. Barker et
R. Beaudry

**Le facteur régional
et la diffusion des
innovations**[1]

Bien des variables ont une influence sur la diffusion des innovations, pour les nouveaux produits comme pour les nouvelles méthodes de production. Elles peuvent comprendre, entre autres choses, la proximité d'organismes susceptibles d'adopter ces innovations, les particularités et les obstacles géographiques, la rentabilité de l'innovation, l'importance des marchés ou des villes, la taille des entreprises, l'attitude de la direction, l'usure du matériel, le type de propriété, la concentration des entreprises, l'accès à l'information et au capital financier et, de façon plus générale, l'accès aux économies dites «étrangères», le coût de la main-d'œuvre, les relations internationales, l'indice des possibilités technologiques, les activités de recherche et de développement des entreprises, et la politique gouvernementale.

La multiplicité des variables donne une image déroutante du processus de diffusion. Ce ne serait pas grave s'il était possible d'élaborer un modèle établissant que la diffusion de la technologie nouvelle est la résultante (somme des vecteurs) d'un espace multidimensionnel où interviennent les divers facteurs, l'impact de ces facteurs sur la diffusion étant démontré par l'importance et la direction des diverses impulsions dans cet espace. Essayer d'appliquer cette image-modèle de façon numérique dans un contexte pratique présente cependant des difficultés pour ainsi dire insurmontables[2].

En premier lieu, l'énumération des variables ne peut être complète. Par conséquent, rien ne peut garantir que les variables les plus importantes, nécessaires à des fins politiques, y figurent. En outre, les modèles comprenant un grand nombre de variables, en plus d'être coûteux, créent tôt ou tard des difficultés en ce qui concerne la disponibilité des données. Le manque d'homogénéité des variables, quant au niveau d'abstraction et des liens de causalité, peut rendre la comparaison des résultats plutôt difficile, et l'élaboration de politiques, compliquée. De plus, les variables sont quelquefois définies de façon si vague que les études qui les utilisent finissent pour ainsi dire par «prouver» une tautologie. On a utilisé de cette façon la variable «rentabilité» et si l'on ne prend pas les précautions nécessaires, les études peuvent finir par «prouver» que si une innovation est rentable, les entreprises l'adopteront éventuellement!

151

Par ailleurs, une étude sur la diffusion des innovations peut aboutir à la schématisation, à la cohésion et à l'établissement de relations en se fondant sur des modèles *a priori*. Cette méthode, qui a donné lieu à bien des travaux empiriques, nous permet également de réintroduire, en théorie, les variables rejetées pour toutes sortes de raisons par l'analyse statistique. Elle diffère de l'analyse factorielle en ce qu'elle ne résulte pas d'un raisonnement déductif. Néanmoins, l'importance de la documentation qui traite des structures urbaines et celles du marché comme causes déterminantes de l'innovation initiale ou qui analyse le niveau d'activités de recherche et de développement ne remplace pas l'ensemble, beaucoup moins important, de documents qui traitent du processus de diffusion même, examinée ici sous son aspect régional.

Les économistes et les géographes étudient souvent trois facteurs principaux : la rapidité de la diffusion géographique des innovations ; la vitesse de diffusion d'une innovation particulière au sein d'une ou de plusieurs industries ; et les raisons qui motivent une entreprise à adopter une innovation particulière.

La plupart des variables qui font la lumière sur ces facteurs sont associées à quatre principaux modèles *a priori* de diffusion, soit : l'épidémiologie[3], la hiérarchie urbaine, l'environnement économique et institutionnel des entreprises et les particularités des entreprises.

Chaque modèle de diffusion englobe bien des variables, ou se substitue à ces dernières pour expliquer le mode de diffusion d'une innovation particulière. Certaines de ces variables, mais pas toutes, peuvent se retrouver dans deux modèles ou plus. Ce qui distingue les modèles est que chacun d'entre eux met l'accent sur une variable dominante différente qu'il est possible de déterminer en théorie. L'épidémiologie insiste sur la distance ; la hiérarchie urbaine, elle, traite surtout de l'importance des villes ; l'environnement est axé sur la structure du marché ou des coûts de main-d'œuvre, et la diffusion selon les particularités des entreprises se concentre sur les attitudes de la direction, telles qu'elles se reflètent dans la structure et les activités internes des entreprises.

Il faut tenir compte des quatre modèles, car aucun, considéré seul, ne semble suffisant pour donner une explication satisfaisante de la diffusion des différentes catégories de nouveaux produits ou de techniques nouvelles de production. Chaque modèle s'est révélé un succès dans certaines catégories seulement.

L'épidémiologie semble bien expliquer la diffusion de techniques de production agricoles et de certains produits ménagers. Pour les innovations au chapitre de certains procédés industriels, comme l'aciérage, l'influence de la distance peut être soit positive, comme dans le cas des fours électriques, soit négative, comme dans le cas de la préparation de l'oxygène basique.

La hiérarchie urbaine peut englober des zones géographiques bien plus étendues, l'exemple type étant la diffusion des stations de télévision[4]. Néanmoins, bien qu'elle semble pertinente, la hiérarchie urbaine n'explique pas très bien la prolifération des centres commerciaux, du moins au Canada.

Par ailleurs, dans bien des cas, en particulier quand il s'agit de produits manufacturés, la distance ou l'importance des villes (même dans un pays comme le Canada) n'expliquent pas plus la diffusion. Dans ces cas, on a découvert que l'environnement des entreprises fournissait une bonne explication; ce phénomène s'est révélé particulièrement vrai pour les industries du charbon, de l'acier, des chemins de fer et de la bière[5], le verre trempé[6], les ordinateurs et les machines à papier à double toile.

Enfin, on a découvert en étudiant la diffusion de méthodes de production, comme celles qui touchent les métiers à tisser sans navette, les fours tunnels[7] et la mise en conteneurs, que certaines particularités des entreprises sont importantes.

Le fait que pas un seul de ces modèles ne constitue une théorie générale de la diffusion ne présente pas de graves inconvénients. Tout d'abord, les généralisations ont échoué, même avec la méthode des variables multiples. Ensuite, il n'est pas toujours nécessaire de fournir des explications complètes. Bien que la théorie du lieu ne constitue pas un modèle parfait, prenons-la comme exemple : les tenants de cette théorie ont longtemps débattu le facteur dominant du lieu. Finalement, on a utilisé un ensemble de facteurs, chacun d'eux constituant un facteur dominant pour une industrie donnée, ce qui a amené la tendance actuelle de définir les industries selon l'orientation qu'elles privilégient, soit : le marché, le transport, la main-d'œuvre, l'énergie, les ressources, la mobilité, etc. On peut utiliser une méthode analogue pour étudier la diffusion des innovations en employant le modèle prédominant approprié à chaque industrie. On obtiendrait donc des innovations axées sur l'épidémiologie, la hiérarchie urbaine, la structure du marché, la gestion, le type de propriété, etc.

Certaines variables sont communes à divers modes de diffusion. La rentabilité[8] en est une. Il est, en effet, possible de faire de la rentabilité la principale explication de la diffusion, quel qu'en soit le modèle. Ceci voudrait donc dire que seules les innovations rentables sont adoptées. Il s'agit presque d'une tautologie, puisqu'elle rejoint tous les postulats des principales théories de l'entreprise : la maximisation ou l'optimisation des bénéfices ou même seulement l'obtention de bénéfices satisfaisants. Toutefois, ce n'est pas toujours la rentabilité elle-même qui est intéressante, certaines de ses composantes peuvent aussi expliquer la rapidité d'implantation et non seulement l'implantation elle-même. Par exemple, quand la rentabilité est facile à calculer, quand l'implantation de l'innovation ne commande pas de dépenses importantes ou que le matériel à remplacer a une courte durée de vie, ces composantes de la rentabilité contribuent à expliquer (toutes choses étant égales) l'implantation rapide d'une innovation.

En théorie, la rentabilité ne constitue pas une tautologie et est, par conséquent, un facteur tout à fait déterminant dans un modèle de diffusion donné, lorsqu'on supprime l'hypothèse de la concurrence pure et de la connaissance parfaite. Dans un tel cas cependant, il est difficile, sinon impossible, de mesurer *ex ante*[9] les bénéfices éventuels. De fait, l'aptitude que possèdent certains entrepreneurs à reconnaître et à différencier les innovations rentables de celles qui ne le sont pas constitue l'explication fondamentale de leurs différences de succès; celui qui mène son entreprise à la réussite est précisément celui qui décèle la rentabilité là où les autres ne la voient pas, et vice versa. Puisque la plupart des expériences concrètes s'effectuent en situation de connaissances ou de concurrence imparfaites, il faut porter l'analyse des «causes» de la diffusion sur les facteurs qui ont une influence sur les prévisions de rentabilité des innovations éventuelles. En d'autres termes, les études sur la diffusion devraient aller au-delà de la variable rentabilité.

La taille des entreprises représente une autre variable omniprésente, plus particulièrement en ce qui concerne l'environnement et les particularités des entreprises. Dans notre étude, la taille est considérée comme une composante de la structure du marché et donc de l'environnement des entreprises, en tant que conséquence de la technologie existante. Réciproquement, elle est considérée comme une composante des particularités de l'entreprise, lorsqu'elle est perçue comme une conséquence de la motivation du gestionnaire. Dans ce dernier cas, la taille de l'entreprise remplace bien des variables inhérentes à l'entreprise. Lorsque l'industrie du papier journal a adopté des presses spéciales, par exemple, on a découvert que la taille de l'entreprise avait son importance, non pas en tant que variable indépendante, mais parce que la période d'amortissement et les autres variables relatives aux ressources de la société semblent être liées à sa taille[10].

Le phénomène de la diffusion peut être représenté par l'inscription de «points sur la ligne de redressement»[11]. Par conséquent, la meilleure façon de représenter le phénomène est d'utiliser les fonctions de tendance. Parmi les nombreuses formules algébriques que peuvent prendre ces fonctions, la courbe logistique est souvent choisie à cause de sa simplicité.

On peut considérer la courbe logistique comme une simple description du processus de diffusion ou encore comme l'embryon d'une théorie générale de la diffusion, parce qu'elle fait des prévisions floues : la méthode de diffusion passe par trois phases, l'implantation initiale, la «contagion» et la saturation. Le modèle prévoit une variation du taux de diffusion selon la phase de développement, ce qui ressemble à la diffusion épidémiologique. Le caractère flou des prévisions, c'est-à-dire l'absence d'indication sur les inclinaisons exactes des courbes de diffusion des différentes innovations, indique qu'il faut leur apporter un complément. Lorsqu'on a établi, de façon empirique, l'existence de diverses phases de diffusion pour un grand nombre d'innovations, le sujet de la recherche n'est pas de déterminer si la diffusion de produits ou de méthodes de production passe par certaines étapes, mais de quelle manière cela se produit, c'est-à-dire, quelles sont les différences entre les taux de diffusion ou les inclinaisons des diverses courbes logistiques et la valeur de leurs autres paramètres et quels sont les facteurs qui expliquent ces différences?

Comme on soupçonne que les particularités des nouveaux produits ou des nouvelles méthodes de production conduisent à différents taux de diffusion, il existe donc une relation de complémentarité entre la courbe logistique et les modes de diffusion analysés dans la présente étude. Les modèles que nous proposons représentent les divers ensembles de variables qui expliquent les différences entre les inclinaisons et les autres paramètres des courbes logistiques.

Le modèle de diffusion épidémiologique

Ce modèle de diffusion met l'accent sur la distance, qui peut prendre plusieurs formes : la distance physique, la distance physique corrigée par les facteurs géographiques comme les particularités naturelles (montagnes, rivières, etc.) et la distance sociale et économique, évaluée en fonction de la possibilité de conclure des transactions sur le plan social et économique.

La principale prévision du modèle de diffusion est que les innovations se propageront selon un mouvement régulier, semblable à une vague venant d'un centre et déferlant vers la périphérie. Dans ce cas, plus un agent économique est éloigné du centre, ou du lieu d'origine d'une innovation, plus il appert qu'il l'implantera plus tard.

Le modèle s'applique principalement, mais pas exclusivement, aux innovations dont l'implantation est automatique, mis à part le facteur d'information, comme dans le cas des innovations peu importantes qu'utilisent les petites entreprises[12]. De cette façon, une innovation se propage par «contagion», comme pour une épidémie, en fonction de l'imitation et de l'effet d'entraînement et de démonstration. Son rayonnement procède essentiellement d'un processus d'apprentissage, d'où l'importance d'une bonne information et des relations personnelles[13]. Plus la distance physique est courte, meilleur est le réseau de communications, plus élevée est la densité de la population, plus grande est la possibilité de diffusion, de là une probabilité plus grande de rayonnement d'une innovation dans une aire étendue pendant une période donnée.

Le modèle de diffusion selon la hiérarchie urbaine

Selon ce modèle, la taille des villes est la clé des prévisions et des explications de la diffusion des innovations. La distance géographique ou sociale n'intervient pas de façon explicite. Les innovations passent progressivement des grandes villes aux plus petites. À l'intérieur de chaque hiérarchie urbaine, la ville principale implante l'innovation en premier et ensuite, cette dernière se propage aux autres niveaux de la hiérarchie. Il s'agit là d'un phénomène logique. Les innovations peuvent présenter un risque ou se révéler coûteuses au-dessous d'un certain seuil de population, ou encore demander des intrants particuliers. Elles sont donc susceptibles de se répandre d'abord dans les grandes villes où les marchés sont importants et les frais d'approvisionnement peu élevés pour les intrants particuliers[14]. Plus tard seulement, si les expériences ont une réussite dans les grandes villes, et si l'on peut simplifier les méthodes sans trop perdre de leur efficacité, les innovations sont introduites dans les centres plus petits. Ce n'est pas toujours le cas cependant, car certaines innovations peuvent avoir des méthodes de production simples sans perte d'efficacité, ce qui les rend aptes à s'implanter d'abord dans les centres moins importants. Dans les deux cas, ce qui est étrange, c'est le fait que la proximité ne constitue pas un avantage.

Notre principal instrument d'analyse est la répartition, selon le rang et le nombre, des populations urbaines. Nous avons trouvé cet instrument d'analyse approprié à l'étude de la diffusion des stations de télévision, des centrales téléphoniques[15] et des libre-service.

Le fait que cette méthode, dans sa forme pure, ne tienne pas compte de la distance constitue une lacune importante. La proximité joue un rôle dans la plupart des cas concrets. Nous avons partiellement corrigé cette lacune en intégrant ce modèle au modèle épidémiologique, pour obtenir une variante du modèle de gravitation[16]. On perd certaines caractéristiques de la méthode épidémiologique, mais le chercheur peut ainsi considérer la diffusion des innovations comme un mouvement simultané en deux dimensions : à l'horizontale, soit parmi les villes de taille analogue; à la verticale, soit des grandes villes aux petites.

Bien que les géographes, principaux promoteurs des modèles de diffusion épidémiologique et selon la hiérarchie urbaine, laissent entendre que leur méthode comprend les innovations destinées aux ménages et aux entreprises, l'éventail des cas empiriques étudié avec succès reste très pauvre pour les activités de fabrication[17]. Ce phénomène est particulièrement vrai pour les industries axées sur les sciences ou les ressources, ou encore les industries monopolistiques, car les faits ne concordent pas exactement avec les prévisions des modèles géographiques. L'insuffisance des premiers modèles de diffusion des innovations dans le domaine de la fabrication se comprend facilement.

Il est évident que la localisation des ressources naturelles ou énergétiques introduit une certaine distorsion dans les liens habituels établis par les méthodes de diffusion selon la distance ou la hiérarchie urbaine. De plus, la concurrence est loin d'être parfaite dans le secteur manufacturier, domaine où la méthode épidémiologique demande de la rationalité, c'est-à-dire l'optimisation. Lorsqu'une innovation est considérée comme rentable, l'implantation est censée suivre directement[18]. Tout retard est attribuable à un manque de connaissances et à une certaine incertitude au sujet des possibilités exactes de l'innovation, le manque de connaissances résultant de la distance. Dans le cas de concurrence imparfaite, il faut compter avec la possibilité d'une modification du comportement quant à l'optimisation des bénéfices et avec la diversité des comportements. Dans un tel cas, le taux d'adoption réel diffère du taux prévu par les modèles géographiques. En fin de compte, d'autres variables émanant du milieu, comme les activités ou la politique gouvernementales ou les considérations relatives au marché du travail, par exemple, l'attitude des syndicats ouvriers et les coûts de main-d'œuvre, interviennent toutes dans les effets de la distance ou de la hiérarchie urbaine sur la diffusion des innovations.

La diffusion selon l'environnement économique et institutionnel des entreprises

Les économistes, se détournant souvent des modes de diffusion épidémiologique et selon la hiérarchie urbaine, ont fréquemment émis l'hypothèse que le milieu économique ou institutionnel constituait le facteur prédominant, en particulier pour ce qui est des industries dites axées sur les sciences. Il y a bien des années, la principale prévision relative à la production et à l'implantation des innovations n'était pas très difficile à déterminer, car on tenait compte de l'affirmation de Schumpeter selon laquelle le pouvoir monopolistique et la taille de l'entreprise constituent des conditions préalables à la croissance économique par le progrès technique[19]. Selon Galbraith, la plupart des innovations techniques viennent du secteur hautement organisé de l'économie moderne, secteur caractérisé par les grandes entreprises[20].

Une entreprise donnée fonctionne dans deux types d'environnement économique : la structure de marché de sa propre industrie ; et les autres éléments de l'espace économique local (au sens que lui donne Perroux). Ce dernier comprend le nombre d'industries locales, l'activité gouvernementale, les particularités du marché du travail local et les ressources naturelles. La structure du marché comprend essentiellement certaines caractéristiques internes d'une industrie, comme le nombre d'entreprises, la prédominance de grandes ou de petites entreprises et le degré de différenciation du produit. Ces caractéristiques déterminent le comportement des entreprises, que ce soit au sein d'un oligopole ou de la concurrence et, par conséquent, commandent sa décision d'être ou non chef de file dans l'implantation des innovations.

Il semble alors naturel d'en déduire que la structure du marché des entreprises explique le taux de diffusion des innovations du secteur manufacturier. On a traduit ce principe d'ordre général en un principe plus facile à vérifier, soit que les grandes entreprises et les entreprises monopolistiques ou oligopolistiques sont celles qui adoptent le plus tôt les innovations, et que la diffusion devrait être plus rapide dans les marchés imparfaits que dans les marchés atomistiques. Ces propositions ont fait l'objet d'études théoriques et empiriques, mais, dans chaque cas, les essais de généralisation ont mené à des résultats peu concluants ou troublants. D'une part, les industries atomistiques peuvent reconnaître plus rapidement les possibilités tout simplement parce qu'elles possèdent plus de foyers initiateurs autonomes, mais, d'autre part, les industries monopolistiques peuvent le faire plus rapidement si les monopoleurs seuls entretiennent des groupes de chercheurs pour se tenir au courant des progrès scientifiques à l'extérieur[21].

De plus, de manière empirique, la diffusion de la technologie entre les diverses entreprises a été moins bien étudiée que la nouvelle technologie[22]. Comme dans le cas de la nouvelle technologie, les jugements d'ensemble sont loin d'être bien définis. Après avoir étudié la diffusion de huit innovations dans le secteur manufacturier, Nabseth et Ray en sont arrivés à la conclusion qu'une forte centralisation ou un monopole, peuvent, de toute façon, créer les conditions propices à l'innovation ou à la diffusion.

On trouve les mêmes imprécisions lorsqu'on étudie la taille de l'entreprise prise comme facteur déterminant éventuel de la diffusion. Nabseth et Ray ont trouvé que l'étude pilote ne fournit aucune preuve évidente montrant que les grandes entreprises ont toujours été au premier plan des progrès techniques ou ont été des chefs de file dans les innovations et l'adoption de nouvelles techniques[23].

Il reste néanmoins qu'il existe une certaine taille minimale qui facilite la diffusion de l'innovation. Il est inutile d'essayer de lier la taille de l'entreprise et la diffusion de l'innovation en une sorte de fonction monotone. En outre, ce seuil varie selon l'aspect de la technologie d'une industrie, ce qui permet la complémentarité et l'interdépendance parmi les grandes et les petites entreprises[24].

En conclusion, la plupart des chercheurs sont convaincus que la concentration d'une industrie et la taille des entreprises ont des conséquences sur la diffusion des innovations dans bien des industries, mais il ont trois problèmes à résoudre[25] : ils ne savent pas de quelles industries il s'agit; ils n'ont pas pu déterminer le degré de concentration optimal pour la diffusion, et ils ne connaissent pas encore la taille minimale que les entreprises doivent atteindre dans chaque industrie.

Nous avons donc grand besoin d'effectuer des recherches empiriques. Entre-temps, tout recours à cette méthode doit être spécifique à l'industrie[26].

La diffusion selon les particularités des entreprises

Dans certain cas, les chercheurs ont découvert que la distance, l'importance des villes et même la structure du marché sont analogues, mais que le taux de diffusion change selon le pays, la région, ou l'industrie. Cet état de choses leur laisse soupçonner que certaines caractéristiques internes de l'entreprise en question constituent un facteur important pouvant expliquer les taux de diffusion.

Cela ne veut pas dire que les facteurs externes, tels l'environnement économique, géographique et institutionnel de l'entreprise, n'ont pas leur importance. Néanmoins, l'environnement ne gêne ou ne prédétermine pas toujours entièrement le comportement de la direction. Il appert maintenant que le même environnement peut mener à des décisions différentes dans les entreprises quant à l'implantation des innovations. Cela ne devrait pas trop surprendre car cela correspond à la principale contribution de la théorie behavioriste de l'entreprise, plutôt qu'à la théorie traditionnelle qui ne tient pas compte de la structure interne de l'entreprise[27].

En conséquence, les chercheurs ont été amenés à étudier les facteurs internes des entreprises pouvant influer sur le taux de diffusion. Ces facteurs sont groupés en un certain nombre de variables, soit l'attitude de la direction, les relations nationales et internationales, l'accès au capital financier et les éléments internes des entreprises quant à la structure administrative et au matériel de production. Bien que nous ne traitions pas particulièrement de cette méthode dans notre analyse, nous devons préciser qu'elle comprend des facteurs déterminants de diffusion des innovations, comme la durée de vie du matériel, l'utilisation de la capacité de production, la proportion du total des coûts que représentent les divers intrants, les variables d'information, les activités de recherche et de développement, la productivité de la direction, la politique de dividendes, l'intégration verticale et horizontale, etc. Il est évident qu'un comportement différent n'est possible que lorsqu'il y a concurrence imparfaite, c'est-à-dire lorsque les facteurs dits non économiques (qui n'en sont pas moins réels) ont leur influence propre. D'un autre côté, cette situation semble être habituelle dans les entreprises du secteur manufacturier, en particulier celles qui sont innovatrices.

Cette approche est considérée à la fois comme le prolongement et le substitut de la méthode de l'environnement. Elle est le prolongement lorsqu'elle analyse de manière plus approfondie certaines variables retenues par la méthode de la diffusion selon l'environnement. Par exemple, la taille de l'entreprise (un des facteurs de la méthode de l'environnement) constitue un concept global qui recouvre bien des éléments internes de l'entreprise, la taille étant le résultat de la présence ou de l'absence des économies d'échelle, de la possibilité ou de l'impossibilité de mettre des risques en commun, de la productivité de la direction, de l'attitude de la direction, de l'accès au capital et des aptitudes, etc. Cette méthode décompose le concept global de la taille d'une entreprise en plusieurs composantes et permet de réduire l'imprécision des résultats analytiques quand la taille de l'entreprise est la seule variable utilisée dans l'analyse. Elle devient alors le prolongement de l'autre méthode.

Cette méthode peut également remplacer la méthode de la diffusion selon l'environnement de l'entreprise, lorsqu'elle substitue, à la notion globale de la taille, les composantes opérationnelles de l'entreprise, comme l'attitude de la direction, qu'elle soit énergique, expansionniste, axée sur la part du marché, le statu quo, sénile ou ruineuse, qu'il s'agisse d'une entreprise multinationale ou locale. Ces variables sont considérées comme les variables vraiment importantes et la taille comme telle devient une variable superflue.

Les deux méthodes ne s'excluent pas nécessairement l'une l'autre. Par exemple, il est tout à fait possible que toutes les entreprises répondent éventuellement de façon raisonnable à des indicateurs économiques objectifs, mais le taux de réponse peut changer à cause des différences de gestion ou de motivation[28]. Néanmoins, puisque notre étude met l'accent sur les différences entre les taux d'adoption et que ces derniers sont fonction de l'attitude de la direction, l'étude des diverses attitudes de la direction dans des situations analogues nous apparaît donc très importante. En outre, la diversité des attitudes de la direction des entreprises est cruciale pour la diffusion des innovations, car elle modifie le taux de rentabilité prévu pour une innovation éventuelle et le taux de rentabilité interne d'une entreprise donnée, qui sert de norme pour l'adoption d'une innovation. Il est bien connu que les attentes varient d'une entreprise à l'autre selon l'attitude de la direction. En d'autres termes, plus le calcul de la rentabilité d'une innovation est difficile, plus l'attitude de la direction est importante pour expliquer la diffusion de l'innovation.

L'étude empirique de Nabseth et de Ray a décelé que l'attitude de la direction et les autres variables de l'entreprise constituent des facteurs déterminants dans la diffusion de certaines innovations (fours tunnels, métiers à tisser sans navette) et plus ou moins importants dans la diffusion d'une foule d'autres innovations. Par exemple, en ce qui concerne la diffusion du procédé à oxygène basique, Meyer et Herregat attribuent certaines des différences relevées entre les entreprises ou les industries nationales à des facteurs non économiques comme les différences de style de gestion et de motivation[29]. D'autres chercheurs (comme Layton qui a étudié diverses industries) imputent carrément aux différences dans la capacité d'organisation les écarts internationaux dans la production et la diffusion des innovations[30].

De la même façon, la variable de l'appartenance étrangère a fourni une explication des taux de diffusion, à la fois sur les plans empirique et théorique. La plupart des gens s'accordent à dire que les entreprises multinationales sont indubitablement les premières institutions à implanter la technologie industrielle au-delà des frontières nationales[31]. Sur le plan international, la théorie dite «cycle-produit» donne une autre dimension à cette affirmation. Première phase, un innovateur américain exerce un quasi monopole aux États-Unis; deuxième phase, ses concurrents l'imitent et réduisent l'étendue de ses marchés; et une troisième phase, la première entreprise doit passer à une autre innovation. Avant ou pendant cette troisième phase, cependant, la première compagnie peut investir à l'extérieur des États-Unis pour profiter des coûts qui prévalent à l'étranger ou pour conserver sa situation d'oligopole[32].

Des résultats empiriques soutiennent cette affirmation. Par exemple, Globerman a découvert que, dans le cas de l'industrie canadienne des pâtes et papiers, les compagnies nationales adoptent plus lentement les innovations que leurs filiales étrangères, toutes choses étant égales par ailleurs[33]. Pareillement, Nabseth et Ray ont remarqué que les relations avec l'étranger, qu'une entreprise possède des filiales étrangères ou ait des accords ou maintienne d'autres liens privilégiés avec des compagnies étrangères, semblent constituer un facteur important dans le cas de l'innovation des métiers à tisser sans navette[34].

Comme pour la méthode de diffusion selon l'environnement de l'entreprise, la preuve empirique reste peu convaincante et restreinte à une industrie, mais il reste qu'elle existe bel et bien.

Le facteur régional

Le facteur régional est présent lorsqu'il existe une différence systématique dans les processus de diffusion parmi les diverses régions. De plus, la différence doit être attribuable à l'influence de certaines caractéristiques fondamentales de la région sur l'une, ou plusieurs, des variables clés proposées par les différents modèles de diffusion. Ces caractéristiques fondamentales comprennent la possession de ressources naturelles et humaines, un groupe d'industries, une hiérarchie urbaine, une infrastructure sociale, une localisation proche ou éloignée du centre social et économique du pays, un ensemble de politiques, activités, stimulants et réglementations. Cette influence systématique change avec chaque modèle de diffusion. Théoriquement, elle est importante pour ce qui est des modèles de diffusion épidémiologique et selon la hiérarchie urbaine. Elle a beaucoup moins d'importance pour les structures de marché, telles que définies plus haut, ou les attitudes de la direction. Par exemple, s'il y a une innovation dans une industrie où la structure de marché régit le processus de diffusion, on peut laisser de côté les particularités régionales. D'un autre côté, si l'on diffuse une innovation selon la hiérarchie urbaine, le facteur régional devient un facteur prépondérant.

Les liens qui existent entre les particularités régionales et les variables clés dans chacun des quatre modèles de diffusion peuvent être directs ou indirects.

En ce qui concerne le facteur de la distance, il n'y a pas de problème. D'après les normes internationales, les distances entre les régions canadiennes sont immenses et ce phénomène peut constituer un facteur régional important. De plus, l'infrastructure régionale et la politique gouvernementale de la région peuvent jouer sur d'autres distances comprises dans le modèle de diffusion selon la distance.

Pour le modèle de diffusion selon l'infrastructure urbaine, le degré d'urbanisation ainsi que la répartition des centres urbains selon la taille varient de façon très considérable d'une région du Canada à l'autre. La région de l'Atlantique est, en particulier, moins urbanisée que le reste du pays. Par conséquent, nous pouvons nous attendre à ce que la structure urbaine joue le rôle d'un facteur régional[35].

Pour ce qui est du modèle traitant de l'environnement économique et institutionnel d'une entreprise, dans lequel la structure du marché constitue la variable clé, la conséquence des caractéristiques régionales, lorsqu'il y en a une, est beaucoup plus indirecte. Il faut cependant mentionner certains cas. Par exemple, l'épuisement considérable des ressources naturelles renouvelables peut avoir des conséquences sur la décision de l'entreprise d'introduire des innovations. De fait, selon la nature de l'innovation, ce phénomène peut accélérer ou empêcher sa diffusion. Les politiques du gouvernement local quant à la centralisation (ou à la décentralisation), à l'appartenance étrangère, sans parler de la politique fiscale, peuvent également jouer un rôle dans la diffusion des innovations. De la même façon, les particularités régionales de l'attitude des syndicats ouvriers quant à la mécanisation peuvent faire partie des facteurs régionaux qui conditionnent l'environnement économique et institutionnel de l'entreprise.

Dans le dernier modèle, celui de la diffusion selon les particularités de l'entreprise, le facteur régional joue généralement un rôle accessoire. Néanmoins, la région peut, par ses ressources financières, son système d'enseignement et sa politique gouvernementale, notamment sa politique fiscale, influer sur la quantité, la qualité, et l'attitude de la direction[36]. Pareillement, les perspectives, les attitudes sociales (notamment l'attitude particulière des syndicats ouvriers locaux envers les sociétés multinationales), la qualité de vie et les politiques de la région peuvent favoriser, ou défavoriser, l'implantation d'entreprises nationales et internationales.

Ainsi, le facteur régional peut, dans certains cas, fournir une explication plus fondamentale des divers taux de diffusion des innovations selon les régions. Aux chapitres suivants, nous étudierons la diffusion de certaines innovations et tenterons dans chaque cas d'indiquer l'importance relative du facteur régional afin d'essayer de pallier le manque, mentionné par certains chercheurs[37], de cadre pertinent pour l'analyse, dans un contexte régional ou interrégional, de la diffusion des innovations dans le secteur manufacturier.

NOTES

1. Cet article fut publié initialement comme le chapitre 2 d'une étude intitulée, *Comparaison interrégionale de la diffusion des innovations au Canada*. Reproduit avec la permission du ministère des Approvisionnements et Services Canada, 1979.
2. L. Nabseth et G. F. Ray, *The Diffusion on New Industrial Processes*, Cambridge, Cambridge University Press, 1974, pp. 15, 28, 54. Les chercheurs qui ont contribué à la rédaction de cet ouvrage ont utilisé au moins 40 variables différentes.
3. Nous utilisons ce terme dans une acception plus vaste que ne le font les géographes comme L.A. Brown, *Diffusion Processes and Location : A Conceptual Framework and Bibliography*, Philadelphie, Regional Science Institute, 1968. Nous intégrons le modèle qui se fonde sur la distance au modèle selon l'épidémiologie rigoureusement définie sous le terme générique d'épidémiologie.
4. B.L. Berry, «Hierarchical Diffusion : The Basis of Developmental Filtering and Spread in a System of Growth Centers», *Growth Centers in Regional Economic Development*, éd. N. Hansen, New York, Free Press, 1972, p. 119.
5. Voir E. Mansfield, *The Economics of Technological Change*, New York, Norton, 1968.
6. Voir Nabseth et Ray, *The Diffusion of New Industrial Processes*.
7. *Ibid.*
8. Ou tout au moins des innovations qui donnent aux entreprises des avantages quantifiables ou tangibles : économie d'énergie, élimination de l'agitation ouvrière, ou conformité avec les normes contre la pollution imposées par la loi, les pressions sociales locales ou la mode.

9. *Ibid.*, p. 13; également Mansfield, *The Economics of Technological Change*, p. 124.
10. *Ibid.*, p. 82.
11. Z. Griliches, «Hybrid Corn : An Exploration in the Economics of Technological Change», Econometrica, vol. 25, n° 4, 1957, pp. 501-523.
12. Il y a si peu de grandes entreprises qu'il est difficile de trouver des preuves irréfutables que la diffusion d'une nouvelle technique se répand comme une épidémie; Nabseth et Ray, *The Diffusion of New Industrial Processes*, p. 207.
13. Brown, *Diffusion Processes*, p. 40.
14. Voir T. Hagerstrand, «Aspects of the Special Structure of Social Communication and the Diffusion of Information», étude et compte rendu de la Regional Science Association, 1966; (c'est dans la ville la plus importante du pays que s'implante tout d'abord une nouvelle technique, mais quelquefois c'est dans une autre métropole), p. 40. Ce point de vue n'envisage pas les méthodes modernes de commercialisation, comme la commercialisation d'essai, qui se fait parfois simultanément dans toutes sortes de villes.
15. B.T. Robson, *Urban Growth : An Approach*, London, Methuen, 1973.
16. *Ibid.*, pp. 137-142.
17. *Ibid.*, p. 136.
18. Griliches, «Hybrid Corn», p. 522; en étudiant la diffusion du maïs hybride, M. Griliches a découvert que le comportement des exploitants agricoles indique qu'ils obéissent au principe de l'optimisation des bénéfices.
19. Voir M.F. Kamien et N.L. Schwartz, «Market Structure and Innovation : A Survey», *Journal of Economic Literature*, vol. 13, n° 1, mars 1975 p. 15.
20. J.K. Galbraith, «Technology in the Developed Economy», *Science and Technology in Economic Growth*, B.R. Williams, édit., London, Macmillan & Co., 1973, p. 39.
21. F.M. Scherer, *Industrial Market Structure and Economic Performance*, Chicago, Rand McNally, 1970, p. 375.
22. Nous trouvons une documentation récente sur le sujet dans l'ouvrage de Nabseth et Ray, *The Diffusion of New Industrial Processes*; J.M. Vernon, *Market Structure and Industriel Performance : A Review of Statistical Findings*, Boston, Allyn & Bacon, 1972; et S. Globerman, *Technological Diffusion in Canadian Manufacturing Industry*, Ottawa, ministère de l'Industrie et du Commerce, 1974, p. 4.
23. Nabseth et Ray, *The Diffusion of New Industrial Processes*, p. 21.
24. E. Mansfield, «Determinants of the Speed of Application of New Technology», *Science and Technology in Economic Growth*, B.R. Williams, édit., London, Macmillan & Co., 1973, p. 204.
25. *Ibid.*, voir également Nabseth et Ray, *The Diffusion of New Industrial Processes*, p. 13; et Scherer, *Industrial Market Structure*, p. 376.
26. S. Globerman, «Market Structure and R&D in Canadian Manufacturing Industries», *Quarterly Review : Economics and Business*, vol. 13, été 1973, p. 65.
27. K.J. Cohen et R.M. Cyert, *Theory of the Firm*, Englewood Cliffs, N.J., Prentice-Hall, 1963, p. 351.
28. J.R. Meyer et G. Herregat, «The Basic Oxygen Steel Process», *The Diffusion of New Industrial Processes*, Nabseth et Ray, édit., Cambridge, Mass., Cambridge University Press, 1974, p. 192.
29. *Ibid.*
30. C. Layton, *Ten Innovations*, New York, Crane, Russak, 1972, p. 11.
31. J.B. Quinn, «Technological Transfer by Multinational Companies», *Harvard Business Review*, vol. 47, novembre-décembre 1969, p. 150.
32. Organisation de coopération et de développement économiques, *Gaps in Technology*, Paris, OCDE, 1970, p. 254.
33. Globerman, *Technological Diffusion*, p. 14.
34. Nabseth et Ray, *The Diffusion of New Industrial Processes*, p. 282.

35. Voir Conseil économique du Canada, *Vivre ensemble : Une étude des disparités régionales*, Ottawa, Approvisionnements et Services Canada, 1977, chap. 6.

36. R.E. George, *A Leader and a Laggard*, Toronto, University of Toronto Press, 1970, chap. 10.

37. Par exemple, M.D. Thomas et R.B. Le Heron, «Perspectives on Technological Change and the Process of Diffusion in The Manufacturing Sector», *Economic Geography*, vol. 51, n° 3, juillet 1975, p. 243.

Chapitre IX

André Raynauld   **Pour une politique de stabilisation régionale**[1]

L'objet de cet exposé est une vieille question qui semblera peut-être anachronique sinon déplacée, à ceux que préoccupent les années 70. Je traiterai de plein emploi, mais je désire tout de même placer mon vieux vin dans une outre nouvelle. Je désire proposer un nouveau mécanisme de stabilisation économique qui réduise le taux moyen de chômage dans le pays sans entraîner une inflation plus sévère. Un des problèmes épineux de l'heure présente est en effet de faire face en même temps à l'inflation et au chômage. Et on estime généralement que ce double déséquilibre est causé par des facteurs structurels et de coûts. Je prétends qu'une bonne partie de la difficulté tiendrait à des facteurs conjoncturels régionaux. Et le mécanisme proposé veut s'attaquer à cet aspect particulier des choses.

1. Disparités régionales

Depuis le temps que l'on en parle, les disparités régionales sont bien connues. Les provinces de l'Atlantique sont les moins prospères du pays. Les provinces riches sont l'Ontario, la Colombie britannique et l'Alberta. Québec occupe une position moyenne avec ou sans les deux autres provinces de l'ouest selon les années. Le revenu personnel *per capita* passe d'environ 70 pour les provinces de l'Atlantique à environ 120 pour l'Ontario. Québec est à 90. Les disparités de revenus vont généralement dans le même sens que les disparités d'emploi. Les taux de chômage sont sensiblement plus élevés à partir du Québec vers l'est que dans les autres régions.

Ces différences régionales présentent aussi ce caractère additionel que les tendances de long terme n'ont pas changé depuis au moins la Première Guerre mondiale. Pire encore, dans le cas du Québec et de l'Ontario, j'ai montré ailleurs que les disparités d'aujourd'hui sont les mêmes, ni plus ni moins accusées, qu'au moment de la confédération[2].

Du seul fait qu'elles durent depuis aussi longtemps il est naturel de penser que les écarts régionaux de revenu et d'emploi sont attribuables à des facteurs de structure économique; autrement dit, que ces écarts sont insensibles à la conjoncture économique générale et insensibles à des politiques de stabilisation visant à faire varier la demande globale.

Cette opinion peut être contestée. S'il est vrai, pour prendre cet exemple, que le taux de chômage du Québec excède toujours celui de l'Ontario, il est non moins vrai que ce taux s'élève et s'abaisse à court terme, suivant que l'économie se trouve en phase de récession et d'expansion (Tableaux 1 et 2). C'est dire que les taux de chômage d'une province donnée sont sensibles à la conjoncture et aux politiques de stabilisation. S'il a été possible d'abaisser le taux de chômage du Québec de 8 % à 4,6 % au cours des années 60, pourquoi faudrait-il tenir ce même chômage pour structurel du moment qu'on l'exprime par un écart quant à l'Ontario? Est-ce qu'au contraire on ne serait pas obnubilé par ces disparités régionales au point qu'il faille pour toujours s'en remettre à la situation qui prévaut en Ontario pour décider de l'orientation à donner aux politiques économiques fédérales? S'il a été possible déjà et même récemment, d'abaisser le chômage dans le Québec à 4 %, pourquoi renoncer à des politiques de plein emploi quand le taux de chômage est de 6 % sous prétexte que celui de l'Ontario n'est que de 4 %. Ce chômage du Québec n'est pas plus structurel aujourd'hui qu'il n'était il y a six ans.

Une étude récente[3] confirme que les taux de chômage et même les écarts régionaux entre les taux de chômage sont sensibles à la conjoncture et partant aux politiques monétaires et fiscales de stabilisation. Une régression statistique a été faite dans laquelle on examine si le taux de chômage des cinq grandes régions du pays est sensible aux variations du PNB du Canada et ce, pour les années 1953 à 1968. Il ressort des calculs que le taux de chômage au Québec est légèrement plus sensible aux variations du PNB que celui de l'Ontario. Pour une variation de 1 % dans le PNB, le chômage au Québec varie de 0,32 %, celui de l'Ontario de 0,26 %, celui de la Colombie britannique de 0,21 %, celui des prairies de 0,19 %. Ces variations sont systématiques et significatives. Par contre, on n'a pas pu déceler d'association significative entre les variations du PNB et le taux de chômage des provinces de l'Atlantique. Ceci donne à penser que le chômage serait lié davantage à des phénomènes de structure dans les provinces de l'Atlantique, tandis que dans les autres provinces, y compris le Québec, le chômage pourrait être résorbé par une action plus efficace du côté de la demande.

Si le problème posé par les écarts régionaux de chômage est généralement attribué à des phénomènes de longue période et de structure, c'est que nous ne disposons pas au Canada d'instruments suffisamment efficaces de stabilisation économique au niveau des régions.

2. Instruments de stabilisation régionale

À vrai dire, le concept même de stabilisation économique régionale n'est pas encore entré dans le vocabulaire. On pense généralement qu'une politi-

TABLEAU 1 — Taux de chômage par région - 1963-1970 (chiffres désaisonnalisés)

Année et trimestre		Atlantique	Québec	Ontario	Prairies	Colombie britannique	Canada
1963	1	10,0	7,5	4,0	4,0	6,8	5,8
	2	9,7	7,7	4,0	3,8	6,3	5,7
	3	9,1	7,8	3,6	3,7	6,6	5,5
	4	9,1	6,9	3,5	3,2	6,1	5,1
Moyenne annuelle		9,5	7,5	3,8	3,7	6,5	5,5
1964	1	8,4	6,3	3,3	3,1	5,6	4,8
	2	7,3	6,5	3,4	3,3	5,8	4,9
	3	8,0	6,6	3,2	3,4	5,3	4,8
	4	7,7	6,0	3,2	2,8	4,7	4,4
Moyenne annuelle		7,8	6,4	3,3	3,2	5,4	4,7
1965	1	7,9	5,5	2,6	2,6	4,4	4,0
	2	7,8	5,7	2,8	2,9	4,5	4,2
	3	6,9	5,4	2,6	2,6	4,3	3,9
	4	6,1	5,0	2,1	1,9	3,6	3,4
Moyenne annuelle		7,2	5,4	2,5	2,5	4,2	3,9
1966	1	6,6	4,7	2,3	2,1	4,1	3,5
	2	5,9	4,8	2,4	1,9	4,6	3,5
	3	6,8	4,9	3,0	2,2	4,8	3,9
	4	6,3	4,6	2,6	2,2	4,9	3,7
Moyenne annuelle		6,4	4,8	2,6	2,1	4,6	3,7
1967	1	6,5	5,0	2,8	2,0	4,9	3,8
	2	7,0	5,3	3,1	2,3	5,0	4,1
	3	6,3	5,2	3,2	2,3	4,9	4,1
	4	6,8	5,9	3,5	2,7	5,8	4,6
Moyenne annuelle		6,7	5,4	3,2	2,3	5,1	4,1
1968	1	6,8	6,2	3,4	2,7	5,8	4,5
	2	7,5	6,6	3,8	3,1	6,3	5,0
	3	7,9	6,5	3,6	3,5	6,3	5,0
	4	7,8	7,0	3,4	2,8	5,7	4,9
Moyenne annuelle		7,5	6,6	3,5	3,0	6,0	4,8
1969	1	6,9	6,6	3,0	2,7	5,2	4,4
	2	7,8	6,8	3,2	2,7	4,5	4,7
	3	8,1	7,1	3,0	2,8	4,9	4,8
	4	7,5	7,2	3,4	3,4	5,4	4,9
Moyenne annuelle		7,6	6,9	3,1	2,9	5,0	4,7
1970	1	7,1	6,8	3,6	3,7	5,8	5,0
	2	7,2	8,0	4,2	4,6	8,1	6,0
	3	8,5	8,7	4,7	4,8	9,0	6,7
	4	7,9	8,5	4,9	4,9	8,3	6,5
Moyenne annuelle		7,6	7,9	4,3	4,4	7,7	5,9

Source: Revue Statistique du Canada.

TABLEAU 2 — Écarts des taux de chômage par rapport à l'Ontario, moyennes annuelles

	Québec	Atlantique	Prairies	Colombie britannique	Canada
1963	3,7	5,7	−0,1	2,7	1,7
1964	3,1	4,5	−0,1	2,1	1,4
1965	2,9	4,7	0,0	1,7	1,4
1966	2,2	3,8	−0,5	2,0	1,1
1967	2,2	3,5	−0,9	1,9	0,9
1968	3,1	4,0	−0,5	2,5	1,3
1969	3,8	4,5	−0,02	1,9	1,6
1970	3,6	3,3	0,01	3,4	1,6

Source: Tableau 1.

que de plein emploi n'est pas concevable si elle ne s'applique pas indistinctement à tout le pays. Cet interdit s'applique en toute rigueur dit-on, à la politique monétaire. À première vue, il en va bien ainsi. Qu'on essaie d'abaisser les taux d'intérêt en Nouvelle-Écosse à 5 % pour favoriser l'expansion tandis qu'ils sont de 8 % en Ontario et bien entendu, les capitaux fuiront la Nouvelle-Écosse, à la vitesse permise sur la route transcanadienne pour s'arrêter en Ontario. Mais nous pensons que la politique monétaire peut emprunter des routes moins accessibles et moins rapides que la transcanadienne et nous y reviendrons plus loin.

Tout le monde admet qu'un régime fédéral comme le nôtre devrait se prêter particulièrement bien à des politiques fiscales régionalisées puisque les provinces lèvent des impôts et disposent de ressources considérables. Pour- tant la fiscalité des provinces n'est pas utilisée de manière délibérée en vue de la stabilisation économique. Il y a deux raisons à cela : d'abord les provinces ont rejeté avec plaisir sur le gouvernement fédéral jusqu'à maintenant la responsabilité du chômage et de l'inflation et de son côté le gouvernement fédéral accepte cette responsabilité avec une grande satisfaction d'amour propre, même s'il ne perçoit plus que la moitié de l'ensemble des impôts qui existent au Canada. La deuxième raison tient à ce que seul le gouvernement fédéral a eu accès à la Banque centrale jusqu'à maintenant et qu'il peut en cas de besoin faire financer ses déficits budgétaires par la création de monnaie. Quand les provinces encourent un déficit, elles doivent au contraire s'adresser au marché privé pour obtenir le financement nécessaire. Sauf dans le cas d'emprunts à l'étranger d'ailleurs, on sait qu'un déficit budgétaire est annulé, du point de vue de la stimulation de la demande globale, s'il est financé par le public[4].

Très bien. La politique monétaire ne peut être régionalisée et la politique fiscale des provinces ne peut être utilisée pour fins de stabilisation sans une source ultime de liquidités.

Il devient donc évident que la participation des provinces à une politique de stabilisation dépend en définitive de l'accès à la Banque centrale pour l'écoulement des obligations des provinces. Nous proposerons plus loin un mécanisme qui donne un accès indirect à la Banque centrale.

Quoique la loi permette à la Banque du Canada d'acheter des titres des provinces, la Banque ne l'a jamais fait, parce qu'elle y voit de nombreux inconvénients. Au premier plan de ses considérations elle place le danger d'une pagaille politique et financière. Comme ce genre d'opérations sur les titres d'état impliquerait la Banque dans la politique fiscale et la gestion de la dette des provinces, on l'accuserait très vite d'ingérence si la Banque conservait son statut actuel de banque fédérale ou alors les provinces seraient appelées à diriger la Banque en collaboration avec le gouvernement fédéral. Dans les deux cas, la Banque ne jouirait plus de la liberté d'action et de l'indépendance qui lui sont indispensables. Si on convenait que la Banque centrale devait conserver des proportions fixées à l'avance des obligations des provinces, les provinces y trouveraient avantage sans doute, mais la stabilisation de l'économie n'en serait nullement modifiée sauf une seule fois, quand le système serait introduit. Une deuxième objection à l'achat de titres provinciaux par la Banque centrale, consiste à dire que ces achats sont inutiles. En effet, la Banque centrale est chargée de régulariser l'offre de monnaie en fonction des objectifs du plein emploi et de la stabilité des prix, et compte tenu des contraintes financières extérieures. Pour remplir ce rôle elle n'a que faire des titres provinciaux[5]. Toutefois, ce raisonnement n'est irréprochable que si les besoins de la conjoncture sont identiques dans toutes les régions du pays. Or, nous pensons que ces besoins diffèrent suivant les régions. Enfin, l'achat de titres provinciaux par la Banque n'apporterait pas qu'un financement facile aux provinces ; elles imposeraient aussi des responsabilités additionnelles aux provinces, non seulement pour soumettre elles aussi leur politique fiscale aux exigences de la stabilité, mais pour contribuer financièrement aux opérations relatives au taux de change et au Fonds monétaire international.

Ces inconvénients sont suffisants à nos yeux pour rejeter à notre tour un accès direct des provinces aux ressources de la Banque centrale.

Nous avons dit que les provinces et le gouvernement fédéral étaient d'accord pour que la responsabilité du plein emploi et de la stabilité appartienne au gouvernement fédéral. Sans nous opposer vraiment à ce point de vue, nous constatons avec plusieurs autres observateurs qu'une coordination des politiques fiscales serait hautement désirable sinon nécessaire et qu'en l'absence d'une telle coordination le gouvernement fédéral aura de meilleures raisons pour conserver une plus large part des ressources publiques, et ce parfois, au détriment des priorités de dépenses publiques acceptées de tous les citoyens. En outre, s'il est exact que la conjoncture économique présente des caractéristiques régionales au Canada, l'absence des gouvernements provinciaux sur le front de la stabilité laisse un vide, qui donne prétexte aux provinces et au gouvernement fédéral de s'engager dans des voies «structurelles» mal avisées sinon désastreuses. Face au chômage qui sévit, les provinces ne peuvent demeurer inactives : comme le maintien de la demande globale relève du gouvernement fédéral, elles se sentent obligées d'attaquer le chômage par toutes sortes d'interventions dans ce champ devenu privilégié du développement régional.

Ce que nous avons dit jusqu'à maintenant se résume en trois propositions : (i) le chômage au Canada a une composante régionale de nature conjoncturelle et par suite il serait souhaitable qu'on puisse trouver le moyen de stimuler l'économie dans telle région plutôt que dans telle autre ; (ii) il serait désirable que les gouvernements provinciaux assurent leur part de responsabilité dans la stabilisation de l'économie par une coordination des politiques fiscales quant aux surplus et aux déficits globaux ; (iii) à cette fin, les gouvernements provinciaux doivent avoir accès à une source ultime de liquidités qui ne peut provenir que de la Banque du Canada.

3. Caisse de stabilisation régionale

Pour atteindre ces trois objectifs, nous proposons la création d'une caisse fédérale de stabilisation régionale qui fonctionnerait de la façon suivante.

1. Une ou deux fois par année, les provinces et le gouvernement fédéral établiraient en commun un diagnostic sur les tendances de la conjoncture économique pour les 6 ou 12 prochains mois. Ce diagnostic porterait sur l'économie dans son ensemble et sur celle de chacune des provinces.

2. Les provinces et le gouvernement fédéral soumettraient leurs vues sur le surplus ou le déficit fiscal qui serait approprié aux circonstances, pour l'ensemble de l'économie et pour celle de chacune des provinces. On dirait par exemple : les opérations fédérales devraient se solder par un déficit de 200 millions si on s'en tient à la conjoncture générale du pays, les opérations de chacune des provinces devraient se solder l'une, par un déficit de 50 millions, une autre par un surplus de 20 millions, compte tenu de la conjoncture propre à cette province.

Pour ces deux premières étapes, nous proposons que les provinces et le gouvernement fédéral se rencontrent mais nous avons évité de dire qu'elles devraient s'entendre. À vrai dire, il n'est pas nécessaire au fonctionnement de cette caisse que les provinces s'entendent sur quoi que ce soit ni même à la rigueur, qu'elles se rencontrent. Le diagnostic et l'orientation des politiques pourraient être fixés par des experts, représentant ou non les parties en cause, ou encore être fixés par le gouvernement fédéral agissant seul.

3. Une caisse fédérale est fondée qui achète les titres à court ou à moyen terme des provinces dont on a convenu qu'elles devaient encourir un déficit. L'échéance des titres ne devrait pas excéder cinq ans. La somme des titres achetés correspond également à l'ampleur du déficit jugé désirable et elle est établie à l'avance par une entente entre la province concernée et la caisse de stabilisation. Par la suite la province est laissée entièrement libre quant à tous les autres aspects de sa politique fiscale tout comme le gouvernement fédéral. Si une province désire encourir un déficit plus élevé que celui qui a été prévu, elle doit financer ce déficit par les voies ordinaires.

4. La Caisse fédérale émet ses propres titres et elle les vend, soit sur le marché soit à la Banque du Canada. La première année les titres de la caisse seraient probablement vendus en entier à la Banque du Canada parce qu'ils correspondraient à un besoin de liquidités additionnelles nettes. Au cours des années subséquentes cependant, les Provinces, qui ne seraient obligées de rembourser leurs titres qu'à l'occasion de surplus jugés désirables, devront émettre de nouvelles obligations remplaçant les premières et la Caisse fera de même à son tour. Suivant les conditions du marché la Caisse déciderait alors de s'adresser, soit au marché soit à la Banque.

Comme on le voit, cette Caisse fournit un mécanisme d'accès indirect des provinces aux ressources de la Banque du Canada. Elle n'est pas conçue pour rendre service aux provinces ; l'objectif n'est pas d'abaisser le coût des emprunts provinciaux ni d'encourager l'irresponsabilité fiscale. Les montants disponibles sont limités aux besoins de la stabilisation de la région et à une évaluation de ce qu'un supplément de liquidités peut contribuer au maintien de la demande globale au sein de cette région.

En fait, c'est sur cette dernière considération que la caisse de stabilisation repose pour son succès. Il faut que le chômage de la région soit sensible à une injection de monnaie dans la région, mais il ne faut pas que cette monnaie sorte aussitôt de la région. Cette monnaie peut fuir la région, soit parce que les taux d'intérêt sont plus bas qu'ailleurs soit parce que le contenu en importation des dépenses de la région est très élevé. Un des avantages de la caisse que nous proposons, par suite du champ très circonscrit de ses opérations, est de ne pas affecter sensiblement les conditions du marché des obligations de la province. Par contre, suivant les données empiriques que nous avons citées précédemment sur le chômage, il n'est pas exclu que dans certaines provinces un supplément de demande soit totalement inutile, même s'il existe du chômage. Dans ce cas, la Caisse n'aurait rien à y voir. Qu'une forte proportion des dépenses d'origine régionale soit dissipée en importations serait une des raisons pour lesquelles le chômage pourrait être insensible à un déficit budgétaire de la province. Il s'agit là d'une question empirique qu'il faut vérifier. Certaines indications sont disponibles à cet égard en ce qui concerne la province de Québec. Nous donnons des exemples de ces indications dans le tableau 3.

TABLEAU 3 — Quelques exemples du niveau des fuites hors du Québec. Effets directs et indirects sur les importations en provenance des autres provinces et de l'étranger d'une dépense d'un dollar sur un produit particulier.

SOIT 1$ DÉPENSÉ SUR	LA FUITE TOTALE EST DE
lait, bétail et volailles	0,404 $
céréales	0,790 $
fruits et légumes	0,797 $
autres produits agricoles	0,353 $
poissons non usinés	0,149 $
minerai de fer	0,114 $
pétrole et gaz	0,970 $
beurre et fromage	0,416 $
farine	0,567 $
vêtement d'hommes	0,331 $
vêtement de femmes	0,306 $
placages et contre-plaqués	0,385 $
meubles de bureau	0,534 $
meubles de maison	0,204 $
papier divers	0,169 $
édition	0,111 $
tubes et tuyaux d'acier	0,709 $
fil métallique	0,450 $
instruments aratoires	0,842 $
ciment	0,260 $
stylos et crayons	0,256 $
édifices et maisons	0,356 $
services bancaires	0,054 $

Source : Le système de comptabilité économique du Québec, quelques résultats, tiré-à-part de Statistiques, n° 1, 1969.

Dans un article très récent, le professeur Miller[6] a réussi à calculer des multiplicateurs de revenu pour les provinces de l'Atlantique, l'Ontario et le Québec, compte tenu des variables généralement retenues dans ce genre d'opérations, soit les propensions marginales à consommer, à taxer et à importer. Les résultats sont tout à fait remarquables. Supposons que le gouvernement fédéral augmente de 10$ ses dépenses dans la province de Québec, les multiplicateurs sont tels que l'accroissement de revenu serait de 14$ dans le Québec et de 5,30$ dans le reste du pays pour un accroissement total de 19,40$. On peut donc calculer que 72,6 % de l'accroissement de revenu est demeuré dans le Québec. En ce qui concerne les provinces de l'Atlantique, la situation est encore assez bonne puisque 62 % de l'accroissement du revenu est conservé dans la région. Considérons maintenant une alternative extrême consistant à stimuler la dépense dans le reste du pays. Contrairement à toutes les attentes peut-être, et pour une dépense initiale de 10$, l'accroissement du revenu s'élèverait à 17,20 % dans le reste du pays et à 1$ seulement dans le Québec. La stimulation totale est du même ordre de grandeur 19,40$ *vs* 18,20$, mais quelle différence dans la répartition régionale des effets de l'expansion. Il est donc faux de prétendre que le lieu d'une dépense initiale soit indifférent par suite des mécanismes de diffusion et de l'interdépendance des diverses régions dans l'économie canadienne. L'auteur lui-même conclut : «*The traditional view therefore, that regional import leakages render ineffective the pinpointing of expansionary measures in regions of high unemployment is not borne out by the evidence.*» De même on ne peut plus soutenir qu'il suffit d'avoir une économie prospère en général pour que les régions déprimées en bénéficient. Si les fuites des régions déprimées aux régions prospères sont relativement importantes, par contre, les effets d'entraînement des régions prospères sur les régions déprimées sont négligeables, comme on vient de le voir.

Nous avons illustré notre formule à partir du chômage et par suite à partir des provinces qui devraient encourir un déficit budgétaire pour le combattre. Mais le raisonnement s'applique aussi en sens inverse pour les provinces qui devraient normalement projeter des surplus budgétaires pour combattre l'inflation. Ces provinces peuvent refuser ce rôle stabilisateur parce qu'elles devraient alors taxer davantage leurs citoyens ou réduire le niveau de leurs services publics. Dans la mesure où ces provinces n'adaptent pas leur politique fiscale à la conjoncture, le fardeau de l'ajustement retombe sur les provinces en déficit, d'où une raison supplémentaire de permettre aux provinces en déficit d'avoir accès à des sources fédérales d'emprunt.

Voilà donc l'essentiel d'une proposition qui vise à attaquer de nouveau et d'une façon nouvelle, le problème des disparités régionales au Canada.

NOTES

1. Cet article est reproduit avec la permission de l'éditeur de la revue *Administration publique du Canada*, vol. 14, n° 3 (1971).

2. André Raynauld, *Croissance et structure économiques de la Province de Québec*, ministère de l'Industrie et du Commerce, Québec, 1961.

3. Arthur Donner, «A Note on the Sensitivity of Regional Economic Unemployment Rates to Total Economic Growth in Canada, 1953-1968», (miméo).

4. Voir Clarence L. Barber, *Theory of Fiscal Policy as Applied to a Province*, a study prepared for the Ontario Committee on Taxation, Ottawa, Queen's Printer. Le professeur Barber suppose une politique monétaire fédérale accommodante.

5. Voir Jean-Luc Migué, «Le financement des emprunts provinciaux et la Banque du Canada», *l'Actualité économique* (octobre-décembre 1962), pp. 368-77.

6. F. C. Miller, «The Case for Regional Fiscal Policy in Canada», article soumis à l'Association canadienne d'économique, juin 1971.

Chapitre X

Le Conseil économique du Canada	La régionalisation des politiques de stabilisation[1]

La réalisation du plein emploi est un objectif national au Canada. Cette tâche a été couronnée d'un certain succès, mais cette performance assez satisfaisante au niveau national masque toutefois un tableau beaucoup plus sombre dans certaines régions. Le niveau moyen de chômage a varié considérablement d'une province à l'autre, et lorsque le taux de chômage s'accroît à l'échelle du pays, il augmente à un degré différent dans chacune des régions (voir le tableau 1). La récession a en effet frappé la région de l'Atlantique et le Québec beaucoup plus durement que l'Ontario, tandis que la Colombie britannique et les provinces des Prairies se situent entre ces deux extrêmes. Pour 10 personnes qui perdent leur emploi en Ontario par suite d'une conjoncture récessionniste, on en compte 29 dans la région de l'Atlantique et 20 au Québec.

TABLEAU 1 — Hausse du taux de chômage dans chaque région pour une augmentation du taux national de 2 points de pourcentage, moyenne pour 1953-1975

	Hausse du chômage (en points de pourcentage)	Indice de la hausse (base 100 en Ontario)
Région de l'Atlantique	3,7	285
Québec	2,6	200
Ontario	1,3	100
Région des Prairies	1,7	131
Colombie britannique	1,9	146

Source: Données de Statistique Canada.

Ces chiffres représentent une moyenne relative à différentes périodes de récession et comportent les lacunes inhérentes aux moyennes. Ainsi, la récession de 1974-1975 n'a pas frappé la région de l'Atlantique et le Québec aussi durement, ni l'Ontario de façon aussi bénigne, que les autres récessions l'ont fait dans le passé, et il existe d'ailleurs des écarts sensibles entre les sous-régions de grandes provinces comme l'Ontario. Compte tenu de ces réserves, il est généralement acceptable de dire que le niveau de chômage induit par les tendances récessionnistes varie considérablement d'une région à l'autre.

Si le chômage s'est maintenu à un niveau relativement bas dans l'ensemble du Canada c'est en partie parce que les pouvoirs publics ont délibérément recouru à la politique fiscale et monétaire pour stimuler la demande lorsqu'elle était insuffisante ou menaçait de le devenir[2]. Dans ce contexte, on peut naturellement se demander pourquoi les résultats ont été bien meilleurs à l'échelle nationale qu'au Québec et dans la région de l'Atlantique. La réponse à cette question paraît évidente, et nous estimons qu'elle est la bonne : pour qu'une politique de stabilisation réussisse dans les régions, il faut qu'elle soit appliquée dans chaque région suivant sa spécificité. Dans cette perspective, la régionalisation de la politique de stabilisation peut s'effectuer de deux façons. Lorsqu'il devient nécessaire de réduire la demande globale à cause des pressions inflationnistes ou pour d'autres raisons, on pourrait tenter de la diminuer moins dans les régions prédisposées au chômage, notamment la région de l'Atlantique et le Québec. Inversement, lorsqu'on stimule la demande délibérément afin d'abaisser le chômage à l'échelle nationale, on pourrait tenter de la stimuler davantage dans les régions où le taux de chômage est supérieur à la moyenne.

Le gouvernement fédéral a déjà posé certains gestes en vue de régionaliser la politique budgétaire. Dans son budget de juin 1963, les nouvelles entreprises de fabrication et de transformation établies dans les régions désignées comme zones de faible croissance ont été exemptées de l'impôt sur les bénéfices pour une période de trois ans à partir de leur implantation et on les a autorisées à amortir les machines et l'équipement neufs sur une période de deux ans. Le budget de juin 1969 a reporté pour les deux premières années les provisions pour amortissement sur les bâtiments commerciaux érigés dans les principaux centres urbains en Ontario, en Alberta et en Colombie britannique.

Pour mettre en œuvre une politique de stabilisation qui tienne compte des particularités régionales, il n'est pas nécessaire, comme dans le cas de ces deux mesures, d'appliquer différemment les mêmes leviers fiscaux dans différentes régions. On peut atteindre le même but en variant le «mixage» des instruments. Ainsi, rien n'empêcherait, en principe, le Québec, et peut-être aussi certaines provinces de l'Atlantique, de faire leur part dans l'utilisation délibérée des leviers budgétaires en vue de stimuler la demande.

Nous n'envisageons pas le recours à la politique monétaire pour différencier la demande globale selon les régions car, dans un régime de taux de change fixes ou à peu près fixes, la marge de manœuvre pour utiliser la politique monétaire pour tout autre objectif que celui d'équilibrer la balance des paiements est relativement limitée[3]. Au demeurant, de nombreux économistes estiment que la grande mobilité du capital monétaire s'oppose à la régionalisation des taux d'intérêt, au-delà des écarts normaux dus au risque, bien que certains assurent que les taux hypothécaires font exception à cette règle. Par ailleurs, on pourrait envisager de rationner la demande sur une base régionale au moyen de la «persuasion morale».

De toute façon, une évidence s'impose : toute politique fiscale fédérale est inévitablement régionalisée dans une certaine mesure. La seule question véritable est de savoir si, à partir de l'expérience du passé, il y a lieu de modifier le degré de différenciation régionale.

Les politiques de stabilisation de 1965 à 1973

On peut modifier la politique fiscale au moyen de certains «leviers» ; les plus courants sont le niveau de diverses provisions pour consommation de capital, les taux de l'impôt fédéral sur le revenu des particuliers, le niveau des exemptions personnelles, la taxe de vente fédérale à la fabrication et l'impôt fédéral sur les bénéfices des sociétés. Chacun de ces instruments modifie le niveau de la demande différemment dans chaque région, même s'il s'applique généralement aux particuliers ou aux sociétés sans égard à leur lieu de résidence ou d'emplacement.

La plupart des mesures fiscales qui ont été mises en œuvre de 1965 à 1973 comportaient des changements touchant l'amortissement du capital ou l'impôt sur le revenu des particuliers. Ainsi, dans le budget de mars 1966, le ministre des Finances annonçait qu'afin d'encourager le report des projets d'investissement, les taux de provision pour amortissement normalement applicables à l'actif immobilisé — machines, biens d'équipement et bâtiments — seraient réduits pour les trois premières années à l'égard des biens achetés entre le 30 mars 1966 et le 1er octobre 1967. Les taux devaient ensuite revenir à leurs niveaux antérieurs. Dans le cas des machines et de l'équipement, cela signifiait que le taux d'amortissement était diminué de 20 à 10 % (selon la méthode du solde dégressif), tandis que, dans le cas des bâtiments, il était réduit de 5 à 2½ %. En mars 1968, le ministre annonçait une surtaxe de 3 % à l'impôt de base sur le revenu des particuliers[4] excédant 200 $, ainsi qu'au revenu des sociétés. Au début, ces mesures devaient s'appliquer aux années d'imposition 1968 et 1969, mais elles ont été prolongées jusqu'en 1971 avant d'être abrogées. Du 4 décembre 1970 au 31 mars 1972, on a autorisé les entreprises de fabrication et de transformation à évaluer les nouveaux investissements en machines et équipement et en construction à 115 % de leur coût réel pour établir leurs provisions pour amortissement. En octobre 1971, l'impôt sur le revenu des particuliers a été réduit de 3 % et l'impôt sur le revenu des sociétés de 7 %, les deux mesures devant s'appliquer du 1er juillet 1971 au 3 décembre 1972.

Cette liste partielle indique les principaux domaines où s'est concentrée la politique fiscale du gouvernement fédéral de 1965 à 1973. Pour évaluer les répercussions de ces mesures, il faut d'abord examiner leurs effets sur les investissements en machines, en biens d'équipement et en bâtiments ainsi que sur les dépenses de consommation. L'impact sur les investissements peut être estimé à partir des effets sur la rentabilité des entreprises[5] et l'impact sur les dépenses de consommation à partir des changements observés dans le revenu personnel disponible. Ces effets immédiats que les modifications aux instruments fiscaux ont produits dans chacune des régions ne révèlent toutefois pas tout; il faut aussi tenir compte des effets d'entraînement et des effets de «fuite» vers les autres régions[6].

Avant d'analyser les effets des politiques en vigueur de 1965 à 1973, il importe de dissiper une difficulté éventuelle d'ordre théorique quant à leur interprétation. On parle habituellement de politiques «restrictives» ou «détendues», mais il n'est pas facile de donner une signification précise à ces termes. Tout comme l'eau d'une piscine sera trop chaude pour l'un et trop froide pour l'autre, le même dosage de mesures fiscales paraîtra «restrictif» à celui qui croit que la demande est trop faible et «détendu» à celui qui croit qu'on ne saurait l'accroître davantage sans déséquilibrer le système. On peut éviter le problème d'une définition objective de ces termes en choisissant arbitrairement une année qui sert de point «neutre» ou de «degré zéro». Nous avons choisi l'année 1970 dans l'analyse qui suit. Par rapport à cette année-là, le milieu des années 60 et le début des années 70 ont été des périodes de plus grande «détente» fiscale, en ce sens que les impôts, les provisions pour amortissement et autres mesures qui étaient en vigueur en 1970 auraient entraîné une réduction de la demande qui aurait été plus forte qu'elle ne l'a été en réalité, s'ils avaient été appliqués durant toute autre année de la période en cause. Ainsi, l'année 1970 s'est révélée la plus restrictive de la période, bien que nous nous abstenions de juger si, considérée objectivement, elle était trop restrictive, ou peut-être trop détendue.

Nous mesurons donc le degré de détente durant les années autres que 1970 par l'excédent de la demande globale par rapport à ce qu'elle aurait été si la législation fiscale de 1970 avait été en vigueur ces années-là (voir tableau 2). Par exemple, en 1966, le produit régional brut[7] de l'Ontario était de 465 millions de dollars plus élevé (soit 1,9 %) qu'il ne l'aurait été si les mesures fiscales de 1970 avaient été appliquées cette année-là. Si l'on examine l'effet de ces mesures sur toutes les régions, on constate que de 1966 à 1970, il s'est produit un resserrement progressif de la politique fiscale, qui s'est traduit par une somme correspondant à 1,9 % du P.R.B. en Ontario.

TABLEAU 2 — Effets de la politique fiscale sur le revenu total, par région, 1965-1973

	1965	1966	1967	1968	1969	1970[1]	1971	1972	1973
	(en millions de dollars)								
Région de l'Atlantique	22	26	26	17	2	0	15	62	90
Québec	130	169	147	102	7	-1	42	301	397
Ontario	253	465	299	211	23	2	119	509	735
Régions des Prairies	76	94	87	61	8	1	24	156	229
Colombie britannique	50	56	57	38	5	0	25	108	143
	(En pourcentage du produit régional brut)								
Région de l'Atlantique	0,6	0,6	0,6	0,4	0,0	0,0	0,2	0,9	1,2
Québec	0,9	1,1	0,9	0,6	0,0	0,0	0,2	1,2	1,4
Ontario	1,2	1,9	1,1	0,7	0,1	0,0	0,3	1,2	1,6
Région des Prairies	0,8	0,9	0,8	0,5	0,1	0,0	0,2	0,9	1,2
Colombie britannique	0,9	0,9	0,7	0,5	0,1	0,0	0,3	0,9	1,0

1. En raison des délais inhérents au processus d'investissement, nous n'avons pu donner à tous ces chiffres une valeur identique de zéro.
Source: Estimations du Conseil économique du Canada.

Au Québec, le pourcentage était tout juste supérieur à la moitié de celui de l'Ontario; il était inférieur à ce dernier en Colombie britannique et dans les Prairies, et encore plus faible dans la région de l'Atlantique. En 1973, la détente fiscale amorcée en 1971 semble avoir exercé le plus grand effet en Ontario, suivie de près par le Québec; les provinces des Prairies et de l'Atlantique venaient ensuite. C'est la Colombie britannique qui était le moins touchée.

En résumé, l'expérience des années 1965 à 1973 montre que l'Ontario profite le plus des périodes de détente, mais que cette province est aussi la plus touchée par le resserrement de la politique fiscale. D'autre part, la région de l'Atlantique bénéficie relativement peu des mesures de relâche, mais ne souffre guère durant les périodes de restriction. Le Québec et les Prairies se situent entre l'Ontario et la région de l'Atlantique à cet égard, tandis que la Colombie britannique manifeste le comportement le plus irrégulier.

Les objections à la régionalisation

On voit donc que les mesures fédérales de stabilisation ont effectivement eu des effets différents d'une région à l'autre. On pourrait alors soutenir qu'il n'est pas possible de modifier sensiblement le degré de différenciation régionale des politiques de stabilisation, si souhaitable que soit la régionalisation de ces mesures. Nous croyons cependant que c'est possible et nous indiquerons plus loin quelques moyens d'y arriver. D'autres objections — d'ordre économique ou politique — ont cependant été formulées contre l'idée même de la régionalisation. Elles sont loin d'être superficielles, mais nous estimons dans l'ensemble qu'elles sont mal fondées.

Objections de nature économique

Une partie des dépenses additionnelles effectuées dans une région dans le cadre d'une politique de stabilisation régionalisée déborderont à l'extérieur et créeront des revenus et des emplois dans les autres régions. Ce phénomène de «fuite» ou de «coulage» sera probablement d'autant plus sérieux que la région est petite : si les fuites sont assez importantes, elles pourraient rendre la politique inefficace. Le même sort pourrait l'attendre si une partie appréciable des disparités de chômage entre les régions n'était pas attribuable aux différences entre les niveaux de la demande. Parmi les autres explications des écarts interrégionaux du chômage, on peut mentionner l'aptitude plus ou moins grande à faire concorder les emplois disponibles et les qualifications des chômeurs, le degré d'efficacité des mécanismes institutionnels pour le placement des chômeurs dans les emplois disponibles et les écarts quant à la proportion du chômage saisonnier et quant à l'empressement des chômeurs à accepter les emplois offerts. On ne saurait nier l'importance de certains de ces facteurs, mais peuvent-ils expliquer entièrement les écarts de chômage, ou bien l'insuffisance de la demande a-t-elle aussi un rôle à jouer ? Enfin, une politique de stabilisation régionalisée ne réussirait peut-être pas à réduire le chômage si la demande supplémentaire de main-d'œuvre qu'elle susciterait dans une région donnée était entièrement neutralisée par la diminution des migrations vers l'extérieur ou par l'accroissement des migrations vers cette région.

À titre de commentaire général sur ces objections, notons simplement qu'à notre avis, l'élargissement des écarts interrégionaux de chômage durant les périodes de récession prouve que le degré d'insuffisance de la demande varie d'une région à l'autre et que ce facteur joue un rôle important. Il se peut cependant qu'un certain degré de ralentissement soit nécessaire pour permettre à certaines régions de concurrencer les autres ; si le ralentissement qui se manifeste durant les récessions était partiellement supprimé, il faudrait, pour compenser son absence, que les périodes d'expansion produisent une prospérité moindre. Ainsi, en stimulant la demande, on pourrait déplacer le chômage des périodes de récession aux périodes d'expansion, sans jamais l'éliminer. Soyons clairs : certaines régions ont peut-être besoin de récessions plus sévères, afin que les coûts y restent assez bas pour qu'elles puissent être concurrentielles à long terme.

En ce qui concerne les effets de freinage sur les migrations vers l'extérieur, il s'en trouverait plusieurs à les considérer avantageux. De toute façon, ils seraient communs à toutes les politiques actuelles visant à rétrécir les écarts de chômage, telles que les programmes de subventions du ministère de l'Expansion économique régionale (MEER) et la régionalisation des prestations d'assurance-chômage. Il est difficile de trouver des données permettant de mesurer la probabilité de ces effets, mais l'expérience récente de la région de l'Atlantique montre qu'en stimulant la demande, on réduirait probablement à la fois les migrations vers l'extérieur et le taux de chômage. S'il en est ainsi, il n'y a pas de problème, il faut tout simplement, pour réaliser un effet donné sur les taux de chômage, appliquer la politique de stabilisation régionale plus vigoureusement que si elle n'avait pas d'effets sur les migrations. On ne saurait toutefois écarter la possibilité que toute politique de création d'emplois, qu'elle soit axée sur la stimulation de la demande ou sur l'octroi de subventions à l'implantation des entreprises, puisse être entièrement neutralisée par la réduction du nombre de migrants quittant la région : les taux de chômage demeureraient alors à peu près inchangés, bien qu'ils pourraient diminuer temporairement. Si c'était le cas, la diminution des écarts interrégionaux de chômage se révélera un problème beaucoup plus difficile à résoudre qu'on ne le pensait jusqu'à maintenant.

Les «fuites» de production et de revenus

On dispose d'une quantité considérable de données montrant dans quelle mesure les dépenses effectuées par les habitants d'une province y accroissent la production et les revenus et dans quelle mesure elles débordent vers d'autres provinces ou à l'étranger. Par exemple, si le revenu total des consommateurs québécois était augmenté grâce à une réduction des impôts, toutes les provinces en bénéficieraient mais 79 % de la hausse des revenus se produirait au Québec même (voir le tableau 3). Les résultats ne seraient pas très différents pour les autres provinces. En général, plus la province est petite, plus les fuites sont élevées : Terre-Neuve ne bénéficierait que de 55 % de l'augmentation totale des revenus produite par une réduction de ses propres impôts, tandis que la proportion correspondante pour l'Ontario est de 86 %. Il n'est donc pas raisonnable de soutenir qu'il ne serait pas efficace, en raison des fuites élevées, de hausser les dépenses de consommation dans une province au moyen d'une politique budgétaire régionalisée, qu'elle soit de ressort fédéral ou provincial. Évidemment, on pourrait s'opposer à la mise en œuvre d'une telle politique pour d'autres raisons, mais c'est là une autre affaire.

Il en est de même d'une augmentation des dépenses en construction dans une province particulière (voir le tableau 4). Par exemple, si l'on augmente

TABLEAU 3 — Effets d'une réduction hypothétique de l'impôt sur les revenus dans les provinces, en pourcentage des effets sur l'ensemble des revenus au Canada

	Province où les impôts sont réduits									
Effets sur les revenus à:	Terre-Neuve	Île-du-Prince-Édouard	Nou-velle-Écosse	Nou-veau-Bruns-wick	Québec	Ontario	Mani-toba	Saskat-chewan	Alberta	Colom-bie britan-nique
Terre-Neuve	55	—	—	—	—	—	—	—	—	—
Île-du-Prince-Édouard	1	58	1	—	—	—	—	—	—	—
Nouvelle-Écosse	3	4	61	2	—	—	—	—	—	—
Nouveau-Brunswick	2	4	2	62	—	—	—	—	—	—
Québec	15	14	12	13	79	9	8	8	8	8
Ontario	23	19	21	20	17	86	16	16	16	15
Manitoba	1	1	1	1	1	1	67	3	2	1
Saskatchewan	1	1	1	1	1	1	4	65	1	1
Alberta	1	1	1	1	2	2	3	6	70	5
Colombie britannique	1	1	1	—	1	1	2	3	4	70
Canada[1]	100	100	100	100	100	100	100	100	100	100

1. Les chiffres ayant été arrondis, leur somme peut ne pas correspondre au total.
Source: Ministère de l'Expansion économique régionale, «An Interprovincial Input-Output Model — Version III», Ottawa, mai 1976.

TABLEAU 4 — Effets d'une hausse des dépenses en construction sur les revenus dans les provinces, en pourcentage des effets sur l'ensemble des revenus au Canada

En pourcentage

Effets sur les revenus à :	Province où s'effectue la hausse des dépenses en construction									
	Terre-Neuve	Île-du-Prince-Édouard	Nouvelle-Écosse	Nouveau-Brunswick	Québec	Ontario	Manitoba	Saskatchewan	Alberta	Colombie britannique
Terre-Neuve	60	—	—	—	—	—	—	—	—	—
Île-du-Prince-Édouard	1	53	—	—	—	—	—	—	—	—
Nouvelle-Écosse	3	8	64	2	1	—	—	—	1	—
Nouveau-Brunswick	1	4	2	65	—	—	—	—	—	—
Québec	13	12	11	12	81	7	7	7	6	5
Ontario	19	19	19	18	15	88	19	18	17	14
Manitoba	—	—	—	—	1	1	64	4	2	1
Saskatchewan	—	—	—	—	1	1	4	59	1	1
Alberta	—	—	—	—	1	1	3	6	68	3
Colombie britannique	1	2	1	1	1	1	4	5	5	75
Canada[1]	100	100	100	100	100	100	100	100	100	100

1. Les chiffres ayant été arrondis, leur somme peut ne pas correspondre au total.

Source : Ministère de l'Expansion économique régionale, «An Interprovincial Input-Output Model — Version III», Ottawa, mai 1976.

les dépenses en construction en Nouvelle-Écosse, le revenu et la production s'accroissent dans l'ensemble du Canada, mais cette hausse bénéficie dans une proportion de 64 % aux habitants de la Nouvelle-Écosse même. Le résultat serait semblable dans les autres provinces : l'effet stimulateur des dépenses de construction dans une province se fait d'abord sentir dans cette province. Nous avons choisi l'exemple de la construction, car il s'agit d'une activité qui est très probablement touchée par une politique fiscale régionalisée, mais l'analyse montre que les résultats ne sont pas très différents pour d'autres types de dépenses.

Ces résultats ne manqueront pas d'en surprendre plusieurs : pourquoi ces mesures ont-elles des répercussions si importantes dans la région où elles sont mises en œuvre ? La principale raison est que plus de la moitié de la production provient du secteur de services, qui, pour la plupart, doivent être fournis sur place. Les pourcentages varient d'une région à l'autre, mais pas assez pour infirmer le sens de cette conclusion. Le commerce de détail et de gros, les services financiers, le transport local et de nombreux autres services sont fournis localement. De même, un certain nombre d'autres produits doivent aussi être fabriqués sur place. Tous les entrepreneurs en construction utilisent principalement de la main-d'œuvre locale, et parfois des matériaux fournis localement, en raison du poids et des coûts de transport élevés[8]. L'énergie électrique et les autres services d'utilité publique se trouvent le plus souvent dans la province, ainsi qu'une partie des produits agricoles. Même dans le cas de biens importés, il existe souvent aussi une production locale, comme pour les boissons embouteillées et les meubles. Les possibilités d'importation en provenance du reste du pays ou de l'étranger sont donc beaucoup plus restreintes qu'on ne l'imagine à prime abord. On peut aussi probablement attribuer cette situation aux grandes distances qui séparent les régions canadiennes et aux coûts des liaisons de transport. Dans ces circonstances, on peut s'étonner que les échanges interrégionaux au Canada soient aussi importants.

Dans des régions aussi grandes et aussi éloignées, il est peu probable que les fuites soient assez importantes pour fausser l'objet d'une politique régionalisée. Cela n'a peut-être rien de surprenant si l'on considère que plusieurs pays européens ont une population et un produit intérieur brut égaux ou inférieurs à ceux de certaines régions canadiennes et sont plus rapprochés les uns des autres, ce qui ne les empêche pas de poursuivre activement leurs propres politiques fiscales[9]. Rien n'empêche donc les régions canadiennes de suivre cette voie.

Les fuites pourraient cependant présenter un autre problème. Si, par exemple, le gouvernement québécois décidait de poursuivre une politique d'expansion budgétaire, les importations du Québec pourraient provoquer une demande trop élevée en Ontario. Si c'est le gouvernement fédéral qui contrôle la politique, il lui est possible d'utiliser les mesures fiscales de façon à produire n'importe quel degré de resserrement ou de détente budgétaire en Ontario. Si c'est le gouvernement provincial qui contrôle la politique, une certaine coordination pourrait être nécessaire, pour au moins faire connaître publiquement ce qui se fait.

Les qualifications des chômeurs

Si les qualifications des chômeurs correspondent très mal à celles que requièrent les postes vacants, il n'est pas possible de soutenir que le chômage est attribuable à l'insuffisance de la demande. La solution consiste alors à recycler les travailleurs ou à modifier les tendances de la demande. D'autre part, si la concordance est raisonnable, il est possible d'expliquer le chômage par l'insuffisance de la demande. Cette question a été examinée de façon exhaustive tant au Canada qu'aux États-Unis durant les années 60, alors que l'on croyait que le niveau élevé de chômage à ce moment-là était attribuable à la discordance structurelle des chômeurs et des emplois[10]. Les résultats de ces travaux ne sont pas entièrement probants mais, dans l'ensemble, ils tendent à ne pas confirmer cette interprétation. Il est possible que la thèse de la discordance ne s'applique guère à l'échelle nationale, mais qu'elle joue un rôle important dans une région donnée. Il convient néanmoins de manifester un certain scepticisme à l'égard de l'importance du problème de la discordance.

Les mécanismes institutionnels de placement

Si l'efficacité des mécanismes institutionnels de placement des chômeurs variait d'une région à l'autre, les emplois vacants devraient avoir tendance à le demeurer plus longtemps dans les régions où l'efficacité est moindre. On s'attendrait à ce que non seulement le taux de chômage mais aussi le taux de postes vacants soient plus élevés que la moyenne dans les régions comme le Québec et les provinces de l'Atlantique, de sorte que l'écart entre les deux taux ne varieraient pas beaucoup. Un nombre plus grand de personnes auraient besoin d'emplois, mais un plus grand nombre d'emplois seraient effectivement disponibles[11]. Par ailleurs, si l'écart entre les deux taux différait considérablement d'une région à l'autre, on pourrait croire qu'une bonne partie des écarts interrégionaux de chômage sont causés par l'insuffisance de la demande.

Si l'on compare les données pour quatre périodes triennales, dont deux peuvent être associées à des périodes de prospérité (1955-1957 et 1965-1967) et les deux autres à des périodes de récession (1959-1961 et 1971-1973), on constate que, même si les taux de chômage ont toujours été beaucoup plus élevés dans la région de l'Atlantique, au Québec et en Colombie britannique qu'en Ontario et dans les Prairies, les taux de postes vacants des diverses régions sont par contre beaucoup plus rapprochés (voir le tableau 5). Seule exception d'une certaine importance, le taux de postes vacants était légèrement plus élevé dans la région de l'Atlantique qu'ailleurs durant les trois premières périodes, mais l'écart était loin d'être aussi considérable que celui des taux de chômage.

TABLEAU 5 — Taux de chômage et de postes vacants, par région, périodes diverses, 1955-1973

	Région de l'Atlantique	Québec	Ontario	Région des Prairies	Colombie britannique
1955-1957					
Taux de chômage (c)	7,0	5,7	3,0	2,6	3,9
Taux de postes vacants (v)	0,9	0,8	0,4	0,6	0,6
Écart (c − v)	6,1	4,9	2,6	2,0	3,3
1959-1961					
Taux de chômage (c)	10,9	8,7	5,1	4,0	7,8
Taux de postes vacants (v)	0,6	0,4	0,3	0,4	0,4
Écart (c − v)	10,3	8,3	4,8	3,6	7,4
1965-1967					
Taux de chômage (c)	6,8	5,1	2,7	2,3	4,6
Taux de postes vacants (v)	1,0	0,8	0,7	0,7	0,5
Écart (c − v)	5,8	4,3	2,0	1,6	4,1
1971-1973					
Taux de chômage (c)	8,8	8,0	4,7	4,3	7,0
Taux de postes vacants (v)	0,7	0,6	0,7	0,7	0,7
Écart (c − v)	8,1	7,4	4,0	3,6	6,3

Source: Estimations effectuées par le Conseil économique du Canada à l'aide de données de Statistique Canada, et Frank T. Denson, Christine H. Feaver et A. Leslie Robb, «Patterns of Unemployment Behaviour in Canada», Conseil économique du Canada, coll. Documents, n° 36, septembre 1975.

En outre, l'écart entre le chômage et les postes vacants dans les régions à chômage élevé est invariablement supérieur à celui de l'Ontario ou des Prairies. Il est plus grand durant les récessions, ce qui indique que ces périodes sont marquées par d'importantes disparités interrégionales quant à l'influence de la demande. Même en période d'expansion économique, la demande n'est pas répartie uniformément à travers le pays. Nous en concluons que les données sur le chômage et les postes vacants montrent que la demande globale est insuffisante dans certaines régions, notamment en période de récession ou d'activité normale, mais peut-être moins lorsque la conjoncture est forte[12].

La saisonnalité

Le chômage saisonnier contribue fortement aux taux de chômage élevés au Canada et il représente une part importante des écarts interrégionaux à cet égard. Malgré ce rôle capital, cependant, la saisonnalité n'explique pas tout. De 1953 à 1975, la région de l'Atlantique enregistrait 80 % plus de chômage non saisonnier que l'Ontario, alors que cette proportion s'établissait à 70 % pour le Québec et à 50 % pour la Colombie britannique (voir le tableau 6). Il existe donc entre les régions des différences appréciables que l'on ne peut attribuer aux écarts de chômage saisonnier, les différences dans les pressions de la demande peuvent évidemment constituer alors un élément d'explication.

TABLEAU 6 — Taux de chômage, par région, 1953-1975. En pourcentage

	Taux de chômage global	Taux de chômage non saisonnier	Taux de chômage saisonnier[1]
Région de l'Atlantique	8,6	5,2	0,9
Québec	7,0	4,9	0,7
Colombie britannique	6,0	4,4	0,6
Ontario	3,9	2,9	0,4
Région des Prairies	3,3	1,7	0,6
Canada	5,3	3,7	0,5

1. Corrigé pour tenir compte du cycle.
Source: Richard Beaudry, «Le chômage saisonnier et l'explication des disparités interrégionales de chômage au Canada», Conseil économique du Canada, coll. Documents, n⁰ 84, 1977.

En outre, on est en droit de croire que le chômage saisonnier lui-même est sensible au niveau de la demande globale. Le chômage saisonnier est invariablement moindre en période d'expansion que durant les récessions. Il ne semble pas que cela soit le résultat des méthodes qui servent à mesurer la saisonnalité car, quelle que soit la méthode utilisée, l'écart demeure[13]. On peut également montrer, à l'aide d'hypothèses fort plausibles quant à la conjoncture des coûts ou de la demande, qu'il serait profitable aux entreprises d'enregistrer des variations saisonnières de l'emploi plus fortes en période de ralentissement qu'en période d'expansion. En d'autres termes, le lien entre la saisonnalité et l'évolution conjoncturelle n'est pas fortuit.

On pourrait donc se servir des politiques relatives à la demande globale, en leur donnant une spécificité régionale, pour éliminer une partie des écarts interrégionaux de chômage saisonnier. Sans doute la part du chômage saisonnier qui est impliquée ici est-elle assez faible, mais on ne saurait la négliger pour autant.

L'empressement à accepter un emploi

On affirme parfois que le chômage est plus élevé dans certaines régions parce que les chômeurs y sont moins prêts à accepter les emplois disponibles. Cette réticence peut se manifester si les emplois sont moins attrayants parce que les salaires sont faibles et les conditions de travail mauvaises, ou si l'inactivité offre plus d'agrément en raison de la générosité et de l'accessibilité des prestations d'assurance-chômage et d'assistance sociale. Dans l'un ou l'autre cas, la stimulation de la demande serait un moyen inefficace de remédier au chômage.

Il existe une objection générale et très sérieuse à l'opinion voulant que les attitudes à l'égard du travail diffèrent d'une région à l'autre, quelle qu'en soit la raison. C'est que durant les récessions, le taux de chômage s'accroît davantage dans les régions à chômage élevé qu'ailleurs. Pour tenir compte de ce fait dans l'hypothèse sur les attitudes à l'égard du travail, il faudrait supposer que l'empressement des gens à travailler s'accentue ou s'atténue suivant la phase du cycle économique. Or, rien n'autorise à croire à l'existence d'un tel phénomène. Les salaires et les conditions de travail, bien qu'ils s'améliorent avec le temps, ne montrent pas de corrélation négative évidente avec les fluctuations cycliques, et il en est de même des taux de prestation de l'assurance-chômage et de l'assistance sociale.

Si les attitudes sont les mêmes d'une région à l'autre et si les différences interrégionales dans l'attrait relatif au travail et de l'assistance sociale sont proposées comme explication des écarts de chômage, il est difficile d'expliquer pourquoi, alors que la générosité des programmes de soutien du revenu s'est accrue sensiblement depuis le milieu des années 60, les écarts interrégionaux de chômage ne se sont pas élargis; ils ont même diminué un peu depuis cette époque[14].

On a également voulu voir, dans les faibles taux d'activité du Québec et de la région de l'Atlantique, la preuve que les chômeurs ont une attitude différente à l'égard du travail dans ces régions, peut-être à bon droit. On pourrait penser que ces taux sont bas parce que les inactifs et les chômeurs croient qu'il n'y a pas d'emplois disponibles, et non parce qu'ils sont moins enclins à travailler, mais les faits sont contraires à cette interprétation. Même lorsque les emplois sont faciles à obtenir, la proportion de ceux qui veulent les occuper est plus faible au Québec et dans la région de l'Atlantique, ce qui est dû, en partie, au fait que les femmes y préfèrent les responsabilités familiales à un emploi rémunéré.

Il n'est pourtant pas facile d'établir une relation logique entre un désir de travailler inférieur à la moyenne et un taux de chômage supérieur à la moyenne. Imaginons, par exemple, que les attitudes de la population d'une région où les taux d'activité sont élevés se modifient soudainement et que ces taux baissent. Ceux qui quittent la population active étaient jusque-là employés ou chômeurs. S'ils étaient chômeurs, leur départ de la population active abaissera le taux de chômage au lieu de l'accroître ; s'ils étaient répartis proportionnellement jusque-là entre travailleurs et chômeurs, leur départ ne modifiera pas le taux de chômage. Celui-ci n'augmentera que si, parmi les personnes qui abandonnent la population active, on trouve une proportion plus grande de personnes employées ; même dans ce cas, cependant, la hausse du chômage sera très inférieure à la diminution des taux d'activité. En principe, donc, si le désir moindre de travailler aboutit à des taux d'activité inférieurs à la moyenne, cela pourrait donner des taux de chômage plus faibles, plus élevés ou exactement les mêmes que si l'incitation à travailler était égale à la moyenne.

Les rapports entre un taux d'activité faible et un taux de chômage élevé doivent être plus subtils. On pourrait soutenir que, si les taux d'activité sont plus bas que la moyenne dans une région, c'est que ses habitants exercent une sélectivité plus grande quant au genre d'emploi qu'ils trouvent acceptable, que cette caractéristique s'applique aussi bien aux chômeurs qu'à ceux qui ne font pas partie de la population active, et qu'elle entraîne une plus longue période de recherche d'emploi pour les chômeurs et, par conséquent, un taux de chômage plus élevé que la moyenne. Ce raisonnement est plausible, mais nous n'avons pu établir s'il est valable ou non. Il nous paraît donc difficile d'attribuer les écarts interrégionaux de chômage aux différences dans l'attitude à l'égard du travail.

Le chômage et la compétitivité de coût

On pourrait aussi supposer que l'accroissement de la demande dans une région en vue d'y abaisser le chômage peut y créer des pressions salariales qui nuiront éventuellement à la compétitivité de la région. Suivant ce raisonnement, certaines régions, pour demeurer compétitives, ont besoin d'un niveau moyen de chômage plus élevé que d'autres. Comme il est très difficile de vérifier cette hypothèse, qu'il suffise de mentionner ici que, de façon générale, nos recherches n'appuient pas la thèse voulant que le niveau élevé du chômage dans une région contribue à maintenir sa compétitivité en matière de coûts[15].

Objections politiques

D'aucuns considèrent que la régionalisation des politiques de stabilisation fédérales impliquerait l'octroi de subventions aux régions où la demande s'accroît le plus. Si tel est le cas, elle devrait être rigoureusement justifiée en termes d'efficacité par dollar dépensé. Or, il ne serait pas facile de fournir une telle justification ; il faudrait comparer l'efficacité financière de tous les programmes régionaux actuels avec celle de la politique de stabilisation régionale. Nous croyons qu'il serait très difficile de mesurer, même en principe, l'efficacité de mesures telles que les paiements de péréquation, les subventions à la mobilité, le financement des infrastructures par l'intermédiaire du MEER, et le reste. Comment peut-on mesurer, par exemple, la valeur que représente, pour les habitants d'une région, l'amélioration des services d'enseignement au moyen de paiements de péréquation et de programmes à frais partagés? Comment peut-on calculer dans quelle mesure la construction d'une nouvelle route accroît la productivité et les niveaux de revenus moyens d'une région? Les difficultés de principe ne devraient pas s'opposer aux efforts en vue d'effectuer ces calculs, mais cette tâche, colossale sous tous rapports, est à peine commencée. Force nous est donc de nous en remettre à des arguments généraux, essentiellement non quantitatifs, pour justifier l'élargissement des moyens propres à assurer le développement régional afin d'y inclure la politique de stabilisation régionale, même si les dépenses totales ne devraient pas être modifiées.

Il existe deux raisons en faveur de l'utilisation d'une politique de stabilisation régionale. La première est à la fois la plus convaincante et la plus simple. On sait qu'une politique d'expansion budgétaire peut réduire le chômage lorsque celui-ci est attribuable à la diminution de la demande globale. S'il est admis que le chômage régional est dû en partie à une insuffisance de la demande, la stabilisation régionale peut alors l'atténuer. Aucune autre politique ne peut prétendre à un effet aussi certain.

Deuxièmement, il n'existe pas d'autre politique visant explicitement à lutter contre le chômage produit par la baisse de la demande globale. À l'heure actuelle, les dépenses du MEER sont destinées principalement à l'infrastructure, à l'aide directe aux entreprises et à des projets de développement. Les objectifs de ces dépenses débordent le désir d'alléger les problèmes de chômage et, dans le cas des projets de développement, ils peuvent même varier d'une province à l'autre, aux termes d'accords de coopération entre les provinces et le MEER. Dans la mesure où ces dépenses visent à atténuer le chômage, l'accent porte sur le chômage structurel et peut-être frictionnel, plutôt que sur le chômage d'origine cyclique. Quant aux paiements de péréquation, ils exercent un effet général sur la demande en libérant des dépenses additionnelles, mais ils n'assurent pas que le niveau des dépenses globales soit expressément adapté aux besoins du marché du travail en tout temps, surtout durant les récessions, alors que la stimulation fiscale est l'instrument le plus efficace pour éliminer le chômage.

Les gouvernements provinciaux pourraient appliquer des mesures de stabilisation budgétaire, soit en travaillant de concert avec le gouvernement fédéral, soit en agissant à sa place. L'Ontario l'a déjà fait à l'occasion. L'objection habituelle soulevée à l'égard d'une politique expansionniste — mise à part la question des fuites —, c'est qu'elle accroîtra le niveau de la dette de toute province qui l'entreprendra. Cela n'est pas nécessairement vrai, car une expansion des dépenses financée par les impôts réduira le chômage sans augmenter la dette. Ce genre de politique pourrait cependant paraître indésirable aux yeux de plusieurs, car il entraînerait une hausse de la part relative des dépenses publiques dans le produit provincial. Si l'on écarte la possibilité d'une expansion budgétaire équilibrée, une politique fiscale expansionniste requerrait que l'on augmente le nombre d'obligations vendues à l'extérieur de la province. Toutefois, la somme de financement requise de l'extérieur serait moindre qu'on ne le suppose et ne devrait pas poser de difficultés insurmontables.

Nous n'ignorons pas que cette affirmation prêtera à controverse et nous croyons utile d'expliquer en détail les principes impliqués. À cette fin, nous considérons le cas d'une politique budgétaire expansionniste amorcée au moyen d'une réduction des impôts : les mêmes principes s'appliquent cependant à une politique qui reposerait sur des dépenses additionnelles ou sur des transferts de revenu supplémentaires, qu'elle soit expansionniste ou restrictive.

Si, dans une situation de chômage attribuable à l'insuffisance de la demande, les taux d'imposition sont réduits dans l'ensemble du pays et les dépenses publiques ne sont pas modifiées, les ménages touchent un revenu disponible accru. À mesure que s'accroît la consommation, de nouveaux emplois sont créés et, par suite, les personnes qui étaient jusque-là en chômage, qui travaillaient à temps partiel, ou qui ne faisaient pas partie de la population active voient leurs revenus augmenter. Elles paient maintenant des impôts ou en paient davantage qu'auparavant. Les recettes fiscales supplémentaires compensent en partie la perte initiale causée par les réductions d'impôt, et le niveau plus élevé de la production et des revenus résultant de cette réduction augmente la somme des épargnes volontaires du secteur privé. Cette épargne additionnelle peut être mise à contribution par l'émission de nouvelles obligations, soit directement par les gouvernements, soit indirectement en raison de la concurrence moins forte des emprunteurs autres que les gouvernements pour le flux annuel antérieur et actuel de l'épargne[16]. La plupart des besoins supplémentaires de fonds provoqués par la réduction des impôts peuvent effectivement être satisfaits par les nouvelles recettes fiscales et les nouvelles émissions d'obligations. C'est là un processus curieux qui permet à un pays disposant de ressources inutilisées de se tirer d'affaires au moyen de son propre mécanisme de dépenses.

Cette théorie est toutefois soumise à cinq réserves. Tout d'abord, il subsistera une pénurie continuelle de fonds, d'autant plus considérable que l'économie est plus ouverte au commerce extérieur, et qui devra être comblée soit en empruntant à l'étranger, soit en prêtant moins, soit en diminuant les réserves de devises. Pour éviter les problèmes que cela pourrait causer dans un régime à taux de change fixe, il faudra peut-être que la réduction des impôts s'accompagne de mesures en vue d'accroître les exportations ou de réduire les importations, d'accroître la capacité d'emprunter à l'étranger sur une base continuelle ou de diminuer la propension à prêter à l'étranger. La pénurie de fonds est cependant bien moindre que la perte apparente de revenus découlant de la réduction des impôts[17]. Deuxièmement, s'il n'y a pas de chômage qui puisse être éliminé par une réduction d'impôt conçue pour stimuler la demande, cette mesure aura pour effet d'augmenter les niveaux de prix et de revenus nominaux, alors que la production réelle de biens et services demeurera inchangée, processus que nous connaissons tous bien sous le nom d'inflation. Abstraction faite des effets sur les emprunts à l'étranger, la réduction d'impôt continue à s'autofinancer lorsque le mouvement inflationniste s'amorce, mais tout ça ne rime à rien, puisque le chômage n'est pas touché. En fait, il arrive souvent qu'il se produise une certaine diminution du chômage et un certain degré d'inflation. Troisièmement, il existe des problèmes quant au choix du moment opportun pour la mise en œuvre d'une politique fiscale donnée et, selon certains économistes, une telle mesure peut, si elle est appliquée avec trop de retard à cause de lenteurs dans le processus législatif, de difficultés à reconnaître les problèmes assez tôt, ou pour d'autres raisons, aggraver l'inflation au lieu d'éliminer le chômage. Il n'est pas sûr que les autorités publiques aient toujours la perspicacité nécessaire pour éviter ce problème. Quatrièmement, un financement provisoire est nécessaire pour mettre tout le processus en branle, c'est-à-dire pour combler la pénurie de revenus durant la période de temps nécessaire pour hisser l'économie à un niveau de production assez élevé pour accroître les recettes fiscales et l'épargne volontaire. Ce financement temporaire nécessitera l'émission d'un certain montant supplémentaire d'obligations par le gouvernement et, à moins que ces obligations ne soient achetées par la banque centrale, il exercera des pressions à la hausse sur les taux d'intérêt. Ces pressions contrebalanceront partiellement la politique expansionniste, mais il est probable que cette compensation sera très minime au Canada, car les taux d'intérêt ici sont étroitement liés à ceux des États-Unis. Enfin, l'activité plus grande engendrée par ce processus accroît la demande de capital sous forme de soldes de caisse, par rapport à l'offre, et ceci fait également grimper légèrement les taux d'intérêt, ralentissant ainsi un peu l'expansion.

Si l'on applique cette analyse aux politiques budgétaires expansionnistes d'une province ou d'un groupe de provinces, les conclusions demeurent les mêmes. Les réductions d'impôt dans une situation de chômage découlant d'une insuffisance de la demande s'autofinancent en partie, et les réserves exprimées à l'égard de cet argument s'appliquent aussi, mais sous une forme légèrement modifiée. Les fonds «étrangers» correspondent ici à ceux qui viennent de l'extérieur de la région. Ils seront nécessaires dans la mesure de toutes les «importations» additionnelles qu'exige l'expansion économique de la région. La deuxième réserve, qui touche à l'inflation, ne devrait pas entrer en ligne de compte dans une région où le chômage est élevé, comme c'est le cas considéré ici. La troisième, relative au moment opportun pour mettre la politique en œuvre, s'applique à la région de la même façon qu'au pays tout entier. Les quatrième et cinquième réserves, qui reviennent à dire qu'il se produit une seule hausse du besoin de capitaux dans l'économie, ont peu d'importance relativement à la première. En réalité, il n'y a que celle-ci qui puisse être une source de problèmes importants.

Le problème des emprunts «étrangers» est moins sérieux pour une province qu'il ne le serait dans le cas d'un pays souverain aux prises avec un déficit de la balance des paiements ou avec un excédent diminué. Les provinces ne possèdent pas de réserves de devises étrangères dont il faut empêcher la perte par crainte d'une dévaluation. Elles risquent plutôt de voir l'augmentation nécessaire du taux annuel d'émission de nouveaux titres de la dette provinciale forcer le taux d'intérêt sur cette dette à s'accroître à des niveaux inacceptables. Dans le cas de deux régions à chômage élevé, le Québec et la Colombie britannique, nous croyons la chose très improbable; en ce qui concerne la région de l'Atlantique, nous n'en sommes pas aussi sûrs, mais le risque serait probablement moindre dans le cas de la Nouvelle-Écosse, de l'Île-du-Prince-Édouard et du Nouveau-Brunswick, si les trois gouvernements agissaient de concert.

Nous avons plusieurs raisons d'être optimistes. Premièrement, au moins une province — le Québec —, semble jouir habituellement d'une balance courante excédentaire dans ses échanges avec le reste du Canada et les autres pays. Ceci indique que le financement de l'intérêt et du principal des emprunts extérieurs requis posera probablement moins de problèmes que dans le cas d'un déficit. Nous ne disposons pas de données sur la balance au compte courant des autres régions à chômage élevé.

Deuxièmement, les politiques visant à encourager les exportations régionales et à décourager les importations peuvent diminuer le besoin d'emprunter. Les programmes de développement régional du MEER, lorsqu'ils sont couronnés de succès, encouragent effectivement les exportations et découragent les importations et, partant, produisent un excédent de la balance des paiements. Ainsi, ces programmes s'ajoutent naturellement aux mesures visant à stimuler la demande globale. Si les programmes fédéraux de développement ne stimulent pas suffisamment les exportations ou la substitution de produits canadiens aux importations, rien ne semble s'opposer à ce qu'un gouvernement provincial qui voudrait mettre en œuvre sa propre politique de stabilisation puisse accorder un stimulant plus considérable aux industries d'exportation et à celles qui font concurrence aux importations, en vue d'éviter des problèmes de déséquilibre des paiements.

Troisièmement, les provinces de l'Est où l'emploi est élevé stimule-raient fréquemment leur économie simultanément dans toutes les parties de cette région. Il se produira des effets d'entraînement qui accroîtront les exportations de chacune des provinces et réduiront la nécessité d'emprunter.

Quatrièmement, dans la mesure où une province réussirait à abaisser son taux de chômage, elle réduirait le fardeau des prestations d'assurance-chômage et d'assistance sociale que doivent assumer le gouvernement fédéral et celui de la province concernée. En outre, les impôts fédéraux perçus dans cette dernière augmenteraient. Les recettes provinciales ainsi libérées amoindriraient la nécessité d'emprunter et il ne serait pas déraisonnable de s'attendre à ce que le gouvernement fédéral remette à la province une certaine partie des recettes nettes additionnelles qu'il aura réalisées par suite des impôts supplémentaires qu'il y aura perçus et de la nécessité moindre de verser des prestations d'assurance-chômage et d'assistance sociale.

Enfin, les emprunts nécessaires représenteront probablement un fardeau modeste pour les générations futures. Dans une étude effectuée pour le gouvernement ontarien, Barber a pu montrer dans quelle mesure les provinces pourraient financer leur politique budgétaire en accroissant leur taux annuel d'emprunt[18]. Il a souligné qu'au début des années 60, le montant des nouveaux emprunts nets et les niveaux d'endettement des provinces étaient relativement bas par rapport à leurs revenus, tant du point de vue de l'endettement antérieur que comparativement à celui de l'ensemble du pays. Ils ne sont pas aussi faibles aujourd'hui, mais la marge de manœuvre est encore considérable.

Si l'on examine cette question de manière plus approfondie, on peut distinguer, suivant la méthode habituelle, les emprunts additionnels financés à l'aide des ressources de la province elle-même de ceux qui doivent être financés à l'extérieur. Une augmentation des emprunts intérieurs influera sur la répartition des revenus entre les détenteurs locaux des obligations provinciales. Ceux-ci verront leurs avoirs et leurs revenus augmenter aux dépens des contribuables en général, mais cela n'entraînera aucune perte pour la province dans son ensemble, tandis qu'elle y gagnera en réduction de chômage. D'autre part, toute la population doit assurer le service de la dette sur les emprunts additionnels que la province est obligée de financer à l'extérieur, ce qui aura pour effet d'abaisser la part du produit intérieur brut de la province qui reviendra plus tard à ses habitants. Cela ne veut pas nécessairement dire que la dette entraîne une baisse du niveau de vie, car l'accroissement de l'emploi qu'elle rend possible signifie que l'on dispose alors d'un P.I.B. plus élevé pour assurer le service de la dette. En ce sens, la dette a un rendement véritable, semblable à celui des investissements consacrés aux biens d'équipement par les sociétés privées.

Il n'en est pas moins intéressant d'examiner quelle serait la partie des emprunts qu'il faudrait financer à l'extérieur de la province. Cette proportion est fonction de l'importance du déficit annuel ou de la diminution de l'excédent de la balance courante avec le reste du pays, qui découlerait d'une politique destinée à accroître l'emploi. Les sommes qui doivent provenir annuellement de l'extérieur de la province sont précisément égales à ce montant. Par ailleurs, une baisse du taux de chômage d'un point de pourcentage constituerait une amélioration sensible et, à long terme, exigerait que le niveau du produit provincial brut soit, lui aussi, accru d'un point. Une telle hausse du P.P.B. modifierait la balance des paiements avec le reste du pays en proportion de la fraction de ce point de pourcentage de production additionnelle qui aurait été utilisée pour l'achat d'importations. Une bonne partie des effets d'un stimulant local s'exercent dans la localité même. Ces effets locaux seraient encore plus importants si les régions à chômage élevé décidaient de stimuler leur économie en même temps, ce qui paraît probable. Les fuites d'importations qui pourraient se produire seraient donc assez faibles : elles pourraient atteindre environ le tiers du revenu supplémentaire dans une grande province ou dans un groupe de petites provinces. Les emprunts à l'extérieur représenteraient une fraction moindre si d'autres mesures — comme les subventions du MEER aux entreprises — réussissaient à améliorer la balance des paiements et si le gouvernement fédéral apportait son aide. Par conséquent, il semble assez raisonnable de soutenir que les besoins d'emprunts n'excéderaient pas 0,25 % du P.P.B. annuel. Il reste évidemment à savoir si un gouvernement provincial consentirait à voir sa dette extérieure s'accroître à ce taux. Un individu gagnant un revenu fixe de 10 000 $ par année et qui s'endetterait à ce taux — il s'agit ici d'un exemple s'appliquant à la dette extérieure seulement — mettrait vingt ans à accumuler une dette de 500 $ dont l'intérêt annuel moyen serait de 20 à 25 $ aux taux courants. Pour que l'analogie soit valable, il faut supposer en outre que ce même individu, du fait qu'il emprunte, met en branle un mouvement qui accroît en fait son revenu de 10 000 à 10 100 $ par année, soit une augmentation de 1 %. Il s'agit là d'un excellent investissement, quelle que soit la norme de comparaison.

Une autre façon d'envisager l'endettement éventuel consiste à le comparer aux niveaux actuels des dettes provinciales contractées à l'extérieur. Nous n'avons malheureusement pas pu recueillir de données sur cette question, et nous avons dû faire appel à celles qui touchent toutes les dettes, intérieures ou extérieures, qui peuvent néanmoins être utiles (voir le tableau 7). Une augmentation annuelle de la dette externe équivalant à 0,25 % du P.P.B. (environ les cinq huitièmes de 1 % du revenu personnel) est très faible par rapport aux données du tableau 7. En outre, les deux plus importantes provinces où le chômage est élevé — le Québec et la Colombie britannique — ont chacune une dette très modeste, par rapport au revenu personnel. Au Québec, les paiements annuels en remboursement de la dette, dont une partie représente des transferts entre Québécois, équivaudraient à environ 3 % du revenu

TABLEAU 7 — Dette nette et garantie moins les fonds d'amortissement, en pourcentage du revenu
personnel par province, 1969 et 1974

	1969	1974
Terre-Neuve	71	76
Île-du-Prince-Édouard	59	37
Nouvelle-Écosse	41	43
Nouveau-Brunswick	57	47
Québec	34	32
Ontario	26	27
Manitoba	39	44
Saskatchewan	31	18
Alberta	23	25
Colombie britannique	32	27
Canada	31	30

Source: Données de Statistique Canada.

personnel. Dans la région de l'Atlantique, et surtout à Terre-Neuve la dette est beaucoup plus élevée par rapport au revenu personnel.

Nous en concluons qu'au Québec et en Colombie britannique, et peut-être dans les provinces de l'Atlantique (sauf Terre-Neuve), le taux d'accroissement de la dette que requerrait l'adoption d'une politique de stabilisation régionale administrée par une province ne serait pas trop lourd à supporter.

L'applicabilité des politiques régionalisées

Les mesures fédérales

Comme nous l'avons vu, les répercussions du resserrement ou de la détente budgétaire diffèrent d'une région à l'autre dans le cours naturel des événements. Cependant, il est possible d'accentuer cette différenciation «naturelle» en ne faisant appel qu'aux mesures fiscales présentement utilisées par le gouvernement fédéral. Ainsi, si l'on analyse les effets de la modification de deux types de leviers fiscaux sur chacune des régions[19], on constate qu'une surcharge à l'impôt sur le revenu qui serait assez élevée pour abaisser la demande canadienne de 0,5 point la diminuerait d'un pourcentage beaucoup plus considérable en Ontario et beaucoup moindre dans les régions de l'Atlantique et des Prairies, et en Colombie britannique (voir la première colonne du tableau 8). Au Québec, la réduction de la demande serait proche de la moyenne nationale. L'explication tient au fait que les provinces à revenus élevés payent plus d'impôts et que la diminution de la demande dans les régions périphériques vient accroître la réduction de la demande dans les régions centrales. Notons particulièrement le cas de la région de l'Atlantique, où l'impact n'est que 62 % de la moyenne nationale, et de seulement 54 % de ce qu'il est en Ontario.

TABLEAU 8 — Diminution de la demande causée par trois politiques de resserrement budgétaire. En pourcentage

	Politique de resserrement budgétaire[1]		
	Surcharge d'impôt sur le revenu des particuliers	Anti-stimulants à l'investissement	Deux politiques combinées
Région de l'Atlantique	0,31	0,50	0,12
Québec	0,52	0,42	0,62
Ontario	0,57	0,52	0,62
Région des Prairies	0,44	0,54	0,34
Colombie britannique	0,39	0,55	0,23
Canada	0,50	0,50	0,50

1. Voir le texte pour la description de ces mesures.
Source: Estimations du Conseil économique du Canada.

Si la réduction de la demande (de 0,5 point de pourcentage également) est provoquée uniquement par une diminution également proportionnelle des investissements du secteur privé, la Colombie britannique et les Prairies sont les plus durement touchées, tandis que l'Ontario et la région de l'Atlantique se rapprochent de la moyenne nationale et que le Québec est le moins affecté (voir la deuxième colonne du tableau 8). Comparativement à l'effet de la surcharge à l'impôt sur le revenu, ceci représente une aggravation pour la région de l'Atlantique, les Prairies et la Colombie britannique, et une amélioration pour l'Ontario et le Québec.

Si l'on modifie le dosage des mesures fiscales, en doublant l'effet de la surtaxe pour qu'elle réduise la demande d'un point de pourcentage et en accroissant les allocations pour consommation de capital de façon que la demande augmente de 0,5 point, l'effet net est alors une réduction de la demande de 0,5 point, semblable à celui calculé plus haut. Cependant, les effets sur les régions diffèrent de ceux qu'aurait l'une ou l'autre des deux mesures si elle était appliquée individuellement. On peut montrer que les effets de chacune s'additionnent dans une grande mesure. La «combinaison» de politiques a des effets plus favorables dans la région de l'Atlantique, les Prairies et la Colombie britannique, mais plus défavorables au Québec et en Ontario, que l'une ou l'autre des deux premières mesures. La conclusion est claire : les leviers fiscaux peuvent être utilisés en différentes combinaisons de façon à produire n'importe quel effet désiré sur la demande nationale et à faire varier les effets d'une région à l'autre. En outre, il n'est pas nécessaire de distinguer entre deux individus ou deux entreprises semblables. Notre exemple montre un cas où la différenciation est faite entre les régions centrales d'une part et les régions périphériques d'autre part, mais il devrait être possible de mettre au point des combinaisons de mesures fiscales fédérales qui, sur l'ensemble de la période cyclique, accroîtraient la demande davantage en faveur des régions où le chômage est élevé. Incidemment, nous ne voulons pas laisser entendre que les mesures favorisant explicitement les régions à chômage élevé, comme la différenciation régionale des provisions pour consommation de capital, ne devraient jamais être utilisées. Nous croyons cependant que la méthode que nous préconisons a le mérite d'être compatible avec une approche fédérale équitable envers les particuliers ou les sociétés, les traitant de la même façon où qu'ils soient situés.

Du point de vue technique, il importe peu que le gouvernement fédéral exempte partiellement des restrictions fiscales les régions à chômage élevé, ou qu'il stimule davantage leur économie en période de détente budgétaire. L'un ou l'autre moyen réaliserait l'objectif souhaité, c'est-à-dire la hausse à long terme de la demande globale dans les régions à chômage élevé.

Les mesures provinciales

Lorsqu'une province ou un groupe de provinces est sans cesse victime d'un taux de chômage élevé en raison de l'insuffisance de la demande, on peut recourir à deux correctifs d'ordre budgétaire. Le premier consiste à accroître les dépenses provinciales, tout en maintenant le budget en équilibre. Nous ne favorisons pas cette solution. Le deuxième a pour objet de modifier le niveau de l'excédent ou du déficit budgétaire en situation de plein emploi, en changeant le niveau des impôts et des dépenses. Si le budget en situation de plein emploi montre un excédent, il faut prendre des mesures en vue de réduire ce dernier; si le budget accuse un déficit, il faut accroître celui-ci.

L'expérience montre qu'il est plus facile de modifier l'excédent ou le déficit budgétaire en situation de plein emploi en variant les taux d'imposition. La politique de dépenses est alors déterminée en fonction de considérations à long terme quant à la nécessité et à la demande de services assurés par le gouvernement, et la politique fiscale fonctionne à plus court terme en variant le rapport entre le financement par les impôts et le financement par l'émission d'obligations[20]. Même si l'on ne peut dogmatiquement éliminer la possibilité de faire varier les dépenses de façon contracyclique, nous estimons qu'en général, il est préférable de modifier les taux d'imposition[21]. L'Ontario par exemple, a diminué et ensuite augmenté la taxe de vente dans le cadre de sa politique fiscale, et l'a même temporairement abolie dans le cas des automobiles. Il existe divers autres taxes ou droits provinciaux et la réalisation du niveau recherché de l'excédent ou du déficit budgétaire en situation de plein emploi ne devrait pas poser de difficultés techniques.

Dans une province où le chômage est chroniquement élevé, les mesures fiscales du genre de celles qui sont suggérées ici accroîtront le rapport du financement par obligations au financement par impôts. Pour les raisons que nous avons déjà mentionnées, nous ne croyons pas que ce rapport puisse changer au point de devenir un fardeau inacceptable ou intolérable. En outre, les niveaux accrus de production et d'emploi qui résulteront des mesures de stimulation adoptées par les provinces devraient accroître considérablement la solidité économique de ces dernières aux yeux du monde extérieur, et aussi aux yeux des détenteurs d'obligations provinciales résidant dans ces provinces, puisque ces émissions seront devenues d'autant plus attrayantes. Elles pourraient l'être encore davantage, et à peu de frais pour le gouvernement fédéral, c'est-à-dire pour les citoyens des autres parties du pays, si l'on faisait en sorte que le fédéral agisse comme garant d'une proportion bien déterminée et libellée de l'émission annuelle de nouvelles obligations provinciales. Cette proportion serait celle que les deux gouvernements pourraient, d'un commun accord, reconnaître comme nécessaire chaque année à la réalisation d'un objectif précis quant à la réduction du chômage. Le degré nécessaire de coordination fédérale-provinciale à cette fin ne devrait pas poser de sérieuses difficultés.

Conclusion

L'évolution du taux de chômage dans les régions au cours des périodes de récession et de prospérité indique clairement que la demande est plus déficiente dans certaines régions et qu'on aurait avantage à régionaliser les politiques de stabilisation en vue de réduire les écarts interrégionaux de chômage. De toute façon, depuis quelques années, la politique budgétaire fédérale a eu des effets différents d'une région à l'autre. Elle semble avoir agi plus fortement en Ontario, et plus faiblement dans les autres régions, tant durant les périodes de resserrement budgétaire que de détente.

Les objections techniques à la régionalisation des politiques de stabilisation — soit que les fuites empêchent la politique de fonctionner efficacement, soit que les différences dans les taux de chômage s'expliquent entièrement par des facteurs autres que la demande, notamment la non-concordance des qualifications des travailleurs avec les exigences des emplois — ne s'avèrent pas probantes. On soulève également l'objection que, si elle était entreprise par le gouvernement fédéral, la stabilisation régionale comporterait une subvention aux régions défavorisées. Cependant, elle ne diffère pas à cet égard des autres types de politiques régionales, et on est en droit de croire qu'elle serait au moins aussi efficace que les autres. Si elle est entreprise par des gouvernements provinciaux, la politique ne requiert pas nécessairement de subventions, mais elle exigerait une certaine augmentation du rapport de financement obligations/impôts. Cependant, cette augmentation ne serait probablement pas déraisonnable.

Dans la pratique, les mesures de stabilisation régionale pourraient être mises en œuvre de deux façons. Le gouvernement fédéral pourrait obtenir des effets régionaux différenciés en variant simplement le dosage des leviers fiscaux qu'il utilise déjà. Ou encore, les gouvernements provinciaux pourraient appliquer leur propre politique fiscale et budgétaire par des moyens qui ne différeraient sous aucun aspect essentiel de ceux qui sont accessibles à un pays indépendant. Somme toute, l'institution d'une politique de stabilisation régionalisée semble constituer un moyen souhaitable et réalisable de réduire les écarts interrégionaux de chômage.

NOTES

1. Cet article fut publié initialement par le Conseil économique du Canada, *Vivre ensemble*, chap. 6, 1977, pp. 107-130. Reproduit avec la permission du ministère des Approvisionnements et Services Canada.

2. Ce qui a été mis en doute ces dernières années, ce n'est pas tant la capacité des politiques budgétaire et monétaire à stimuler la demande en vue de diminuer le chômage, que leur aptitude à le faire tout en évitant l'inflation.

3. Même en période de flottement officiel du taux de change, les autorités monétaires vendent et achètent des devises étrangères en quantités considérables. Pour cette raison ou à cause d'autres facteurs, le dollar canadien ne s'écarte guère du dollar américain de plus de 10 %. Cela ne semble pas être dû au hasard, et on peut donc parler d'un taux «quasi fixe».

4. L'impôt de base est l'impôt sur le revenu des particuliers aux pleins taux progressifs, après déduction du crédit d'impôt pour dividendes, mais avant l'abattement de l'impôt provincial sur le revenu, et à l'exclusion d'autres impôts fédéraux comme l'impôt pour la sécurité de la vieillesse.

5. Pour évaluer les effets de la politique fiscale sur ces investissements, il a fallu formuler certaines hypothèses quant aux décisions d'investir des entreprises face aux modifications apportées à cette politique. Nous avons supposé que les sociétés n'entreprennent que des investissements qui offrent un taux de rendement plus élevé — après avoir fait la part du risque — que celui que procureraient d'autres utilisations des fonds, et qu'elles donnent suite à tous les projets satisfaisant à ce critère. Comme le taux de rendement est explicitement fonction du taux d'amortissement courant permis pour les avoirs des entreprises — qu'il s'agisse de machines ou d'un bâtiment —, ainsi que du taux courant d'impôt sur le revenu des sociétés, si la politique fiscale

modifie ces deux facteurs, elle influe évidemment sur le taux de rendement, sur la rentabilité des projets d'investissement et, par conséquent, sur le montant des investissements entrepris. Nous avons également formulé une hypothèse quant aux variations des investissements face à une variation donnée du taux de rendement, et une autre quant au délai nécessaire à l'achèvement des projets d'investissement.

6. À cette fin, nous utilisons un tableau des échanges interprovinciaux, mis à notre disposition par le ministère de l'Expansion économique régionale.

7. Il n'y a pas de données officielles sur le produit régional brut des régions. Les pourcentages du tableau 2 ont été obtenus à l'aide d'estimations du Conseil économique. Ces estimations sont assez justes pour supporter les observations faites ici.

8. Conseil économique du Canada, *Pour une croissance plus stable de la construction*, Ottawa, Information Canada, 1974, tableau 5-12.

9. Mais ils ne recourent que rarement au taux de change de leur monnaie pour atteindre ce but. Or, cette option n'est évidemment pas accessible à une région qui voudrait poursuivre une politique budgétaire différente de celle des autres. De même, la politique tarifaire, utilisable en principe comme instrument de stabilisation, est rarement employée à cette fin en pratique, soit parce que, intrinsèquement, elle s'y prête mal, soit parce que les règles du jeu internationales (comme celles du GATT) en interdisent l'emploi.

10. Voir, par exemple, John W. L. Winder, «Structural Unemployment», dans A. Kruger et N. M. Meltz (édit.), *The Canadian Labour Market — Readings in Manpower Economics*, Centre for Industrial Relations, Toronto, University of Toronto Press, 1968 : et G.P. Penz. «Structural Unemployment : Theory and Measurement», Ottawa, ministère de la Main-d'œuvre et de l'Immigration, 1969.

11. Cela ne signifie pas nécessairement que les postes vacants doivent être nombreux dans une région donnée. S'il existait un écart appréciable entre le taux de chômage et le taux de postes vacants, et que l'on comptât une proportion appréciable de chômeurs incapables de trouver un emploi, approprié ou non, alors la demande serait nettement insuffisante. Par contre, si l'écart ne différait pas d'une région à l'autre, on ne pourrait soutenir que les écarts interrégionaux de chômage sont attribuables aux disparités de la demande.

12. On sait que le nombre de postes vacants inscrits dans les statistiques est inférieur à celui qui existe dans la réalité. On peut se demander si le recours aux données sur les postes vacants réels infirmerait nos conclusions. Nous avons testé cette hypothèse en multipliant le taux officiel de postes vacants par un facteur assez élevé (4.0) pour couvrir toute sous-estimation possible : les conclusions sont demeurées fondamentalement les mêmes. On pourrait soutenir que le calcul des postes vacants est plus imparfait dans les régions à chômage élevé qu'ailleurs et conclure que la demande n'y était pas plus déficiente qu'ailleurs. Cela nous semble exagéré car, pour en arriver à cette conclusion, il faudrait sous-estimer les postes vacants dans la région de l'Atlantique et le Québec par un facteur de 10 environ, si l'on suppose un facteur de 3 ou 4 ailleurs.

13. En outre, il n'y a aucune différence entre les méthodes fondées sur l'hypothèse d'une saisonnalité additive et celles qui supposent que la saisonnalité est multiplicative.

14. Signalons que nous n'acceptons ni ne rejetons la thèse voulant que les programmes généreux de soutien du revenu puissent influer sur le taux de chômage. Ce qui nous intéresse ici, c'est d'établir dans quelle mesure ils pourraient avoir des effets différents d'une région à l'autre.

15. Les résultats des travaux économétriques effectués pour éclairer cette question ont été décrits dans N. Swan et A. Glynn, «The Feasibility of Regionalized Stabilization Policy», document présenté à l'Association canadienne d'économique, juin 1976.

16. Si l'épargne additionnelle s'achemine vers l'étranger, le gouvernement pourra y emprunter et ne pas modifier la situation de la dette étrangère nette.

17. On peut montrer qu'elle est égale à la valeur annuelle des importations additionnelles provo-

quées par l'accroissement de la production réalisé grâce à la réduction des impôts.

18. Clarence L. Barber, *Theory of Fiscal Policy as Applied to a Province*, Ontario Committee on Taxation, Toronto, Imprimeur de la reine, 1967.

19. Nous avons mesuré ces effets en calculant la réduction de la demande globale qu'entraînerait l'application des leviers fiscaux dans la province, après avoir tenu compte de tous les effets multiplicateurs et des fuites vers les autres provinces. Dans le tableau, chaque levier a été «réglé» de façon à réduire la demande nationale de 0,5 point de pourcentage. Les deux types de leviers sont une surcharge à l'impôt sur le revenu des particuliers et une politique qui réduit les dépenses d'investissement du secteur privé de façon également proportionnelle. La plupart des politiques touchant les provisions pour consommation de capital influeront différemment sur différents types de dépenses d'investissement, mais une combinaison de politiques de ce genre pourrait réaliser les objectifs recherchés.

20. Certains gouvernements nationaux se livrent également à des opérations de financement à court terme, délibérément ou autrement, en vendant des obligations à leur banque centrale, ce qui «crée» de la monnaie et impose une sorte de taxe inflationniste. Le cadre constitutionel actuel n'offre pas cette possibilité aux gouvernements des provinces.

21. Il va sans dire qu'il faudrait éviter les variations procycliques des dépenses.

Chapitre XI

Donald J. Savoie   **La structure administrative du gouvernement fédéral et le développement régional**[1]

En 1969, au moment où le gouvernement fédéral a créé le ministère de l'Expansion économique régionale (MEER), le Premier ministre a affirmé que cette mesure était nécessaire «pour parvenir à la véritable coordination de nos efforts et nos entreprises dans une sphère importante et vitale pour l'avenir de notre pays»[2]. La concentration de l'ensemble des programmes de développement régional devait être de loin préférable au régime antérieur dans lequel plusieurs ministères et organismes s'en partageaient la responsabilité. Le ministre du MEER a pour sa part déclaré que la création de ce ministère «était le seul moyen d'assurer la coordination des efforts du gouvernement fédéral» en matière de développement régional[3].

Néanmoins, au début de 1982, le gouvernement fédéral annonçait une réorganisation destinée à faire avancer le développement régional. Le MEER allait être démantelé. Le Premier ministre a fait valoir comme principale raison de la réorganisation qu'«il ne suffit plus qu'un seul ministère soit responsable au premier chef du développement économique régional»[4]. L'essentiel, donnait-il à entendre, est «d'intéresser l'ensemble du gouvernement au développement régional»[5].

À première vue, ces deux positions semblent contradictoires. Certes, elles suscitent plusieurs questions auxquelles il faut répondre pour tenter d'évaluer la portée de chacune de ces positions sur le plan du développement régional. Pourquoi le MEER a-t-il été démantelé? Quelles sont les caractéristiques principales de la réorganisation? Quels sont les objectifs du gouvernement fédéral en matière de développement régional? Quelles sont les conséquences possibles de la réorganisation pour le développement régional? Quels sont les avantages et les inconvénients d'un ministère responsable du développement régional? De même, quels avantages et inconvénients le fait d'intéresser l'ensemble du gouvernement au développement régional peut-il avoir ?

L'historique du MEER

Le gouvernement Trudeau a décidé de créer le MEER au début de son premier mandat. Tout au long de la campagne de leadership du Parti libéral et durant la campagne électorale de 1968, Monsieur Trudeau a parlé à maintes reprises du partage des richesses du pays de façon que les régions moins bien nanties reçoivent de l'aide des plus riches. L'égalité économique était aussi importante que l'égalité linguistique[6]. Son bras droit du Québec, Jean Marchand, a été le premier à être nommé ministre du MEER.

Le défi lancé au MEER était clair : jouer le rôle de catalyseur des efforts du gouvernement fédéral en vue de réduire les disparités régionales. Il devait y parvenir, d'une part, en regroupant les divers programmes mis en œuvre dans les années 60 pour aider les régions en retard sur les autres et, d'autre part, en établissant de nouveaux programmes[7].

Peu après sa création, le MEER a commencé à remettre en question la valeur de ses programmes et a entrepris, en 1972, une étude approfondie de sa politique. La principale conclusion de cette étude fut que le développement régional était impossible sans la collaboration de nombreux organismes fédéraux, provinciaux et privés, que le MEER devait décentraliser ses services vers les capitales provinciales et que la conclusion d'ententes générales avec chaque province devait faciliter la coopération entre les deux paliers. Il a été recommandé, à la suite de cette étude, de fixer au MEER l'objectif principal d'encourager toutes les régions du Canada dont la croissance est lente, à donner leur pleine mesure pour contribuer au développement économique et social du pays. Dans le même ordre d'idées, le gros de l'attention devait continuer à être porté aux provinces de l'Atlantique et au Québec, pendant que seraient accrus les efforts en vue de développer le nord de l'Ontario, du Manitoba et de la Saskatchewan ainsi que les régions rurales et septentrionales de l'Alberta et de la Colombie britannique[8]. La révision de la politique a entraîné en 1973 une décentralisation des services du ministère, l'établissement d'un nouveau mécanisme fédéral-provincial de développement régional, l'Entente-cadre de développement et ses ententes auxiliaires, et la modification du programme de subventions au développement industriel[9].

Partisans et adversaires du MEER

Les gouvernements provinciaux étaient devenus des partisans fervents du MEER, particulièrement après l'implantation du système d'ententes cadres de développement (ECD). Ils étaient en fait les principaux clients et défenseurs du MEER. À la Conférence des premiers ministres sur l'économie, tenue en février 1978, plusieurs premiers ministres, dont ceux de l'Alberta, du Nouveau-Brunswick et de l'Ontario, ont manifesté leur ferme appui au Ministère et particulièrement à la façon dont celui-ci envisageait l'établissement des programmes fédéraux-provinciaux[10]. Le Premier ministre Lougheed a indiqué que : «les programmes du MEER fonctionnent très bien et nous voulons être en mesure de le dire»[11]. De son côté, le Premier ministre Hatfield a fait valoir que le «système des ententes cadres fournit un exemple très utile de coopération fédérale-provinciale en matière de développement économique»[12].

Le mécanisme des ententes cadres a permis, de toute évidence, le transfert de sommes importantes aux gouvernements provinciaux pour qu'ils mettent en œuvre des mesures de développement économique. De 1974 au 1er avril 1981, le MEER a conclu avec neuf gouvernements provinciaux quelque 117 ententes auxiliaires, engageant plus de 3 milliards de dollars de fonds fédéraux[13]. De même, les programmes conjoints ont favorisé les provinces les moins développées : le MEER a fourni jusqu'à 90 % des fonds nécessaires à l'exécution des ECD conclues avec Terre-Neuve, 80 %, avec le Québec, le Manitoba et la Saskatchewan, et 50 %, avec l'Ontario, l'Alberta et la Colombie britannique.

Du point de vue des provinces, les ECD présentaient certaines caractéristiques intéressantes. Les provinces étaient de fait investies d'un nouveau pouvoir discrétionnaire de dépenser dans un domaine bien en vue, le développement économique. Les gouvernements provinciaux étaient perçus comme les bienfaiteurs parce qu'ils exécutaient les programmes. Par conséquent, le gouvernement fédéral exigeait très peu des provinces en échange de son financement des programmes organisés et mis en œuvre par les gouvernements provinciaux[14].

Contrairement à leurs homologues provinciaux, les politiciens fédéraux, du moins ceux du parti gouvernemental, ont manifesté beaucoup moins d'enthousiasme à l'égard du MEER et des ECD. Ils percevaient ce système comme un mécanisme financé en grande partie par des fonds fédéraux, mais servant de toute évidence à rehausser l'image des gouvernements provinciaux. Sur ce point, certains ministres fédéraux n'ont pas ménagé leurs critiques, même en public. Le dernier ministre du MEER, par exemple, a écrit à son homologue provincial du Manitoba pour lui dire qu'«il ne renouvellerait pas un programme de développement fédéral-provincial pour le nord du Manitoba parce que Ottawa n'en retirait pas suffisamment de crédit politique». Le ministre a déclaré publiquement qu'«il serait surpris si 10 % des Canadiens savaient que les subventions du MEER aux entreprises représentent seulement 20 % du budget total du ministère, le reste allant aux provinces»[15].

Il est important de se rappeler la période qui a précédé immédiatement la réorganisation du gouvernement fédéral. Celui-ci avait pris de nouvelles positions sur d'importantes questions fédérales-provinciales, notamment la constitution et l'énergie. Les désaccords entre les deux paliers étaient nombreux. Le Premier ministre de l'Île-du-Prince-Édouard, par exemple, accusait le gouvernement fédéral d'agir «résolument à l'encontre des intérêts du Canada»[16]. Au moment même où le Premier ministre de la province faisait cette déclaration, son gouvernement proposait une prolongation de son plan de développement et demandait au MEER de lui fournir une aide financière appréciable[17]. De même, des ministres fédéraux à qui il était demandé d'étudier le financement possible d'ententes auxiliaires avec le gouvernement du Québec menaient simultanément une lutte référendaire acharnée contre ce dernier sur l'avenir du pays.

Certains ministres fédéraux ont aussi critiqué les activités du MEER dans ce qu'ils considéraient comme leurs champs de responsabilité. Le MEER allait conclure des ententes auxiliaires avec les gouvernements provinciaux dans des secteurs comme l'agriculture et l'exploitation forestière, tandis que des ministres fédéraux se voyaient refuser par leur propre Conseil du trésor les fonds dont ils avaient besoin pour mettre en œuvre de nouvelles initiatives dans ces mêmes secteurs. Le ministre fédéral de l'Agriculture a fait observer au cours d'une audience d'un comité du Sénat que « le MEER distribue ses crédits comme des prix et qu'ils [les fonctionnaires du MEER] octroient lessubventions sans trop être informés sur les programmes agricoles»[18]. Le ministre fédéral des Pêches déclarait qu'il s'opposait à l'entente du MEER sur les pêches parce qu'il jugeait difficile d'accepter qu'un autre ministère empiète sur son champ de responsabilité[19].

Le MEER comptait peu d'appuis parmi les fonctionnaires à Ottawa. Les hauts fonctionnaires s'inquiétaient de voir le pouvoir discrétionnaire fédéral de dépenser transféré aux provinces pour financer les initiatives de ministères d'exécution provinciaux plutôt que les leurs. Fait plus important à signaler, toutefois, les fonctionnaires fédéraux tendaient à envisager la situation dans une perspective sectorielle plutôt que régionale ou spatiale. Ils se préoccupaient de ce qui se passe dans leurs secteurs respectifs plutôt que dans différentes régions. Autrement dit, ils s'intéressaient avant tout à la santé économique de leurs secteurs plutôt qu'à celle des régions[20]. Par contre, le centre d'intérêt du MEER était régional plutôt que sectoriel.

À ces considérations s'ajoutait l'opinion très répandue à Ottawa selon laquelle l'équilibre régional était en train de se modifier sous l'effet de «l'essor économique que connaissait l'ouest du pays, de l'optimisme qui régnait dans l'est et d'un ralentissement exceptionnel de l'activité économique dans le Canada central»[21]. Cette vue est présentée dans le document budgétaire de 1981 intitulé *le Développement économique du Canada dans les années 80.*

Cette opinion se fondait sur les perspectives économiques associées aux grands projets d'exploitation des ressources. Grâce surtout à l'exploitation des fonds marins, les provinces de l'Atlantique allaient connaître une décennie de pleine croissance économique, ce qui serait exceptionnel compte tenu des tendances historiques de l'économie de cette région. Pendant ce temps, l'Ouest allait bénéficier de plus de la moitié des investissements dans les méga-projets canadiens. Par contre, l'Ontario et le Québec allaient connaître des problèmes distincts d'adaptation industrielle, attribuables à l'accroissement de la concurrence internationale. Mais cette adaptation serait réalisable, prévoyait-on, puisque le Canada central serait en position de profiter large-ment des retombées des grands projets.

Les années 80 devaient donc amener un bouleversement de l'équilibre historique des économies régionales. On pouvait nettement entrevoir la pers-pective d'un grand essor économique dans les régions qui avaient toujours eu une faible croissance, notamment les provinces de l'Atlantique. Par con-tre, des régions comme l'Ontario et les zones plus industrialisées du Qué-bec, qui jusque-là avaient connu une période de prospérité, se trouveraient aux prises avec des problèmes d'adaptation particuliers. Bref, chaque région avait ses problèmes, mais aussi ses propres perspectives de développement économique. À ce propos, il est signalé dans le document déjà cité que «le développement économique régional sera au cœur de l'orientation de la poli-tique publique au niveau fédéral»[22].

Au sujet des relations fédérales-provinciales, le document signale que le gouvernement fédéral «donnera priorité (à) ses propres domaines de com-pétence et cherchera à obtenir la coopération des provinces dans les domai-nes de compétence partagée ou provinciale»[23]. Tout en reconnaissant qu'il importe de coordonner la planification et la mise en œuvre des mesures de développement économique, le document précise que «la mise en œuvre con-jointe du programme de développement économique (c'est-à-dire la façon de procéder du MEER) n'est pas toujours souhaitable»[24].

Au nombre des opposants au MEER, on retrouvait aussi ceux pour qui le MEER ne disposait tout simplement pas des ressources et des moyens néces-saires à la promotion soutenue du développement régional; il s'agissait sur-tout des représentants politiques des régions moins avancées. Le dernier ministre du MEER, Monsieur Pierre DeBané, a fait cette observation à plu-sieurs reprises. Il a également écrit au Premier ministre peu après sa nomi-nation au MEER pour lui faire remarquer que «les responsabilités du MEER, c'est-à-dire veiller à ce que tous les Canadiens aient la même chance de gagner leur vie avec dignité, ne peuvent être confiées à un seul ministère disposant de 1 % seulement du budget fédéral»[25].

Les opposants du MEER provenaient donc de divers milieux et défen-daient souvent des positions divergentes. Certains donnaient à entendre que les programmes du MEER n'étaient qu'un prolongement des programmes des gouvernements provinciaux. D'autres soutenaient que ces programmes ne constituaient pas un apport suffisant du fédéral à la promotion du déve-loppement régional. Et d'autres faisaient valoir que le problème des dispari-tés régionales différait tout à fait de celui qui existait au moment de la création du MEER. Pendant ce temps, les provinces étaient les plus fermes défenseurs du MEER précisément à une époque où les conflits fédéraux-provinciaux étaient étendus et où le gouvernement fédéral était vivement préoccupé par l'accroissement du pouvoir économique des gouvernements provinciaux[26].

La réorganisation du gouvernement

Un des points saillants de la réorganisation a été la création d'un organisme central chargé de veiller à ce que le Cabinet, «lorsqu'il prend des décisions économiques, tienne compte en priorité des préoccupations des régions»[27]. Cet organisme, le département d'État au Développement économique et régional (DEDER), a affecté dans chaque province des hauts fonctionnaires qui, assistés d'un effectif de sept à douze employés, sont chargés d'«assurer la coordination des ministères fédéraux sur le terrain et (de) fournir au Cabinet des renseignements de première main sur les besoins et les possibilités des régions»[28].

Il était prévu que «la décentralisation d'un organisme central» permettrait de recueillir des données beaucoup plus complètes sur les régions. Cette base de données devait être alimentée par les bureaux des ministères sectoriels fédéraux établis dans les régions ou par les travaux de recherche et d'analyse effectués sur les lieux, et non pas, comme c'était le cas pour le MEIR, par des discussions fédérales-provinciales conformes aux ententes cadres de développement.

Ces ententes devaient être menées à terme, puis remplacées par «de nouvelles ententes simplifiées» faisant intervenir un grand nombre de ministères fédéraux[29]. Dorénavant, les ministères fédéraux s'occuperaient de la mise en œuvre de certains programmes plutôt que de s'appuyer sur les gouvernements provinciaux comme le faisait le MEER. En fait, il a été annoncé que les politiques et les programmes fédéraux seraient «adaptés» à la situation économique des régions.

Le nouveau ministère de l'Expansion industrielle régionale (MEIR) s'est vu confier la responsabilité du programme de subventions au développement régional et de tous les programmes domestiques qui relevaient antérieurement du ministère de l'Industrie et du Commerce. Une des grandes priorités du MEER est «de concentrer les efforts du gouvernement fédéral en vue de retirer un maximum d'avantages industriels des grands projets[30].

Il a aussi été créé un «fonds régional» qui constituera «un outil supplémentaire de financement d'initiatives destinées à favoriser le développement économique des régions et qui ne pourraient être réalisées dans le cadre du processus de régionalisation»[31]. Il devait être constitué des ressources libérées à l'expiration des ententes auxiliaires et des ententes cadres, et provenir de sommes budgétaires non réparties, ce qui a amené le gouvernement à déclarer : «La création de ce fonds montre bien que les sommes affectées à des fins régionales ne seront pas inférieures à ce qu'elles sont à l'heure actuelle»[32].

La réorganisation et le développement régional

Quels avantages la réorganisation a-t-elle apportés sur le plan du développement économique régional? On a souligné que ce thème serait «au cœur de l'orientation de la politique publique au niveau fédéral». Pris au pied de la lettre, un tel objectif serait approuvé par la majorité de ceux qui s'intéressent au développement régional ou qui œuvrent dans ce domaine. Il est toutefois nécessaire d'y regarder de plus près pour évaluer en profondeur les conséquences possibles de la nouvelle orientation générale et de la nouvelle structure gouvernementale sur le développement régional.

Mais auparavant, il importe de jeter un coup d'œil sur certaines questions qui ont surgi des récentes discussions sur la politique de développement régional. Tout au long des années 60 et au début des années 70, l'idée de réduire les disparités régionales a été au centre de la politique gouvernementale en matière de développement régional et a formé la trame des déclarations des hommes politiques qui ont abordé la question. Par exemple, le Premier ministre a discouru sur la nécessité de réduire les disparités régionales tout au long de la campagne électorale de 1968 et encore en 1969 lorsque la loi établissant le MEER a été adoptée. De même, M. Jean Marchand, le premier des ministres à être responsable du MEER, avait bien précisé que, selon lui, lorsqu'on parlait de développement régional, il s'agissait de réduire les disparités régionales dans le pays et de mettre en œuvre des mesures spéciales destinées à stimuler le développement dans les régions au rythme de croissance ralenti.

Néanmoins, en 1982, lorsqu'il a annoncé publiquement sa réorganisation destinée à accroître le degré de priorité que le gouvernement fédéral accordait au développement régional, le Premier ministre n'a pas une seule fois utilisé l'expression «disparités régionales»[33]. Les très longs communiqués de presse et documents de travail exposant l'objet et la structure de la réorganisation ne faisaient pas mention eux non plus de l'importance de réduire les disparités régionales.

D'autres personnes, dont les spécialistes et praticiens du développement régional, ont également cessé d'attacher une importance particulière à la suppression des écarts ou des disparités entre les régions. Tom Courchene, entre autres, a fait remarquer que nous envisagions le développement régional sous le mauvais angle. La politique canadienne en cette matière, a-t-il fait valoir, «est fondée sur l'idée de la suppression des écarts plutôt que sur celle de l'adaptation au redressement. Nous constatons les disparités... (*sic*) et nous souhaitons les supprimer avec tels ou tels fonds plutôt que de les laisser se redresser eux-mêmes»[34].

Il n'est pas donné à entendre en l'occurrence que le gouvernement fédéral devrait faire de l'élimination des disparités régionales économiques l'objectif primordial de sa politique de développement régional. D'abord, les indicateurs économiques types n'évaluent pas pleinement le bien-être réel des habitants d'une région[35]. Et en plus, un tel objectif s'avérerait beaucoup trop coûteux surtout à une époque où les ressources se font rares et où notre compétitivité sur le marché international est de plus en plus faible.

Rares sont ceux, d'ailleurs, qui peuvent refuser d'admettre que, comme en convient M. Courchene, une grande partie des programmes et des paiements de transferts fédéraux ont servi à ralentir l'adaptation économique. Contre toute attente, ils n'ont pas favorisé le développement autocentré et l'autonomie économique des régions. À vrai dire, on a fait valoir avec conviction que le système actuel de transferts fédéraux destiné à venir en aide à la consommation fait bel et bien obstacle à la croissance et à l'autonomie des régions[36].

Quoi qu'il en soit, comme le savent tous ceux que la politique publique intéresse, la poursuite du *national efficiency* en matière de développement n'est pas une solution viable pour le Canada. Il est difficile d'imaginer, par exemple, que les ministres responsables des régions et les députés des zones moins favorisées puissent souscrire à cette solution au sein du Cabinet ou en public, même si la preuve était faite de certains avantages pour l'économie nationale et pour les intérêts à long terme de leurs régions respectives. De même, les gouvernements provinciaux qui ne tireraient pas profit directement et immédiatement de cette solution auraient vraisemblablement recours à des mesures qui entraveraient encore davantage la libre circulation des biens et des travailleurs entre les régions, et ce, en vue de stimuler la croissance dans leurs provinces[37]. Cette situation viendrait également attiser les tensions entre les régions et confirmer l'opinion de nombreux Canadiens, selon laquelle les politiques économiques fédérales favorisent les régions autres que les leurs[38].

L'idée du développement qui laisserait libres les forces du marché a aussi été contestée sur le plan économique. Il est généralement reconnu, par exemple, que la mobilité de la main-d'œuvre ou la migration des travailleurs à partir des régions dont la croissance est au ralenti ne serviront pas toujours les intérêts économiques des régions concernées[39]. Encore une fois, quelle que puisse être la logique économique, la réalité politique est telle que les premiers ministres et les députés ne consentiront pas de plein gré à ce qu'une partie de la population quitte leur province et leur circonscription. Les gouvernements interviendront; «ils ne se contenteront pas d'assister en spectateurs impuissants au rajustement de l'économie par la seule action des forces du marché»[40].

La question n'est donc pas de savoir si le gouvernement fédéral interviendra pour promouvoir le développement régional; il s'agit plutôt de déterminer la nature et la portée exactes de cette intervention. Deux solutions se présentent : ou bien le gouvernement continue de verser les paiements de transferts, les accroissant même afin de maintenir dans les régions le niveau actuel de consommation, le taux de population et le revenu moyen par habitant, ou bien il encourage les régions moins favorisées à passer de leur dépendance des paiements de transferts à l'autonomie économique.

L'énoncé de politique du gouvernement fédéral n'aborde pas explicitement cette alternative. On peut supposer, toutefois, que le gouvernement entend s'éloigner quelque peu de son objectif de réduire les disparités régionales entre les niveaux de vie, les revenus par habitant ou les taux de chômage. Les années 60 et le début des années 70 ont montré clairement que cet objectif est impossible à réaliser, même dans une période où l'économie nationale est bien portante[41]. De plus, comme on l'a déjà signalé, l'énoncé de politique ne fait aucune mention des disparités régionales, ce qui pourrait laisser entendre que le gouvernement s'éloigne légèrement de la première solution présentée.

En supposant que la deuxième solution prenne de plus en plus d'importance à Ottawa, il faut maintenant s'interroger sur la structure que le gouvernement fédéral doit se donner pour poursuivre cet objectif. L'important est que le gouvernement soit en mesure de chercher à définir le potentiel économique des régions et de soupeser leurs avantages comparatifs. Il doit être également à même de prendre des mesures innovatrices. Par exemple, en échange des fonds qu'il verse dans le cadre de programmes conjoints, le gouvernement fédéral pourrait demander aux provinces dont la croissance est lente de s'abstenir d'augmenter le salaire minimum, du moins jusqu'à ce qu'il soit rejoint par celui des provinces dont le taux de chômage est inférieur à la moyenne nationale. Le gouvernement pourrait réaffecter, au titre de la création d'emplois, une partie des paiements de transferts fédéraux destinés aux régions défavorisées, ou bien encore imaginer des moyens d'inciter les petites collectivités à favoriser l'autonomie économique.

Pour faire en sorte que les paiements de transferts servent dorénavant à accroître le potentiel économique des régions moins favorisées, il faut tout mettre en œuvre pour que, dans la mesure du possible, les ressources fédérales destinées à ces régions servent à favoriser leur autonomie économique. Une question se pose alors : est-ce que cette démarche se révélerait plus fructueuse par une action de tout l'appareil gouvernemental sur le développement régional ou par l'attribution de cette vocation à un ministère ou organisme particulier? Le deuxième terme de cette alternative semble préférable.

Le gouvernement fédéral envisage de grands projets énergétiques destinés à favoriser l'autonomie économique des régions canadiennes moins biens nanties. En fait, ces méga-projets sont considérés non seulement comme les principales possibilités de développement au Canada pour les années 80, mais aussi comme des moyens de corriger le déséquilibre régional de longue date sur le plan du développement économique. Il appartient avant tout au nouveau Bureau des retombées industrielles et régionales (MEIR) de veiller à ce que les grands projets produisent le maximum d'avantages industriels et régionaux[42].

Même en supposant que la majorité des méga-projets seront réalisés suivant les plans originaux[43], il n'en demeure pas moins qu'ils souffrent d'une importante lacune sur le plan du développement régional. L'énoncé de politique du gouvernement fédéral laisse à entendre que la région de l'Atlantique en particulier retirera d'importants avantages des nouveaux projets d'exploitation des ressources sous-marines. Les méga-projets dans ce secteur pourraient fort bien contribuer à la prospérité économique de certains centres comme Halifax et Saint-Jean (Terre-Neuve) et à l'accroissement du bien-être économique de la région de l'Atlantique dans son ensemble. Cependant, leurs retombées, s'il en est, dans les régions les moins développées de cette partie du Canada sont des plus incertaines[44].

Il est bien possible que les méga-projets contribuent à réduire les disparités entre les régions tout en les accentuant au sein de celles-ci. Par exemple, la réalisation de projets d'exploitation des ressources sous-marines pourrait produire de nouvelles recettes importantes pour les gouvernements provinciaux de Terre-Neuve et de la Nouvelle-Écosse et créer des possibilités de développement dans ces provinces, mais n'offrir en même temps que des perspectives limitées au Nouveau-Brunswick et à l'Île-du-Prince-Édouard. De plus, le groupe de travail sur les méga-projets n'a inventorié qu'un nombre infime de grands projets pour l'est du Québec, région qui a été en règle générale un bénéficiaire important des programmes du MEER.

Le gouvernement fédéral doit jouer un rôle «d'intervenant» pour faire en sorte que les retombées industrielles des grands projets profitent aux régions désignées. Néanmoins, la réorganisation semble avoir eu pour effet de repousser au niveau de la bureaucratie la responsabilité de tenir compte des considérations régionales ou locales étant donné qu'aucun ministre du Cabinet n'est chargé de défendre les intérêts des régions lorsque la mise en œuvre de grands projets ou d'autres initiatives engendrent des activités économiques.

Le débat qui a fait rage tant à l'intérieur qu'à l'extérieur du gouvernement fédéral au sujet du projet de création de l'usine de pièces de Volkswagen est un exemple pertinent. Le ministre de l'Expansion économique régionale et son ministère ne s'entendait pas avec le ministre de l'Industrie et du Commerce et son ministère sur le choix de l'emplacement. Le MEER était disposé à offrir un ensemble de stimulants industriels à Volkswagen pour qu'elle établisse son usine dans une ville particulière. La presse a décrit la situation comme «un débat entre deux ministres du Cabinet où chacun vend la position de son propre ministère et croise le fer publiquement avec l'autre»[45].

La réorganisation a été annoncée peu de temps après ce débat public. Un fonctionnaire du Bureau du Conseil privé a déclaré à ce sujet que dorénavant, un débat public entre deux ministres «ne se reproduira plus jamais ... le MEER et le ministère de l'Industrie et du Commerce avaient des vues divergentes sur la question de la Volkswagen ... ils se sont bien querellés. Maintenant qu'ils sont ensemble, ils devront régler leurs différends entre eux et puis porter l'affaire devant le Cabinet»[46]. En l'occurrence, la question n'est pas de savoir si, d'un point de vue national ou même régional, l'usine de pièces de la Volkswagen aurait dû être située dans une ville autre que celle qui avait été prévue à l'origine. Il s'agit plutôt du fait qu'en conséquence de la réorganisation, il n'y a plus aucun ministre du Cabinet chargé expressément de faire valoir les points de vue des régions dans les discussions portant sur de nouveaux projets économiques.

Il n'est guère exagéré de dire que la tendance prédominante à Ottawa est d'envisager les choses dans une perspective fondée sur les secteurs et les programmes. Les envisager autrement, notamment dans une perspective régionale, équivaut, selon l'expression d'un haut fonctionnaire à Ottawa, «à s'opposer à la pesanteur»[47]. Les ministères d'exécution envisagent depuis longtemps les situations dans une perspective sectorielle étroite. Il est fort douteux qu'une déclaration du Premier ministre suffise pour changer la perspective sectorielle des fonctionnaires fédéraux en une perspective sectorielle-régionale à peu près équilibrée. Dans leur étude de la mise en œuvre des politiques et des programmes, Pressman et Wildavsky ont constaté que rien ne changeait, même lorsque de nouvelles lignes d'action générales sont annoncées, et que «l'on tente souvent de justifier après coup le comportement antérieur afin de le faire cadrer avec les nouvelles idées et les nouveaux objectifs ... [c'est là] la condition normale de l'administration»[48].

Cela dit, le rôle de représentant des régions et de coordonnateur des politiques qui les concernent, autrefois joué par le ministre de l'Expansion économique régionale et ses fonctionnaires, est maintenant confié aux fonctionnaires d'un organisme central en fonction des régions. Le coordonnateur économique fédéral est chargé d'étudier la situation économique de sa province et d'en faire part aux ministres aux réunions des comités du Cabinet.

Certaines questions importantes se posent toutefois sur le rôle de représentation que peuvent jouer les fonctionnaires de l'organisme central dans le cas d'initiatives ou de régions précises. Les organismes centraux du gouvernement jouent habituellement un rôle de réviseur plutôt que de représentant. La raison, fort simple, est qu'un organisme central ne doit pas jouer les deux rôles en même temps ; il ne peut pas, d'une part, présenter des propositions et, d'autre part, décider du bien-fondé de ces propositions. En somme, les organismes centraux doivent être neutres et objectifs et ne pas se révéler des concurrents des ministères d'exécution pour l'obtention des ressources qui sont normalement attribuées à ces derniers[49].

Il existe donc le risque que la dimension régionale se noie tout simplement dans la bureaucratie fédérale. Dans son exposé budgétaire de 1980, le ministre des Finances a applaudi les efforts du ministre de l'Expansion économique régionale en vue d'instaurer un crédit d'impôt de 50 % sur les investissements dans les régions économiques particulièrement défavorisées du pays[50]. Il est difficile d'imaginer, dans le cadre de la nouvelle organisation, quel ministre pourrait maintenant faire une telle proposition. Sans la présence d'un représentant des régions à l'échelle politique qui, assisté des fonctionnaires, a pour principal objectif de promouvoir le développement régional, il y a peu de chances qu'une telle proposition soit dorénavant portée à l'attention du Cabinet ou du ministre des Finances. On se demande à coup sûr qui, au sein du Cabinet, se ferait maintenant le défenseur d'une telle mesure.

L'existence d'un fonds régional soulève également des questions sur la réorganisation et, d'une certaine façon, est contraire à l'objectif même de cette réorganisation. Le Premier ministre a laissé entendre que le MEER était démantelé parce que les ministères à Ottawa avaient tendance à le pointer du doigt lorsqu'un problème régional faisait surface. On a soutenu que l'un des effets secondaires de la création du MEER avait été de soulager les autres ministères de toute préoccupation d'ordre régional qu'ils auraient pu avoir. Le même argument, du moins en puissance, peut être repris dans le cas du fonds régional. Les ministères peuvent être tentés de poursuivre leurs programmes courants et de demander des crédits du fonds régional lorsqu'ils ont à régler des problèmes régionaux.

Fait important à noter en conséquence à la réorganisation, pas un ministère n'a été investi du pouvoir d'outrepasser les mandats strictement sectoriels afin de regrouper des initiatives multidimensionnelles susceptibles de mettre à profit les possibilités de développement qui se présentent au niveau local. Ces initiatives pourraient être fructueuses en ce sens qu'elles permettraient d'éviter les conflits interrégionaux et de pallier l'inefficacité économique possible des grosses subventions industrielles axées sur les régions. Elles permettraient également la mise en œuvre d'activités économiques autonomes[51].

La réorganisation du gouvernement ne changera probablement pas grand-chose. Les programmes de transferts de paiements aux régions moins favorisées se poursuivront sans susciter de contestation au sein de l'administration fédérale. Aucun ministre ne sera mandaté pour promouvoir au sein du Cabinet et du gouvernement des mesures visant à déterminer les activités qui favoriseraient l'autonomie économique des régions. En bref, la situation restera la même et les régions moins favorisées continueront de dépendre des paiements de transferts du gouvernement. Si l'objectif du MEER était ambigu et ses instruments désuets, il aurait été préférable de donner une nouvelle orientation au ministère.

Promouvoir le développement régional en vue d'encourager les régions moins favorisées à passer de la dépendance à l'autonomie appelle une variété d'instruments et de mesures qui doivent pouvoir évoluer de façon à refléter les changements qui s'opèrent dans les régions[52]. Certains d'entre eux susciteraient probablement une forte opposition de la part des régions moins favorisées, tandis que d'autres seraient bien accueillies. Néanmoins, sans l'existence d'un ministre qui, assisté de ses fonctionnaires, soit expressément chargé de définir et de défendre ces mesures, il y a peu de chances pour qu'elles soient définies, encore moins étudiées, par le Cabinet.

L'objet déclaré de la réorganisation est de porter le développement régional au centre du processus d'élaboration des politiques à Ottawa. Toutefois, rien ne permet d'affirmer que la raison pour laquelle les ministères et organismes économiques fédéraux se sont montrés, par le passé, insensibles à la situation économique des régions était liée directement à l'existence du MEER. Il semble rétrograde d'abolir le seul organisme fédéral qui avait au moins la possibilité de se préoccuper de la situation des régions et d'attirer les investissements productifs vers les moins favorisées, en croyant qu'une telle démarche sensibilisera davantage les ministères et organismes économiques fédéraux aux besoins de ces régions.

Il y a lieu de croire que derrière la réorganisation gouvernementale intervenaient bien d'autres facteurs que le désir de concentrer sur le développement régional le processus d'élaboration des politiques à Ottawa. À supposer que ce désir ait été la seule force derrière la réorganisation, il aurait été bien plus judicieux de l'énoncer clairement comme un des objectifs principaux du gouvernement et de demander à tous les ministères de suivre cette orientation. Une fois que des progrès considérables auraient été manifestement accomplis dans ce sens, les fonctions particulières de représentants des régions au sein du gouvernement fédéral auraient alors pu disparaître.

NOTES

1. Texte tiré en partie d'un article pour la revue *Analyse de politiques*, intitulé, «The Toppling of DREE: Prospects for Regional Economic Development».
2. Canada, *Hansard*, Débats de la Chambre des communes, le 27 février 1969, p. 6016.

3. *Ibid.*, le 21 mars 1969, p. 6981.
4. Cabinet du Premier ministre, *Communiqué - Réorganisation en vue du développement économique*, le 12 janvier 1982, p. 1.
5. *Ibid.*, p. 1.
6. Douglas Stuebing, *Trudeau : A Man for Tomorrow*, Toronto, Clarke, Irwin and Company, 1968, p. 101.
7. A.G.S. Careless dans son livre, *Initiative and Response : The Adaptation of Canadian Federalism to Regional Economic Development*, Montréal, McGill-Queen's University Press, 1977, explique en détail les premières années du MEER.
8. Canada, ministère de l'Expansion économique régionale, «Notes pour une allocution de l'honorable Donald Jamieson devant le comité permanent sur le développement régional au sujet de la révision de la politique», mars 1974, mimeo.
9. Canada, ministère de l'Expansion économique régionale, *la Nouvelle approche*, Ottawa, ministère de l'Expansion économique régionale, 1976.
10. Secrétariat des Conférences intergouvernementales canadiennes, *Conférence fédérale-provinciale des Premiers ministres, les 13-15 février 1978*, Ottawa, pp. 298-384.
11. *Ibid.*, p. 331.
12. *Ibid.*, p. 305.
13. Canada, ministère de l'Expansion économique régionale, *les Ententes de développement — MEER*, Ottawa, ministère de l'Expansion économique régionale, 1981, p. 1.
14. Voir Donald J. Savoie, *Federal-Provincial Collaboration : The Canada-New Brunswick General Development Agreement*, Montréal, Mc-Gill-Queen's University Press, 1981, chap. 8 et 9.
15. «Provinces Must Fit Programs to Ottawa's DeBané says», *Globe and Mail*, Toronto, le 13 août 1981, p. 1.
16. «P.E.I., legislature opens with accusation Ottawa acting in 'un-Canadian' manners», *Halifax Chronicle Herald*, Halifax, le 20 février 1981, p. 1.
17. Voir « Island-Feds Sign Phase Three of Plan», *Guardian*, Charlottetown, le 8 octobre 1981, p. 1.
18. Canada, Délibérations du comité sénatorial permanent sur l'Agriculture, *Fascicule n° 11*, Ottawa, Imprimeur de la Reine, 1977, p. 11-21.
19. «No - Fisheries - accord - Leblanc», *Moncton Times*, Moncton, le 11 février 1977, p. 1.
20. Voir Canada, ministre d'Approvisionnements et Services, *Vivre ensemble : Une étude des disparités régionales*, Ottawa, ministre d'Approvisionnements et Services, 1977, p. 170.
21. Canada, ministère des Finances, *le Développement économique du Canada dans les années 80*, Ottawa, ministère des Finances, 1981.
22. *Ibid.*, p. 4.
23. *Ibid.*, p. 11.
24. *Ibid.*, p. 10.
25. Voir «DeBané's future appears bright despite new post», *The Gazette*, Montréal, le 13 janvier 1982, p. 13.
26. Voir par exemple, *les Relations fiscales fédérales-provinciales dans les années 80* (Mémoire soumis au groupe de travail parlementaire sur les accords fiscaux entre le gouvernement fédéral et les provinces par l'honorable Allan J. MacEachen, le 23 avril 1981), pp. 8-13.
27. Cabinet du Premier ministre, *Communiqué — Réorganisation en vue du développement économique*, le 12 janvier 1982, p. 2.
28. *Ibid.*
29. *Ibid.*, p. 4.
30. *Ibid.*, p. 5.
31. *Ibid.*, p. 1, 4, et voir aussi annexe p. 3.
32. *Ibid.*, voir annexe p. 3.
33. Voir aussi, *la Politique gouvernementale et le développement régional*, Ottawa, Rapport du Comité sénatorial permanent des Finances nationales, 1982, p. 72.

34. Canada, Délibérations du Comité sénatorial permanent des Finances nationales, *Fascicule n° 5*, le 23 novembre 1978, p. 5-8. Voir aussi Mark Daniels, «The Birth and Shaping of Regional Policies», dans *Options Politiques*, Montréal : mai/juin 1981, pp. 55-61.

35. Aucun des éléments permettant normalement de déterminer les disparités régionales ne reflète pleinement la qualité de vie dans les régions visées (par exemple, le taux de suicide, l'alcoo-, lisme et la criminalité).

36. Voir par exemple, *la Politique gouvernementale et le développement régional*, Ottawa, Rapport du Comité sénatorial permanent des Finances nationales, 1982, chap. 11 et 12.

37. Voir John A. Hayes, *la Mobilité économique au Canada : Une étude comparative*, Ottawa, ministre des Approvisionnements et Services, 1982.

38. Grant L. Reuber a souligné cette question dans son livre, *Canada's Political Economy*, Toronto, McGraw-Hill Ryerson Limited, 1980, pp. 61-62.

39. Voir Mario Polèse, «Regional Disparity, Migration and Economic Adjustment : A Reappraisal», *Analyse de politiques*, automne 1981, vol. 7, n° 4, pp. 519-524.

40. T.J. Courchene, «A Market Perspective on Regional Disparities», *Analyse de politiques*, automne 1981, vol. 7 n° 4, p. 513.

41. Ces indices révèlent tout au plus qu'un certain progrès a été accompli de 1966 à 1976, mais la preuve reste à faire. En effet, au cours de cette période, l'écart entre l'Ontario et les provinces atlantiques au niveau du revenu disponible par habitant s'est élargi.

42. *Cabinet du Premier ministre, Communiqué — Réorganisation en vue du développement économique*, le 12 janvier 1982.

43. Voir *Rapport du groupe consultatif des mégaprojets canadiens sur les investissements d'envergure au Canada d'ici l'an 2000*, juin 1981.

44. Voir aussi, *la Politique gouvernementale et le développement régional*, Ottawa, Rapport du Comité sénatorial permanent des Finances nationales, 1982, p. 51.

45. «Bickering over car plant led to cabinet shake-up», *Sunday Star*, Toronto, p. 1.

46. *Ibid.*

47. Le premier sous-ministre du MEER a déclaré que «pour presque tous les sages traditionnels d'Ottawa, l'expansion régionale était une idée plutôt saugrenue qu'un homme politique habituellement très sensé avait trouvée au cours d'une campagne électorale comme on trouve un bébé sur le seuil d'une porte», Canada, Délibérations du Comité sénatorial permanent des Finances nationales, *Fascicule n° 13*, le 22 mars 1973, p. 13-24. Voir aussi Fascicule n° 4, le 23 février 1978 ; n° 10, le 21 octobre 1980 ; n° 12, le 4 novembre 1980 ; n° 18, le 4 décembre 1980.

48. Jeffrey L. Pressman and Aaron Wildavsky, *Implementation...*, Berkeley, University of California Press, 1973, p. 186.

49. Voir par exemple, Richard French, *How Ottawa Decides*, Ottawa, Canadian Institute for Economic Policy, 1980.

50. Canada, ministère des Finances, *le Budget*, Ottawa, ministère des Finances, le 28 octobre 1980, p. 16.

51. Voir par exemple, Brad J. Caftel, *Community Development and Credit Unions*, Berkeley, National Economic Development Law Project, 1978 et Edward M. Kirshner et James L. Morey, *Community Ownership in New Towns and Cities*, Cambridge, Centre for Community Economic Development, 1975.

52. Pour quelques suggestions voir Canada, ministre des Approvisionnements et Services, *Vivre ensemble : Une étude des disparités régionales*, Ottawa, ministre des Approvisionnements et Services, 1977, chap. 10.

Chapitre XII

Donald J. Savoie   **Le développement
régional au Canada :
un aperçu historique[1]**

Au cours de la campagne électorale de 1984, Brian Mulroney déclarait que, malgré leurs promesses répétées de mettre fin aux disparités régionales, les gouvernements libéraux qui se sont succédé au pouvoir ont empêché les provinces de l'Atlantique de réaliser leur plein potentiel économique[2]. Bien entendu, le problème du développement régional ne date pas d'hier : cela fait au-delà de vingt ans qu'Ottawa tente de définir — et de redéfinir — une politique de développement régional. Le problème reste profondément ancré dans les forces économiques et politiques en jeu au Canada.

La nature centro-périphérique de l'économie canadienne a donné lieu à d'importantes différences régionales en ce qui concerne le niveau de vie et la spécialisation économique. La région de Toronto, par exemple, a réussi à développer une structure urbaine hautement sophistiquée et une base industrielle solide alors que, quelque 1 200 milles plus à l'est, la région de l'Atlantique est affligée de chômage chronique, d'une faible structure urbaine et d'une forte dépendance vis-à-vis des ressources naturelles. Cette situation, répétée d'un bout à l'autre du pays à des degrés divers, a conduit les gens à considérer leurs intérêts économiques en fonction de la région particulière où ils habitent. Ainsi, dans le sud de l'Ontario, on a tendance à favoriser la protection des tarifs douaniers, tandis que dans les régions périphériques, notamment les provinces de l'Ouest, on tend plutôt à préférer le libre échange.

Notre système politique lui-même a contribué à ces différences. En effet, le fédéralisme canadien a «institutionnalisé le régionalisme» en articulant les intérêts régionaux par le biais des gouvernements provinciaux[3]. Dans *Public Money in the Private Sector*, Allan Tupper signale que les premiers ministres sont passés maîtres dans l'aliénation des régions, puis suggère que les débats portant sur une stratégie industrielle canadienne sont dictés, du moins en partie, par la réalisation des objectifs, souvent incompatibles, de onze gouvernements interventionnistes[4].

Les gouvernements provinciaux rejettent d'emblée la notion que leur situation économique respective est façonnée par les forces du marché et par les politiques géographiquement neutres du gouvernement fédéral. En fait, les quatre provinces de l'Atlantique, les quatre provinces de l'Ouest et maintenant le Québec sont convaincus que les politiques économiques du gouvernement fédéral favorisent le sud de l'Ontario, au détriment du développement régional[5].

Il est certain que les quatre provinces de l'Atlantique considèrent le développement régional et l'équilibre économique que doit assurer le gouvernement fédéral entre les diverses régions comme étant des éléments fondamentaux du fédéralisme canadien. Le Premier ministre Peckford a, pour sa part, récemment déclaré que le Canada ne pouvait survivre en tant que nation à moins que des progrès tangibles ne soient réalisés dans l'allégement des disparités régionales[6]. L'importance de l'équité régionale dans l'élaboration des politiques économiques au Canada est telle qu'elle est maintenant reconnue dans la Constitution. En effet, les gouvernements provinciaux se sont engagés en 1982, par le biais de la Loi sur le Canada, à «réduire l'inégalité des chances»[7].

C'est donc en tenant compte de telles considérations que le Premier ministre Mulroney a promis d'accorder une plus grande priorité au développement régional. C'est aussi en tenant compte des 25 ans d'efforts fédéraux en ce sens, par le biais de mesures différentes. Dans le présent article, nous voulons d'abord passer en revue lesdits efforts, puis examiner les diverses forces qui ont façonné les politiques de développement régional au Canada et enfin voir les mesures que pourrait prendre le nouveau gouvernement fédéral.

La situation actuelle, telle que laissée par Trudeau

Seize ans avant que Brian Mulroney ne s'engage à renforcer la politique fédérale de développement régional, Pierre Trudeau en faisait autant. Au cours de la campagne électorale de 1968, ce dernier a maintes et maintes fois souligné l'importance du développement régional pour l'unité nationale. Il est même allé jusqu'à dire que le problème du développement régional était aussi dangereux pour l'unité nationale que la question de la langue et les relations entre anglophones et francophones. Selon lui, les deux étaient indissociables du fait que les régions principalement francophones étaient aussi économiquement sous-développées.

Une fois élu, il s'est empressé de créer un nouveau ministère, soit le ministère de l'Expansion économique régionale (MEER), en le rendant expressément responsable du développement régional. À sa tête, il a ensuite nommé Jean Marchand, son homme de confiance au Québec.

Le nouveau ministère a su tirer profit de plusieurs programmes introduits par le gouvernement Diefenbaker, puis poursuivis ou étendus par l'administration Pearson. Parmi les principaux programmes mis sur pied, mentionnons la Loi sur l'aménagement rural et le développement agricole (ARDA) et le Fonds de développement économique rural (FODER). Ces deux programmes, à vocation fédérale-provinciale, visaient à promouvoir la croissance dans le secteur de l'agriculture et les régions rurales. Le FODER, en particulier, cherchait à assurer le développement ordonné de plusieurs régions défavorisées. Un certain nombre d'autres initiatives sont venues s'ajouter à ces programmes, notamment la création de l'Office d'expansion économique de la région atlantique, qui avait pour mission de financer l'établissement de l'infrastructure nécessaire à l'expansion économique des provinces de l'Atlantique, de même que l'offre de subventions destinées à encourager les entreprises à s'installer dans des régions spécialement désignées du pays[8].

De toute évidence, le gouvernement Trudeau était animé de bonnes intentions en matière de développement régional. Il voulait essayer de faire plus, beaucoup plus, que ce qui avait été accompli jusque-là. Sur le plan politique, le développement régional et l'égalité linguistique s'inscrivaient dans la réalisation d'une «juste société» pour tous les Canadiens. Sur le plan économique, il était possible de mettre l'accent sur le développement régional puisque, vers la fin des années 60, l'économie nationale se portait bien, le trésor fédéral était, relativement parlant, plein à craquer et la tendance était à la redistribution explicite des richesses. Marchand s'est trouvé à résumer la situation en signalant que «parce que les choses sont en pleine effervescence dans le centre, il faut que les conditions monétaires soient resserrées afin de pouvoir endiguer l'inflation. Les restrictions peuvent être ressenties ici (provinces de l'Atlantique) malgré la persistance et la gravité du chômage»[9].

Le financement des projets de développement régional n'a jamais posé de problèmes lors des premières années du MEER grâce à la conjoncture qui existait alors et à la haute priorité qui lui était accordée. Le MEER a intégré les différents programmes de développement régional administrés par les ministères et organismes, tout en introduisant deux nouveaux programmes importants.

Ces deux nouveaux programmes étaient fondés sur le concept des «pôles de croissance», inspiré par l'économiste français, François Perroux, et selon lequel la croissance se concentre autour de certains points moteurs[10]. D'après Perroux, les efforts déployés en vue de renforcer ces points moteurs mettent en marche un processus de croissance économique autoentretenu.

Adhérant à ce concept, le MEER a élaboré deux programmes : celui des «zones spéciales» et celui des «subventions au développement régional». Ces deux programmes visaient le même but, à savoir encourager les entreprises de fabrication et de transformation établies dans des régions défavorisées ayant un potentiel de croissance.

Ceci devait donner lieu au scénario suivant. On devait d'abord faire une liste des centres industriels susceptibles d'attirer des entreprises, puis signer des ententes avec les gouvernements provinciaux pour la construction de l'infrastructure nécessaire (routes, réseaux d'adduction d'eau et d'égoûts, écoles, etc.), afin de créer un cadre favorable à l'expansion industrielle. On était d'avis que le milieu institutionnel et l'infrastructure physique en place dans les régions à faible croissance étaient tout aussi léthargiques et stagnants que l'était l'activité industrielle.

Après la mise en place de l'infrastructure voulue, on devait pouvoir attirer de nouvelles entreprises dans les centres choisis grâce au programme de subventions au développement régional, lequel était destiné à abaisser les frais d'établissement. On voulait ainsi dédommager l'investisseur pour s'être établi dans une région économiquement défavorisée en lui accordant une subvention suffisamment importante pour que son investissement rapporte autant que s'il s'était établi dans le sud de l'Ontario, sans subvention.

En lançant ces deux programmes, Marchand souscrivait à deux principes directeurs, desquels il ne devait pas dévier. Le premier voulait que l'existence même du MEER fût liée à la notion d'équité régionale dans le développement économique national. Conformément à ce principe, Marchand a ensuite désigné l'est du Québec et les quatres provinces de l'Atlantique comme régions exigeant une attention particulière. Il ne cessait de répéter que si le MEER devait dépenser moins de 80 % de son budget à l'est de Trois-Rivières, c'est qu'il avait failli à son mandat. Le deuxième voulait que le nombre de régions désignées comme zones spéciales soit restreint afin de ne pas diminuer l'impact du programme. D'expliquer Marchand : «plus on l'étend (le programme des zones spéciales) et plus on l'affaiblit. (...) Il faut tenir bon»[11].

En fin de compte, Marchand a réussi à s'en tenir, à peu de choses près, au nombre initialement prévu de zones spéciales. Vingt-trois ont été désignées, chacune faisant l'objet d'une entente fédérale-provinciale. Six d'entre elles, soit St. John's, Halifax-Darmouth, Saint-Jean, Moncton, Québec et Trois-Rivières, devaient jouir d'une croissance industrielle beaucoup plus rapide grâce au programme de subventions ; elles ont été désignées afin de fournir l'infrastructure nécessaire à cette croissance. En raison de leur situation géographique, Régina et Saskatoon ont également été désignées afin d'aider à financer le développement des collectivités environnantes. À Terre-Neuve, la péninsule de Burin, Gander, Stephenville, Hawke's Bay, Come-by-Chance et Goose Bay (Happy Valley) ont été désignées afin qu'elles deviennent plus attrayantes en tant que «centres d'accueil», dans le cadre du Programme de réinstallation de la province. Au Manitoba, The Pas et la région du lac Meadow et, en Alberta, la région du Petit lac des esclaves ont reçu des subventions à l'expansion industrielle afin de promouvoir le développement du secteur des ressources et d'améliorer les installations communautaires, en particulier au profit des populations indiennes et métis. La région de Renfrew-Pembroke, en Ontario, et celle du Lac St-Jean, au Québec, ont également reçu des subventions à l'expansion industrielle, auxquelles elles n'étaient pas admissibles en vertu du programme normal de subventions. Enfin, la région de Sainte-Scholastique, à l'extérieur de Montréal, a été désignée par suite de la décision, prise par le gouvernement fédéral, d'y construire un nouvel aéroport international. Dans ce cas-ci, l'aide fournie à la province visait la mise en place de l'importante infrastructure nécessaire[12].

Ces ententes sur les zones spéciales ont conduit à la réalisation d'une multitude de projets (autoroutes, réseaux d'adduction d'eau et d'égoûts, parcs industriels, attractions touristiques, écoles, etc.). Les modalités de financement étaient aussi très diversifiées, le gouvernement fédéral payant, dans certains cas, 100 % des frais et, dans d'autres, 50 % des frais avec prêt pour une partie ou la totalité du reste.

Le deuxième programme, soit celui des subventions au développement régional, a conservé une grande importance tout au long de l'existence du MEER. Ce programme offrait des subventions aux entreprises en fonction du nombre des nouveaux emplois créés dans une région désignée et du capital engagé dans la construction ou l'expansion d'usines. Plus tard, un programme de garanties de prêts est venu s'ajouter au programme de subventions.

Quelques années seulement après le lancement de ces deux programmes, le MEER a été la cible de critiques persistantes contre l'idée des zones spéciales. Les gouvernements provinciaux, en particulier, trouvaient ce programme hautement discriminatoire en favorisant certaines collectivités plutôt que d'autres. Plus important encore, les provinces n'aimaient pas du tout l'attitude du MEER à l'égard des relations fédérales-provinciales. Selon elles, l'étroite collaboration avec le MEER était impossible en matière de développement régional tant que celui-ci conserverait son attitude du «c'est à prendre ou à laisser»[13]. Par exemple, en n'ayant aucune option de non-participation, les provinces se trouvaient en fait privées de fonds fédéraux dès qu'elles refusaient de participer aux initiatives du gouvernement fédéral.

De plus, après trois ou quatre ans, rien ne semblait prouver que les deux programmes avaient contribué à réduire les disparités régionales de façon marquée. Au contraire, les indicateurs économiques, tels le taux de chômage et le revenu par habitant, révélaient des écarts encore plus marqués entre les différentes régions. Avec le recul, nous savons aujourd'hui que l'on avait trop misé sur le concept des pôles de croissance, concept qui reste encore imprécis. Dans *Growth and Change*, Ben Higgins résume bien la situation en disant qu'aucun gouvernement n'a jamais, dans toute l'histoire économique, entrepris tant d'activités et investi tant d'argent sur la base d'un concept aussi confus que l'était celui des pôles de croissance, vers la fin des années 60 et le début des années 70[14].

Le programme des zones spéciales a également eu sa part de problèmes au niveau politique. Les collectivités non désignées se sont mises à imputer leur retard de croissance aux programmes du MEER. Les gouvernements provinciaux en ont profité pour blâmer Ottawa non seulement d'avoir conçu un tel programme, mais aussi d'avoir agi unilatéralement dans le choix des collectivités désignées.

En 1972, le MEER entreprenait une révision en profondeur de ses programmes de développement régional. On se souviendra qu'à l'issue de la campagne électorale de 1972, le gouvernement Trudeau a conservé le pouvoir de justesse, s'est retrouvé minoritaire à la Chambre des communes et a subi des pertes particulièrement importantes dans l'Ouest.

Trudeau a immédiatement pris une série de mesures destinées à regagner la faveur du public. Dans le domaine du développement régional, il a remplacé Marchand à la tête du MEER par un autre ministre important, Don Jamieson. Il a également demandé que le MEER s'occupe de la préparation de la conférence sur les perspectives de l'Ouest.

Jamieson s'est empressé de terminer la révision des politiques du MEER. Deux grandes conclusions en sont ressorties : tout d'abord, que le programme des zones spéciales était trop limitatif et ne se prêtait ni à l'innovation ni à l'originalité dans les possibilités de développement, puis que les programmes fédéraux de développement régional devaient être menés en étroite collaboration avec les gouvernements provinciaux.

C'est cette révision qui a donné lieu aux ententes cadres de développement et à la décentralisation du MEER[15]. Les ententes cadres étaient des documents généraux permettant au gouvernement fédéral et aux provinces de parrainer une grande diversité de projets grâce à des ententes auxiliaires individuellement négociées. Ces dernières pouvaient s'appliquer à l'échelle de la province ou ne viser qu'une région particulière, un secteur économique distinct, voire même une seule industrie.

La portée et le genre de projets ainsi parrainés dépassent l'imagination. Le MEER a conclu au-delà de 100 ententes auxiliaires avec neuf provinces, dans presque tous les secteurs de l'économie, notamment les pêches, l'agriculture, le tourisme, l'industrie, le travail communautaire, la foresterie, le transport, l'énergie, les océans, l'urbanisme, etc. En tout, on a engagé plus de 6 milliards de dollars en fonds publics. Aucune entente n'a été signée avec l'Île-du-Prince-Édouard parce que celle-ci bénéficiait déjà d'un plan de développement de quinze ans, signé en 1969, qui, tout comme les ententes cadres, était à caractère «multidimensionnel» et permettait la réalisation de divers projets dans différents secteurs économiques.

Les gouvernements provinciaux ont applaudi les ententes cadres de développement et le genre de collaboration fédérale-provinciale qu'elles comportaient. Pour les provinces, les ententes cadres avaient beaucoup d'attrait. Elles ouvraient la porte à de nouvelles dépenses tout en donnant le beau rôle aux gouvernements provinciaux qui, en étant responsables de la réalisation des projets, passaient pour les bienfaiteurs. En gros, les provinces proposaient et le gouvernement fédéral payait.

Les ententes cadres de développement n'ont toutefois pas été sans susciter des problèmes ou des critiques. À Ottawa, on les a accusées de n'être que des documents habilitants. Entre autres, le ministère des Finances et le Conseil du Trésor ne pouvaient admettre la confusion qui les caractérisait. On avait espéré qu'elles «s'affermiraient» avec le temps et donneraient lieu à des documents stratégiques ou, du moins, à des lignes directrices ou des priorités concernant les initiatives à parrainer. Telles que perçues par Ottawa, les ententes cadres de développement ne représentaient qu'une nouvelle source de financement que les provinces pouvaient exploiter pour mettre n'importe quel projet en marche, sans se soucier d'aucune stratégie cohérente.

Il ne faut pas non plus oublier que, vers la fin des années 70, la situation économique n'était plus, et de loin, ce qu'elle était lorsque le MEER a été créé. En fait, de nombreux facteurs commençaient à rendre nécessaire la réorientation de la politique de développement régional. Le terme «stagflation» venait d'apparaître dans le vocabulaire économique, caractérisant la coexistence de l'inflation et de la stagnation de l'activité économique. La récession frappait tous les pays, et le Canada s'est trouvé incapable de soutenir la concurrence internationale faute d'avoir la structure industrielle voulue. On s'est mis à parler de plus en plus du besoin, pour le gouvernement fédéral, d'intervenir afin d'aider le cœur industriel du pays, c'est-à-dire le sud de l'Ontario et du Québec, à amorcer sa restructuration. L'industrie du textile était en difficulté, de même que l'industrie de l'automobile et des gros appareils ménagers. D'une certaine manière, donc, le problème régional s'est étendu de l'est du Québec et des quatre provinces de l'Atlantique aux régions qui ont traditionnellement mené le pays sur le plan économique. C'est un peu à cause de cela, mais aussi à cause de l'application à l'échelle nationale des ententes cadres, que le budget du MEER n'était plus concentré dans l'est du Québec et la région de l'Atlantique. Montréal est devenue une région désignée dans le cadre du programme de subventions au développement régional, et le budget total des dépenses du MEER pendant les années 70 a été réparti comme suit : région de l'Atlantique, 45 % ; Québec, 30 % ; Ontario, 5 % ; Ouest, 20 %.

Dans les milieux politiques, à Ottawa, il est vite devenu évident que ministres et députés étaient peu favorables aux ententes cadres de développement. Ils les considéraient, essentiellement, comme des instruments financés en grande partie par le gouvernement fédéral, mais avantageant les gouvernements provinciaux. Même Pierre de Bané, le nouveau ministre de l'Expansion économique et régionale nommé en 1980, a publiquement déclaré qu'il : «... serait surpris si 10 % des Canadiens savaient que les subventions accordées aux entreprises ne représentent que 20 % du budget du Ministère, le reste allant aux provinces»[16].

Tous ces facteurs ont conduit le gouvernement fédéral à entreprendre une deuxième révision en profondeur de sa politique de développement régional. Il en est ressorti que l'équilibre économique national avait changé et que toutes les régions avaient désormais leur part de problèmes et de possibilités. Pour ce qui est des possibilités, on s'attendait qu'elles émanent des retombées économiques associées aux «mégaprojets», lesquels étaient surtout reliés au domaine de l'énergie[17]. Les provinces de l'Atlantique, par exemple, allaient profiter d'un certain nombre de mégaprojets de mise en valeur des ressources *off-shore*. Ceci étant, on a recommandé que le développement économique régional soit au cœur de l'orientation de la politique publique au niveau fédéral. Encore une fois, les relations fédérales-provinciales ont été examinées de près. On a souligné l'importance d'une étroite collaboration avec le gouvernement fédéral, tout en suggérant que : «la mise en œuvre conjointe des programmes de développement économique (c'est-à-dire les ententes cadres du MEER) n'est pas toujours souhaitable»[18]. En d'autres mots, on jugeait qu'il était parfois préférable que le gouvernement fédéral mette directement en œuvre certains programmes de développement régional.

Peu après l'achèvement de cette deuxième révision, au début de 1982, le Premier ministre dévoilait un important remaniement du gouvernement fédéral. On a ainsi procédé à la dissolution du MEER, au remplacement des ententes cadres de développement par de nouvelles ententes fédérales-provinciales plus simples, à la création d'un nouvel organisme central chargé de s'assurer que le développement régional soit au cœur des décisions prises par Ottawa, ainsi qu'à la création d'un fonds de développement régional. Le MEER, d'expliquer Pierre Trudeau, n'avait pas réussi à promouvoir, de façon soutenue, le développement régional. En tant que simple ministère à voca-tion spécifique, il était incapable d'amener les autres ministères à contribuer à la politique globale de développement économique et régional. Le nouvel organisme central, le département d'État au Développement économique et régional (DEDER), allait désormais être en mesure de veiller à ce que le développement régional soit poursuivi à l'échelle de l'ensemble du gouvernement, renforçant ainsi l'engagement d'Ottawa à cet égard. De plus, un nouveau ministère à vocation spécifique, le MEIR, allait se charger de la mise en œuvre des programmes de développement régional et industriel[19].

Les nouvelles ententes de développement économique et régional (EDER) se distinguaient des ententes cadres de développement en ce qu'elles permettaient au gouvernement fédéral d'assurer seul la réalisation de projets particuliers. À presque tous les autres égards, toutefois, elles leur ressemblaient : même format légal et même mécanisme de coordination fédérale-provinciale au niveau des cadres.

Dans chaque province, le directeur général du MEER a été remplacé par un coordonnateur fédéral du développement économique (CFDE). Celui-ci devait assurer la «décentralisation de l'organisme central» sur le terrain et encourager tous les ministères fédéraux à adapter leurs politiques et programmes à la situation économique de la province.

Un fonds de développement régional a également été constitué en vue de financer des projets spéciaux de développement économique et régional. Comme ce fonds allait être alimenté par «les sommes qui se libéreront au fur et à mesure que les ententes cadres de développement existantes arriveront à terme»[20], il n'exigeait aucun nouvel apport de capital, mais simplement le maintien des crédits versés aux différentes ententes cadres.

Le nouveau ministère de l'Expansion industrielle régionale (MEIR) a été formé essentiellement par fusionnement des programmes de développement touristique et industriel de l'ancien ministère de l'Industrie et du Commerce et du programme de subventions au développement régional du MEER. On espérait ainsi que «l'administration des programmes régionaux en serait améliorée» et que «cela renforcerait la capacité (du gouvernement fédéral) de poursuivre ses objectifs de croissance économique équilibrée dans tout le pays»[21].

Peu après cette importante réorganisation du gouvernement fédéral, John Turner était élu à la tête du parti libéral. Il s'est empressé de dissoudre le DEDER, insistant que le gouvernement fédéral était devenu «trop élaboré, trop complexe, trop lent et trop dispendieux»[22]. Poussé par un désir de simplifier le processus décisionnaire, il n'a montré aucun intérêt particulier pour la question du développement régional, laquelle n'a pratiquement pas été mentionnée lors de la conférence de presse convoquée pour présenter son nouveau gouvernement. Sans faire de bruit, les CFDR et les EDER ont été transférés au MEIR, tandis qu'un ministre d'État responsable du développement régional a été nommé, sous l'égide du MEIR.

L'engagement Mulroney

Durant la campagne électorale de 1984, Brian Mulroney a laissé entrevoir certaines des mesures que prendrait le gouvernement conservateur en matière de développement régional. Le MEIR se verrait attribuer «un mandat législatif spécifique pour promouvoir les régions les moins développées» et «tous les ministères seraient tenus de présenter, au Comité permanent de l'expansion économique régionale de la Chambre des communes, une évaluation annuelle de l'effet de leurs politiques sur des régions particulières»[23]. De plus, le MEIR jouirait d'une plus grande marge de manœuvre lui permettant, par exemple, d'offrir, outre des subventions, des incitations fiscales. Pour ce qui est des quatre provinces de l'Atlantique, on s'efforcerait d'améliorer l'infrastructure économique de la région, notamment en rehaussant les installations de transport et de communication, en instaurant des programmes de formation, en intensifiant les études de marché et en prenant d'autres mesures semblables. Des programmes spéciaux seraient mis en place afin d'aider les collectivités souffrant de chômage chronique et de marasme économique.

Même si les Conservateurs ont vivement critiqué les Libéraux pour avoir «démantelé» le MEER, ils n'ont rien fait pour le rétablir après leur accession au pouvoir. Dans son Cabinet, Mulroney n'a désigné personne au développement régional. Il a même abandonné la notion d'un ministre d'État responsable du développement régional, notion que Turner avait introduite seulement quelques mois auparavant.

Peu après l'élection du parti progressiste conservateur, la presse accusait le nouveau gouvernement de vouloir agir, du moins pendant les premiers mois de son mandat, comme si les coffres de l'État étaient à sec[24]. Autrement dit, les Libéraux ayant laissé les choses dans un état plus lamentable que prévu, on disposait de très peu d'argent pour entreprendre de nouveaux projets.

En ce qui concerne le développement régional, la situation était la même : c'était la disette.

Le gouvernement Mulroney n'a hérité d'aucune organisation, d'aucun noyau d'experts en matière de développement régional. En effet, lorsque le MEER a été aboli, on a dispersé son personnel un peu partout dans les ministères. Puis, ceux qui croyaient qu'une plus haute priorité serait accordée au développement régional en voyant apparaître le DEDER ont dû déchanter lorsque Turner a démantelé ce dernier pour rationaliser les opérations du gouvernement. Quant au fonds établi aux fins de développement régional, le plus qu'on ait pu en dire, c'est que personne ne savait exactement à combien il s'élevait lorsque le nouveau gouvernement a été proclamé. On n'en a pratiquement plus entendu parler après son établissement. Trudeau avait déclaré qu'il atteindrait les 200 millions de dollars en 1984-1985. Or, il est impossible de déterminer si ce niveau a jamais été atteint, ou même de savoir si le fonds existe toujours.

À part le fait qu'elles permettent aux deux paliers de gouvernement d'intervenir directement auprès du public, les EDER n'apportent pas grand-chose de neuf en contenu. La seule différence notable c'est que, par rapport aux ententes cadres, le gouvernement fédéral affecte moins d'argent aux EDER.

Le MEIR a introduit un programme de développement régional et industriel qui a été mieux accueilli dans les régions plus développées du pays[25].

Voilà pourtant qui est contraire à la promesse de donner au MEIR «un mandat législatif spécifique pour promouvoir les régions les moins développées».

Le gouvernement Mulroney doit donc élaborer une nouvelle politique de développement régional sans les appuis antérieurs en termes de spécialistes, de structure gouvernementale ou de lignes directrices ou de programmes. Bien que les spécialistes fédéraux aient été dispersés après la réorganisation de 1982, le gouvernement actuel pourrait se fonder sur les expériences passées, sur les efforts du MEER et sur une documentation croissante dans le domaine du développement régional au Canada.

Le développement régional: un dédale de contradictions

Pour tout nouveau gouvernement, le domaine du développement régional apparaît vite comme étant des plus complexes. Des solutions qui, à première vue, semblent relativement simples et sans détours peuvent avoir de graves conséquences dès qu'on y regarde de plus près. Les objectifs régionaux ne sont pas toujours compatibles entre eux. Par exemple, les représentants des régions traditionnellement défavorisées peuvent applaudir les progrès réalisés ces dernières années dans la réduction des disparités régionales, au chapitre des revenus familiaux. Mais ils peuvent oublier que ces progrès sont en grande partie attribuables aux paiements de transfert du gouvernement fédéral.

Par contre, on reconnaît maintenant que les paiements de transfert constituent également une entrave au redressement économique des régions à faible croissance. Il s'ensuit que ces régions viennent en effet à dépendre de ces paiements pour maintenir un certain niveau de services. De plus, en faisant augmenter les salaires, les paiements de transfert peuvent avoir un effet inhibiteur sur les investissement privés. On peut aussi leur attribuer deux autres effets contradictoires. D'une part, ils peuvent encourager les gouvernements provinciaux à appuyer des programmes sociaux et économiques hautement désirables et, d'autre part, permettre à ces mêmes gouvernements d'éviter les rajustements difficiles.

Pour s'y retrouver dans ce dédale de contradictions, il faut commencer par se poser un certain nombre de questions fondamentales. L'une des premières, qui peut paraître banale, est tout simplement de savoir quel est l'objectif essentiel de la politique de développement régional. À la fin des années 60, soit avant les contraintes gouvernementales, son but était clair quoique déjà contradictoire: réduire les disparités régionales, en prenant comme point de repère le revenu par habitant et le taux de chômage.

Les déficits gouvernementaux se faisant de plus en plus prononcés, les responsables du développement régional ont commencé vers la fin des années 70 à définir le développement régional comme étant, essentiellement, synonyme de développement économique, mais au niveau régional. Ainsi, cette politique se donnait pour but de permettre à chaque région du Canada de réaliser son plein potentiel de développement économique, tout comme les politiques économiques nationales visent à réaliser le plein potentiel de développement économique du pays. La politique de développement économique régional constituait, dès lors, une politique «qui ne coûtait rien». Il pouvait y avoir certaines injustices temporaires dans la répartition des ressources, mais, avec le temps, les régions allaient devenir autonomes sur le plan économique. En gros, le MEER peut être tenu responsable d'avoir créé un tel mythe en produisant d'innombrables rapports sur les vastes possibilités économiques, non encore exploitées, des régions en difficulté. L'ancien ministre de l'Expansion économique régionale, Marcel Lessard, expliquait : «[le MEER n'est pas] un organisme de bien-être social ... Notre but premier ... est d'aider chaque région du Canada à tirer le meilleur parti possible ... de son potentiel de développement»[26].

Malheureusement, les disparités régionales, telles que traditionnellement définies, persistent. Il existe encore de nombreuses poches de chômage, et il incombe aux fonctionnaires élus pour représenter ces régions de faire quelque chose. Rien n'indique toutefois que ces régions ont de vastes possibilités économiques non encore exploitées.

Il était relativement facile pour le MEER de publier des rapports plutôt optimistes sur le potentiel économique d'une région donnée. Il était beaucoup plus difficile, et beaucoup plus rare de faire une véritable évaluation de l'impact économique d'un projet donné, en établissant non seulement les gains économiques potentiels, mais aussi le coût réel des fonds publics engagés.

L'élaboration d'une politique de développement régional devrait avoir, comme principe fondamental, l'établissement de paramètres permettant la comparaison des propositions par rapport à l'impact net qu'elles auront sur le développement économique des régions visées. Mais de nombreuses considérations entrent invariablement en ligne de compte dans la mise en place d'un tel cadre.

Il est une considération qui prime sur toutes les autres : les relations fédérales-provinciales. Sur le plan strictement constitutionnel, les responsabilités et pouvoirs en matière de développement régional ne sont pas explicitement attribués à un niveau particulier de gouvernement. De plus, les spécialistes du développement régional soutiennent que, pour être viable, la promotion du développement régional doit être multidimensionnelle, ce qui, par définition, fait fi des attributions de compétences[27]. Une étroite collaboration est donc essentielle entre le gouvernement fédéral et les provinces si l'on veut utiliser tous les leviers possibles pour promouvoir le développement régional et exploiter toutes les possibilités.

Du point de vue des gouvernements provinciaux, il ne fait pas de doute que les relations avec le gouvernement fédéral étaient excellentes vers le milieu et la fin des années 70, et ce, jusqu'à la résiliation des ententes cadres de développement. Bien qu'il y ait certains avantages à avoir d'excellentes relations fédérales-provinciales, il y a également un certain prix à payer. Les gouvernements provinciaux ont, tout naturellement, tendance à promouvoir des mesures destinées à renforcer leur propre situation économique, sans se soucier de l'effet que celles-ci peuvent avoir sur les autres provinces. Qui plus est, les gouvernements provinciaux peuvent très bien être tentés d'évaluer la qualité de leurs relations avec le gouvernement fédéral en fonction de l'appui donné par ce dernier aux mesures proposées.

Tout le monde reconnaît que les ententes cadres de développement ont été une source d'harmonie fédérale-provinciale. En ce qui concerne le développement régional, toutefois, ces ententes ont donné lieu à des mesures dont les retombées n'étaient pas toujours favorables pour les provinces avoisinantes[28]. L'injection de fonds fédéraux dans l'économie des provinces peut avoir un certain attrait politique et des avantages économiques à court terme, mais elle n'aide pas tellement les provinces à devenir autonomes.

De plus en plus, économistes et géographes tiennent compte, dans leur analyse de la croissance, de l'interdépendance économique des provinces et des villes. Ils avancent, par exemple, que la croissance de Moncton est liée à celle de Halifax. Ils soutiennent également qu'on ne peut réduire de façon sensible l'écart économique entre les trois provinces maritimes et les provinces centrales sans d'abord mettre en place une structure interurbaine sophistiquée et interdépendante dans les trois provinces maritimes.

À cette fin, le gouvernement fédéral doit faire en sorte que les possibilités de développement économique soient considérées dans un contexte plus large. Autrement dit, un programme de développement économique destiné à l'Île-du-Prince-Édouard ne peut être viable que s'il est formulé en tenant compte de la situation économique du Nouveau-Brunswick, de la Nouvelle-Écosse et des autres provinces. Ceci peut exiger, de la part du gouvernement, des décisions qui sont politiquement difficiles à prendre, telles que le refus d'appuyer des initiatives susceptibles de nuire à un secteur particulier d'une autre province. En règle générale, le gouvernement fédéral est mieux placé pour déceler les conséquences interprovinciales et aussi plus enclin à prendre les mesures voulues pour favoriser l'économie régionale. De telles mesures sont toutefois moins bien accueillies par les gouvernements provinciaux que ne le sont les fonds fournis à l'appui d'initiatives étroitement provinciales.

Ceci nous amène à poser une autre question fondamentale. Dans l'élaboration de sa politique de développement régional, le gouvernement fédéral doit-il insister sur les équilibres intraprovinciaux ou locaux ou plutôt sur un certain équilibre interprovincial? Jusqu'à récemment, l'accent a été placé sur la mise en œuvre de programmes locaux. C'est ainsi que la Loi sur les subventions au développement régional ne visait, dans certains cas, qu'une partie des provinces et diverses ententes auxiliaires étaient spécialement conçues pour des micro-régions telles que le nord-est du Nouveau-Brunswick, la partie ouest du Nord canadien, le Labrador, etc.[29].

On pourrait soutenir que le gouvernement fédéral ne devrait s'intéresser qu'aux micro-régions de façon à exploiter au maximum les potentiels de croissance qui s'y trouvent ou encore par souci de combattre des poches de pauvreté. Par contre, on peut rétorquer que le gouvernement fédéral ne devrait se préoccuper que de l'équilibre national et du développement interprovincial vu qu'il est de plus en plus important d'intégrer les économies régionales en vue du développement, autoentretenu, des provinces et d'encourager ces dernières à considérer comme positive la croissance en dehors de leurs frontières.

En outre, lorsqu'on désigne des régions à des fins de développement, il faut choisir soit de concentrer ses efforts sur les régions les plus défavorisées du pays, soit de désigner des régions assez grandes pour offrir de réelles possibilités de développement. Le gouvernement fédéral pourrait décider de mettre l'accent sur les régions les plus en difficulté et ne soutenir, disons, que 5 % de la population. Une telle décision aurait toutefois un gros inconvénient. Les régions les plus isolées et les moins peuplées, qui sont invariablement les plus pauvres, offrent très peu de possibilités de développement. Ceci appellerait peut-être des politiques d'inspiration sociale plutôt que de développement économique.

Quelle que soit la décision prise à cet égard, le gouvernement fédéral devra faire face à la réalité politique. S'il optait, par exemple, pour une approche exclusive nationale et qu'il abandonnait les programmes régionaux, il risquerait d'avoir beaucoup de mal à obtenir l'appui des députés représentant les régions à faible croissance. Il est difficile d'imaginer un député essayant d'expliquer que, dans l'intérêt de l'économie nationale ou même dans l'intérêt à long terme de la région qu'il représente, il ne peut appuyer aucun programme d'assistance économique proposé pour sa circonscription.

NOTES

1. Texte tiré en partie d'un article intitulé, «The Continuing Struggle for a Regional Development Policy» et paru dans un recueil de textes préparé sous la direction de M. Peter Leslie.
2. Discours prononcé par l'honorable Brian Mulroney à Halifax, en Nouvelle-Écosse, le 2 août 1984. Voir annexe, p. 1.

3. Allan Tupper, *Public Money in the Private Sector*, Kingston : Institute of Intergovernmental Relations, Queen's University, 1982, pp. 41, 49.
4. *Ibid.*, p. 41.
5. *Ibid.*, chap. 4.
6. Gouvernement de Terre-Neuve, *Discussion Paper on Major Bilateral Issues : Canada-Newfoundland*, p. 4.
7. Canada, *la Constitution canadienne 1981 — Résolution adoptée par le Parlement du Canada*, décembre 1981, Publications Canada, 1981.
8. Voir, par exemple, Frank Walton, «Canada's Atlantic Region : Recent Policy for Economic Development», *The Canadian Journal of Regional Science*, vol. 1, n° 2, automne 1978, p. 44.
9. Canada, ministère de l'Expansion économique régionale, *Atlantic Conference '68 — A New Policy for Regional Development*, le 29 octobre 1968, polycopie, p. 7.
10. François Perroux, *l'Économie du XXᵉ siècle*, Paris, Presses universitaires de France, 1959, p. 179. Voir aussi Benjamin Higgins, Fernand Martin, André Raynauld, *les Orientations du développement économique régional du Québec*, Ottawa, ministère de l'Expansion économique régionale, 1970.
11. Canada, Comité permanent de l'expansion économique régionale de la Chambre des communes, *Délibérations*, 1970, p. 2:62.
12. Voir, entre autres, J.P. Francis et M.G. Pillai, «Regional 'Economic Disparities' Regional Development Policies in Canada», *Regional Poverty and Change*, Ottawa, Conseil canadien de développement rural, 1973, pp. 136-137.
13. Anthony Careless, *Initiative and Response : The Adaptation of Canadian Federalism to Regional Economic Development*, Montréal, McGill-Queen's University Press, 1977.
14. Benjamin Higgins, «From Growth Poles to Systems of Interactions in Space», *Growth and Change*, vol. 14, n° 4, p. 5.
15. Voir Donald J. Savoie, *Federal-Provincial Collaboration : The Canada-New Brunswick General Development Agreement*, Montréal, McGill-Queen's University Press, 1981.
16. «Provinces Must Fit Programmes to Ottawa's — DeBané says», *Globe and Mail*, Toronto, le 13 août 1981, p. 1.
17. Voir Canada, ministère des Finances, *le Développement économique du Canada dans les années 80*, Ottawa, ministère des Finances, 1981.
18. *Ibid.*, p. 11.
19. Canada, Bureau du Premier ministre, *Communiqué — Réorganisation en vue du développement économique*, le 12 janvier 1982.
20. *Ibid.*
21. *Ibid.*
22. «Trudeau — Pitfield Bureaucracy First Item on Turner's Overhaul», *Globe and Mail*, Toronto, le 2 juillet 1984, p. 5.
23. Discours prononcé par l'honorable Brian Mulroney à Halifax, en Nouvelle-Écosse, le 2 août 1984, pp. 1-7 et annexe p. 2.
24. Voir, par exemple, «When do we Blame PCs for the Deficit?», *The Gazette*, Montréal, le 18 octobre 1984, p. C-4.
25. Canada, ministère de l'Expansion industrielle régionale, *Rapport annuel 1983-1984*, pp. 12-60.
26. Canada, *Délibérations du Comité sénatorial permanent des Finances nationales*, le 21 février 1981, fascicule n° 3, p. 3A:7 et 3A:8.
27. Donald J. Savoie, «Co-operative Federalism with Democracy», *Options politiques*, Montréal, vol. 3, n° 6, pp. 54-58.
28. Voir Savoie, *Federal-Provincial Collaboration*, chap. 7.
29. Canada, ministère de l'Expansion économique régionale, *Résumés des ententes-cadres de développement et des ententes auxiliaires fédérales-provinciales actuellement en vigueur*, (diverses dates).

Notices biographiques

Irene BANKS

Irene Banks est économiste en chef de la direction des relations fédérales-provinciales au sein du ministère des Finances du Manitoba. Elle détient une maîtrise en économie de Queen's University (Kingston). Dans sa fonction précédente, elle était économiste de la section de la recherche régionale au Conseil économique du Canada, où elle a publié des études dans la série des documents de travail.

Richard BEAUDRY

Richard Beaudry est président de l'Association des économistes québécois. Détenteur d'une maîtrise en sciences économiques de l'Université de Montréal, M. Beaudry a œuvré respectivement au Centre de recherche en développement économique de l'Université de Montréal, au Conseil économique du Canada et au Centre de recherche industrielle du Québec. M. Beaudry a participé à plusieurs ouvrages publiés, et il est l'auteur de nombreux articles qui sont parus dans des revues telles que la *Revue canadienne d'économique*, l'*Actualité économique*, le *Journal of Regional Science*, etc. À plusieurs reprises, M. Beaudry a été orateur invité lors de conférences touchant la technologie et l'innovation.

Thomas J. COURCHENE

Thomas J. Courchene est professeur titulaire à l'université Western Ontario. Détenteur d'un doctorat en économie de Princeton University, M. Courchene compte à son actif des expériences professionnelles fort variées. Il a été professeur dans plusieurs universités, notamment la University of Chicago, Queen's University, ainsi qu'au Graduate Institute of International Studies (Genève). Depuis 1982, M. Courchene est président du Ontario Economic Council. Il est également membre principal du C.D. Howe Research Institute. Il fut, de 1974 à 1975 et de 1978 à 1980, directeur des études supérieures au département d'économie de l'université Western Ontario. Ses intérêts dans l'enseignement sont présentement axés vers l'économie politique canadienne. M. Courchene est l'auteur de plusieurs ouvrages en économie, des livres, des recueils d'envergure, et particulièrement de nombreux articles qui sont parus dans des revues spécialisées canadiennes.

M. Courchene s'est vu décerner plusieurs bourses honorifiques, tant au niveau secondaire, universitaire que postdoctoral. Il est notamment membre de la Société royale du Canada depuis 1981.

Raymonde FRÉCHETTE

Raymonde Fréchette est conseillère en communications pour le ministère des Relations internationales. Par le passé, elle a été attachée de presse du ministre des Finances du Québec.

M. Jacques Parizeau, ainsi qu'attachée politique et adjointe au conseiller économique du Premier ministre du Québec. De plus, elle a été recherchiste-pigiste à Radio-Canada, plusieurs fois assistante de recherche à l'INRS – Urbanisation, responsable de plusieurs études et rapports de recherche pour différentes associations dont l'IIASA (International Institute for Applied System Analysis), SODEM (Société de développement multidisciplinaire), etc. Mme Fréchette a également à son actif plusieurs publications et rapports sur le thème du développement régional.

Fernand MARTIN

Fernand Martin est professeur titulaire en sciences économiques à l'Université de Montréal. Détenteur d'un doctorat en économique de l'Université McGill, il a été professeur aux universités du Manitoba, de la Saskatchewan et de McGill. M. Martin a publié plusieurs ouvrages sur le développement économique et il est aussi l'auteur d'études portant sur des thèmes tels que la théorie de l'entreprise, le coût social du capital, etc. Parmi les nombreuses fonctions qu'il a exercées au cours de sa carrière, M. Martin a été également administrateur d'entreprises telles que la Société Générale de Financement (Québec) et Marine Industrie Ltée.

François PERROUX

Né à Lyon en 1903, François Perroux est, l'économiste français du XXᵉ siècle qui a le plus contribué au progrès de la science économique. Son rayonnement à l'étranger est considérable, plusieurs de ses œuvres étant traduites en sept langues. Il appartient à plus de quinze sociétés savantes et académies, en France et à l'étranger. Il a enseigné et donné des cycles de conférences dans plus de trente pays d'Amérique, d'Europe, d'Afrique et d'Asie et, notamment à l'Université Harvard en 1949. Fondateur de l'Institut de science économique appliquée (1944), professeur au Collège de France (1955), il est directeur, depuis 1960, de l'Institut d'études et de développement économique et social.

La production personnelle de François Perroux est étonnante par sa dimension, sa densité et sa richesse : près de deux cents articles d'économie appliquée, plus de cent articles de théorie économique, autant d'articles sur les questions sociales, une quarantaine sur les questions politiques et près d'une trentaine d'articles philosophiques. Il a consacré vingt-sept ouvrages à l'analyse économique contemporaine, et neuf livres à des questions sociales. Il a dirigé la rédaction du tome de l'Encyclopédie française consacré à l'univers économique et social, paru en 1960 et unanimement salué.

Mario POLÈSE

Mario Polèse est directeur du centre INRS – Urbanisation de l'Institut national de la recherche scientifique, constituante de l'Université du Québec, localisé à Montréal. Détenteur d'un doctorat en «City and Regional Planning» de l'Université de Pennsylvanie, il a également effectué des études postdoctorales à l'U.C.L.A. (Los Angeles) et à l'Université d'Aix-Marseille en France. En plus de ses activités normales de chercheur, M. Polèse agit souvent comme consultant auprès des gouvernements fédéral et québécois. Auteur de plusieurs articles et ouvrages dans le domaine du développement urbain et régional, il s'intéresse, plus particulièrement depuis quelques années, à l'économie du secteur tertiaire.

André RAYNAULD

André Raynauld est professeur titulaire en sciences économiques à l'Université de Montréal. De plus, il est chercheur associé et ex-directeur fondateur du Centre de recherche en développement économique (C.R.D.E.) de cette même université. Parmi les nombreuses fonctions qu'il a assumées au cours de sa carrière, M. Raynauld a été, de 1972 à 1976, président du Conseil économique du Canada, et membre de l'Assemblée nationale du Québec, pour la circonscription d'Outremont (critique économique et financier), de 1976 à 1980. Détenteur d'un doctorat en sciences économiques de l'Université de Paris, M. Raynauld est l'auteur de nombreux ouvrages de renom en matière de développement économique. Il a également écrit plusieurs articles qui sont parus dans des revues spécialisées canadiennes.

M. Raynauld s'est vu décerner plusieurs distinctions, dont deux doctorats honorifiques en sciences économiques des universités d'Ottawa et de Sherbrooke. Il est membre de la Société royale du Canada depuis 1968.

Donald J. SAVOIE

Donald J. Savoie est directeur de l'Institut canadien de recherche sur le développement régional. Diplômé en politique et en analyse politique des universités de Moncton, du Nouveau-Brunswick et d'Oxford, M. Savoie a écrit un certain nombre d'articles consacrés aux relations fédérales-provinciales et au développement de l'expansion régionale, qui sont parus dans des revues spécialisées canadiennes. Il est l'auteur d'un livre sur les relations fédérales-provinciales en matière d'expansion régionale. Il a donné des cours de science politique (Université de Moncton) et a été invité à plusieurs reprises à prononcer des conférences sur diverses questions d'intérêt public.

Monsieur Savoie possède une vaste expérience des activités gouvernementales. Il a d'abord travaillé au gouvernement du Nouveau-Brunswick, pour ensuite entrer dans l'administration fédérale. Dans ses fonctions précédentes, il occupait le poste de directeur de l'analyse des affaires provinciales au sein du Bureau des relations fédérales-provinciales, à Ottawa.

Neil SWAN

Neil Swan est directeur, section des études régionales, au Conseil économique du Canada. Détenteur d'un doctorat de l'Université de Pennsylvanie, M. Swan a entre autres occupé le poste de directeur adjoint des services économiques (Mathtech Inc.), et auparavant celui de professeur d'économie aux universités Queen's (Kingston) et New South Wales (Australie). Parmi ses publications, on compte plusieurs articles dans le *Canadian Journal of Economics* ainsi que dans d'autres revues spécialisées. Il a préparé plusieurs études et documents de travail pour le Conseil économique du Canada ; de plus, il est l'auteur d'un manuel d'économie à l'intention des étudiants de niveau secondaire.

Marc G. TERMOTE

Marc G. Termote est professeur à l'INRS — Urbanisation de l'Institut national de la recherche scientifique. Détenteur d'un doctorat en sciences économiques de l'Université catholique de Louvain (Belgique), M. Termote a été professeur titulaire au Département d'économique et au Département de démographie de cette même université. Il a également offert des cours dans plusieurs autres universités, au Canada et à l'étranger. À plusieurs reprises il a été consultant auprès des gouvernements fédéral et québécois. M. Termote est l'auteur de plusieurs ouvrages sur le développement régional, des livres et des articles publiés au Canada, aux États-Unis et en Europe; de plus, il a prononcé de nombreuses communications sur le même thème.

Table des matières

Achevé d'imprimer
en janvier 1986 sur les presses
des Ateliers Graphiques Marc Veilleux Inc.
Cap-Saint-Ignace, Qué.